国史边缘

张绪山 著

商务印书馆
创于1897
The Commercial Press

涵芬楼文化出品

序

张绪山教授即将出版《国史边缘》，命我作序，虽力不从心，但不得不从。

和绪山兄相识，迄今已三十五载，乃志同道合的老友。1988年7月4日，《美利坚十三联合邦共同宣言》即《独立宣言》通过之纪念日，我从燕园到位于铁狮子坟的北师大历史学系报到。比我早一年到此任教的绪山，恰好在办公室。于是，我们这两个均与北师大无学缘关系的山东籍的"外来户"，在这个人际关系错综复杂的名校名系，不期而遇，相识订交，惺惺相惜。我们都是世界史专业的，但他在世界古代中世纪史教研室，我在世界近代史教研室；他从郭守田、朱寰、孙义学诸教授学习世界中世纪史，我从齐文颖教授学习美国早期史，尽管在专业上无交集，但秉性相同，在难苦并快乐地从事教学、研究、兼职班主任的同时，也不时侃大山，话人生，仰望星空。绪山比我沉稳，修养好，但也有发牢骚的时候。因为有读书人的忍不住的现实情怀，我们一直有很多共同语言，即所谓"三观"一致。偶遇某些情感小纠葛的时候，还给情窦正开的仁兄解过围。

我们都经历了一言难尽的那一年的特殊时日。绪山兄大彻大悟，有先见之明，留学海外，在希腊苦读多年，获得博士学位后，落户清华，人尽其才，成为该校世界史学科的台柱子。我后

知后觉，步绪山后尘，终于流落到（小月河）一河之隔的中国政
法大学，自我放逐，非法非史，优哉游哉，流浪至今。

虽然不在一个单位工作，但和绪山兄数十载来往，始终未断，
友谊的小船稳如磐石。对于来自我的无论是学术上还是生活上的
求助，早已功成名就的绪山，历来有求必应。我刚到政法大学法
学院时，第一次，也是唯一一次独立开设"外国法制史"，讲中
世纪部分，就是绪山兄见义勇为，为我救火（承担中世纪的西方
法制史部分，另一位救火队员是北大彭小瑜教授，客串主讲教会
法。其他的主题，还请了首都博物馆时任馆长郭小凌教授，讲希
腊；中国政法大学丁玫教授，讲罗马法；时任中国政法法学院研
究员大学程春明博士，讲法国法；贺卫方教授、邓正来教授、许
章润教授，还有美国驻华使馆法律顾问处的一位朋友，也分别应
邀做了讲座）。大概五年前，我曾一度头脑发热，想投到绪山手
下谋口饭吃，他作为清华世界史学科带头人，和清华历史系老主
任，也是我在北师大任教时的教研室主任刘北成教授一起，尽心
竭力引荐，虽无果而终，然本人一直感念不已。我办学术批评网
十六载，历经艰难险阻，绪山兄始终予以理解、关心和支持，写
作《学术界的"唐吉可德"》等雄文，为我呐喊助阵。不久前，
《史学评论》（修订版）面世之际，绪山兄应邀作序，溢美之外，
勉励有加。

说这些与本书看似无关的琐事，是想向读者说明如下一个道
理：读其书，应知其人；而先知其人，再读其书，可收事半功倍
之效。

在从事世界古代史教学之余，绪山教授主要致力于拜占庭
史和中西交通史研究，既有专著《中国与拜占庭帝国关系研究》
（中华书局2012年版，2024年收入商务印书馆"中华当代学术著作

辑要"再版），又有《史学管见集》（生活·读书·新知三联书店2019年版）、《随缘求索录》（商务印书馆2019年版）。在同龄世界史学人中，绪山的译作如《封建社会》《何为封建主义》《东域纪程录丛》《国王神迹》等，尤为学界称道。

据我观察，绪山既能做纯粹的书斋学问，即专门家的专业研究（如《中国与拜占庭帝国关系研究》），又与不食人间烟火的所谓"书呆子"不同，能跳出书斋，用史家的眼光，洞察社会、生活与人生，别出心裁，撰写以历史为底色、参透人生感悟、通观大势变迁的妙文高章。和《史学管见集》《随缘求索录》类似，作为一部个人文集，《国史边缘》从一个侧面再现了绪山的心路历程。

收入本书的文章，之前大都读过。不过，集合成书，自成系统，再读，仍别有一番滋味。从人性论重新审视人类政治，考察色欲与历史、饮食与政治、嘴巴与国政、权力欲望与恶性果报，反思附庸伦理文化，在我看来，均不失为大手笔。关于20世纪初归国留学生与中国社会的"科学信仰"的再研究，对"李约瑟难题"有效性之质疑，以及对传统"以史为鉴"有效性限度的再审视，若无中西之学的融会贯通，是很难做出像绪山教授的这样的力作的。至于论奴才、说面子等话题，虽耳熟能详，然在绪山笔下，无论长短，均深入浅出，读之会心；至于古今典故之新解，吉光片羽，碎金散玉，亦足堪玩赏。

就同辈世界史学界中人而言，做学问严谨、学有大成者，不乏其人，然论题有意义、思考有深度、文笔有美感者，似尚不多见。例外的，当然也有，如李剑鸣教授、张绪山教授，还有英年早逝的任东来教授。恰如其博大的胸怀、谦逊的态度、敦厚的人品一样，张绪山教授的这部集子，有追求，有思想，有品位。总之，我喜欢。

最后，请允许我用四十八个字，简要概况我对本书的总体印象：大家气象，史家笔法。信手拈来，说古论今。中西兼通，古今并用。沁人心扉，发人深思。史家良知，人心不死。青史昭昭，掩卷三思。

是为序。

杨玉圣

癸卯冬月

于西双版纳悦景庄

自　序

本书是我神思游离于所谓"专业"之外的部分成果，其他部分待时结集。

我对"国史"未下过功夫，是"国史"研究的门外汉；但受好奇心驱使，经常从墙外向风光旖旎的"国史"庭院里探视一番，日积月累之下，发现自己关心的"国史"问题越来越多。我对这些问题的思考，自然算不上严格意义上的"国史"研究，但与"国史"亦非完全无关。此为《国史边缘》书名之缘由也。

现代学术是高度专业的分科体系，它使得跨出专业范围的研究越来越难。即使在同一专业之内，不同研究方向的界限也很明显。学者们固守自己的田地，在各自相对熟悉的专业畛域内精耕细作，很少关注其他专业，即使对于相邻的专业领域也鲜有光顾。在目前的国内学科体系中，"国史"（即中国史）被认为具有自己的独立研究对象与学术规范，与之并立的"世界史"实际上是不包括"国史"的"外国史"。按照目下的专业习俗，很少有从事"国史"研究的学者主动把研究领域扩张到"世界史"（外国史）领域，而从事外国史研究的学者中，或有少数人借着身处"国史"研究的便利环境，跨越了自身专业的界限，转入了"国史"研究领域，且有一些成就，但整个说来，这种情况需要特殊机遇，并不多见。

按照学科专业划分的标准，我的专业研究属于"世界史"。但性情使然，我的阅读是自由散漫的。我不喜欢范围极为明确的读书，故在阅读外国史时，总是不由自主地旁视"国史"。随着岁月的流逝，这种读书习惯越发强烈，结果就有了一个在高明人士眼中不免幼稚可笑（simple and naïve）的"发现"：人为划定的"中""外"学问之间并没有一道判然有别的鸿沟，东学西学皆为人学，古理今理不外道理，所谓"大道唯一，学无西东"是也；而在治学方法上，东西学术遵循的原则亦大同小异，并无根本的差异，其核心无非是"眼高手低，小题大做；大胆假设，小心求证"而已。钱锺书说："东海西海，心理攸同；南学北学，道术未裂"（《谈艺录·序》），可谓不易之论。

文章合为时而作。此稿收入的篇什在时间上跨越二十余年，自然有岁月留下的痕迹。老友杨玉圣教授慨然赐序，鼓励之外颇多辞赞，令我感愧交集，五味杂陈。

古语云，敝帚自珍，在下亦难免俗；但"修辞立其诚"之诚是始终不敢忘怀的。

2024年3月于双清苑

目录

· 释心理

· 论旧题

· 注故典

析人性

⚙ 万古人性且分说

——从人性论审视人类政治

对人性的认识即人性善恶之争，在人类历史上持续了至少2000多年，至今仍是见仁见智，没有一致的意见。可以说，这是人类思想与哲学史上分歧最大、持续最久的问题之一。

人性和政治的关系是历史悠久的老话题。这个问题看起来完全没有现实意义，实际上却关乎政治设计的要害。历史唯物论强调经济基础对于上层建筑的决定性作用，在根本上是没有问题的。不过，对这一原理的理解不可简单化，不可"见物不见人"，忽略复杂的中间环节：包括政治制度在内的"上层建筑"的变化，必须经过"人"这个不可缺少的环节，而人是有思想、有情感的动物，其行动受到思想和情感的支配。

在"人"这个环节上，人性和政治的关系表现在两个方面：

首先，自人类进入阶级社会，政治制度就是以私有制为前提的，私有制的根源是人的利己欲望，是人性之私。从根本上，政治制度的设计和确立反映的是权力控制者及其所代表的家族、集团的利益取向和欲望之私：家族利益是个人利益的放大，而集团利益则是家族利益的放大。

其次，随着人类历史的发展，具有高度主观能动性的人，对于政治制度的设计具有越来越多的选择性。从思想观念方面，这种选择性取决于制度设计者的很多主观因素，对于人性善恶的认识——即人性论——无疑是其中最重要的因素之一。虽然人的私欲在很多情况下往往下意识地影响制度设计者的选择取向，但从人类的理性发展和社会进步的角度，任何政治制度的设计都脱不开这样的一个设问：何种政治制度才是最能发扬人性之善、抑惩人性之恶的？

可以说，对人性的认识构成政治制度设计者的思想逻辑起点，关乎制度设计者的政治理想。在深层意义上，人性论始终与人类对理想政治制度的追求联系在一起。历史发展越是趋于近代，这一点就表现得越明显。

一、中西人性善恶论

在我国历史上，人性论的讨论可谓源远流长。"性善论""性恶论"和"无善无恶论"三种观点都受到一些思想家的支持和倡导。

"性善论"的主要代表是孟子。孟子所据以立论的事例是："今人乍见孺子将入于井，皆有怵惕恻隐之心"，所以他认为："恻隐之心，人皆有之；羞恶之心，人皆有之；恭敬之心，人皆有之；是非之心，人皆有之。恻隐之心，仁也；羞恶之心，义也；恭敬之心，礼也；是非之心，智也。仁义礼智，非由外铄我也，我固有之也。"（《孟子·告子上》）孟子的这段名言被视为"性善论"最具代表性的论述。

"性恶论"的代表人物是荀子。荀子认为："人之性恶，其善者伪（为）也。今人之性，生而有好利焉，顺是，故争夺生而辞让亡焉；生而有疾恶焉，顺是，故残贼生而忠信亡焉；生而有耳目之欲，有好声色焉，顺是，故淫乱生而礼义文理亡焉。然则从人之性，顺人之情，必出于争夺，合于犯分乱理而归于暴。故必将有师法之化，礼义之道，然后出于辞让，合于文理，而归于治。用此观之，则人之性恶明矣，其善者伪也。"（《荀子·性恶》）古今学者讨论人性论争无不以荀子的这段论述为"性恶论"的经典名言。

"无善无恶论"的代表人物是告子。告子以水类比人性，认为人性与水性相似："性犹湍水也。决诸东方则东流，决诸西方则西流。人性之无分于善不善也，犹水之无分于东西也。"（《孟子·告子上》）在中国思想史上，告子"无善无恶论"的影响，似逊色于"性善论"和"性恶论"。

三种观点表面上看似相去甚远，其实是从不同角度对同一事物的观察。儒家看到了人类具有同类相惜、互相顾恋的一面，故相信"人性善"。孟子所说的"恻隐之心"乃是由己推人的结果，人们看见孺子将落于井而产生的"恻隐之心"，表面上看是出乎天然，实则是人们对于自己"将入于井"的恐惧（即"怵惕"）由己推人而产生的。孔、孟所主张"己所不欲，勿施于人"，"己欲立而立人，己欲达而达人"，"老吾老，以及人之老，幼吾幼，以及人之幼"，可见其"性善论"的逻辑原则是由己推人。

荀子则看到了人际关系中，人类所具有的"自我优先"本性。荀子"性恶论"的立论基础是人类本能欲望的存在：如果两个人同时不慎落井或同时陷于火海，人的本能反应乃是自己先逃生，待自己脱险后再救助别人。所以，性善论与性恶论表面上彼此对立，其实是各执同一事物的一端。

告子的"无善无恶论"强调的是人性变化的外在条件，以为人性随外在条件的变化而变化。这种观点承认存在变化的"势"，实际上包含性善论和性恶论两种观点，故也可称为"可善可恶

论"。《大学》所谓"尧舜率天下以仁而民从之，桀纣率天下以暴
而民从之"，说的正是人性的可善可恶。

中国传统政治是以"可善可恶论"为前提的：敦教化以导善
性，重刑罚以惩恶性，所谓"外儒内法"是也。对于传统社会的
下层民众，历代帝制政权更多以儒家礼制秩序来加以统治，儒家
政治伦理通过士大夫对儒家经典的传习而相沿承袭。普通民众子
弟在发蒙时期所接受的"人之初，性本善，性相近，习相远"以
及"人皆可以为尧舜"等儒家理念的灌输，使性善论流布甚广。

不过，中国传统政治伦理，无论是"性善论"，还是"性恶
论"，抑或是"可善可恶论"，对至高无上的皇权，都没有提出
惩恶之制。原因是，无论是儒家还是法家，都对君主抱有坚定不
移的信仰。提倡"性善"的孟子说："杨氏为我，是无君也；墨氏
兼爱，是无父也。无君无父，是禽兽也。"（《孟子·滕文公章句
下》）提倡性恶的荀子说："圣也者，尽伦者也；王也者，尽制者
也。两尽者，足以为天下极矣。故学者以圣王为师，案以圣王之
制为法。"（《荀子·解蔽》）可见，儒、法两家都是君主向善论的
坚定信仰者，都认为君主以身作则，为民立极。

汉代董仲舒发明"天人合一""天人感应"说，本含有阻吓君
主任性妄为的意义，但在客观上却强化了"君权神授"思想。于
是，传统政治伦理专在劝勉君主向善而行方面下功夫。从孔子所
谓"尧舜其犹病诸"的修己安人之道，到宋儒"胸次一片天理流
行，更无一毫人欲之私"的理学，都是以"应然"为特征的"求
善"政治伦理。这种政治伦理决定了它的着眼点，是规劝上自君
王、下至微吏的政治权力的控制者如何向善而行，具体设计便是
"礼法"。礼法者，礼法一体或以礼代法者也，所谓"君君、臣
臣、父父、子子"而已。于是，"天王圣明"成为当然的政治思维

起点；君主权力腐败的倾向，即所谓"势"（tendency, tend to）被置之不理，缺乏必要的制度设计。

一般认为，在西方人性论史上"性恶论"占据统治地位。不过，真正说来，西方人性论是"善恶两存说"。

西方文化以古希腊文化为源头，而古希腊文化以神话为原初形态。在古希腊神话中，人类是普罗米修斯创造的，他知道天神的种子蕴藏在泥土中，于是他捧起泥土，用河水把它蘸湿调和起来，按照世界的主宰，即天神的模样，捏成人形。为了给这泥人以生命，他从动物的灵魂中摄取了善与恶这两种性格，将它们封进人的胸膛里。智慧女神雅典娜惊叹于普罗米修斯的创造物，于是便向具有一半灵魂的泥人吹起了神气，使它获得了灵性。所以，古希腊人对人的基本认识是，人是具有灵性且具有善、恶两种品质的动物。

"善恶两存说"也见于基督教。基督教的基本教义之一是"原罪说"。根据这种说法，万能的上帝创造了宇宙，又创造了人类始祖亚当和夏娃；这二人在伊甸园里生活一度无忧无虑，惬意自在，可是他们产生欲念，偷食禁果，犯下罪恶。这便是人类的"原罪"，后代人类从他们身上继承了这种罪恶，所以每个人生来就是负罪的，其本性必然为恶。

不过，这种解说内部存在逻辑矛盾：亚当和夏娃为何犯罪？如果说是他们自甘堕落，则意味着上帝造人时也创造了人类始祖"恶"的本性，这样的回答显然违背基督教对上帝至善的信仰；如果说是上帝之外的其他神或事物（如蛇）造成的，则违背基督教对上帝万能、从虚无创造万物的信仰。这个矛盾在基督教的圣人奥古斯丁（354—430）那里得到解释。按照奥古斯丁的说法，一切自然本性都是善的，恶只是对自然本性的悖逆，不可被归因于自然本性本身；人类的为恶乃出于神的理性造物（人类）对自由意志的误用或滥用，将恶带入了原本不存在恶的世界。[1]这就是基督教理论中的人类"自由意志论"。

人类"自由意志论"在中世纪后期被新兴中产阶级所利用，发展成积极有为的个人主义，对近代欧洲思想产生了巨大影响。在宗教改革运动方面，它所促成的思想成果是，人们强调个人的主动作用，与上帝交流关系中个人的能动作用，排斥了教会这个中间组织在人获救中的作用。路德创立"因信称义"说，认为一个人可以凭借个人对上帝的信仰获得上帝的拯救；加尔文创立"选民说"，鼓励人民争取尘世功业，以个人在尘世事业的成功作为"上帝选民"的标志。

而在人文主义者方面，"自由意志论"则发展为个人本位的人文主义说。16世纪皮科·米朗多拉在《论人的尊严》的著名演说集中声称，上帝在造人的时候曾告诉亚当：

> 亚当呀，我们不给你固定的地位，固有的面貌和任何一个特殊的职守，以便你按照你的志愿，按照你的意见，取得和占有完全出于你自愿的那种地位，那种面貌和那些职守。其他受造物，我们将它们的天性限制在我们已经确定了的法则中，而我们却给了你自由，不受任何限制，你可以为你自己决定你的天性。我把你放在世界的中间，为的是使你能够很方便地注视和看到那里的一切，我把你塑造成一个既不是天上的也不是地下的，既不是与草木同腐的，也不是永远不朽的生物，为的是使你能够自由地发展自己和战胜自己。你

1　夏洞奇:《尘世的权威：奥古斯丁的社会政治思想》，上海三联书店，2007年，第65—81页。

可以堕落成野兽也可以再生如神明。[1]

现代西方人常说的人"半是天使，半是野兽"这句谚语，表达的正是人本主义的自由意志论，它强调的是人的行为自主意识，认为人作为自由、自主的动物，堕落或升华完全在于个人对自由意志的发挥。具有自由意志的人类"可以堕落成野兽也可以再生如神明"，是文艺复兴时代思想家对人性的深刻洞见。

另外，基督教文化主张基督"救赎说"，认为上帝以其独生子耶稣基督为人类的罪愆献身，抵消了人类的罪恶。这本来是劝勉或要求人们信仰上帝的教条，却向人们说明，人类对于上帝的圣功负有与生俱来的债恩，所以应该以基督之善为榜样而追求善性，以求获得最后的"救赎"。这就可以理解，基督教信仰背景下，西方社会中那些笃信基督教学说的虔诚教徒，在坚信人之原罪信条的情况下，何以对人类的未来并不悲观，对个人的修养并不放任。相反，往往更能坚持对善行的坚韧追求，严于律己，经常表现出令人感动的高尚行为，其献身精神经常令人们的灵魂为之震撼。因此，严格说来，近代以来基督教背景的西方社会所坚持的人性论，也是自由意志论之下的"善恶两存说"。人"半是天使，半是野兽"这句谚语所体现的正是这样一种观念。

与中国不同的是，虽然基督教世界的西方君王也一度鼓吹"君权神授"，但在上帝的至高至善的权威面前，君王作为人与其他人一样也是平等的"罪人"。这一牢固不可动摇的观念，在一个重要方面，使君王失去了至尊权威。尤为重要的是，随着时间

1　〔瑞士〕雅各布·布克哈特：《意大利文艺复兴时期的文化》，何新译，商务印书馆，1988年，第350—351页。

的推移，与儒家"长幼有序"等级秩序观念不同的一些基督教基本观念，如"自由、平等"的基本信条和理念，逐渐演变为不言自喻的公理。1776年美国《独立宣言》开宗明义写道：

> 我们认为以下诸点是不言自喻的公理：人类生来是平等的。造物主赋予了他与生俱来的权利，即生存、自由、追求幸福的权利。政府是为了实现这些权利而设置的。因此政府只有在人民拥护的前提下才能行使其正当的权力。

在近代西方政治伦理中，由古代基督教人性论中发展出来的"人的平等权"和人所具有的"与生俱来的权利，即生存、自由、追求幸福的权利"成为政府存在的理由和前提。这种以人的自由意志观为底色的闪光的人民主权思想，不是一句"资产阶级的虚伪性"所能解释的。欧洲无产阶级在《国际歌》中所表达的"从来就没有救世主，也没有神仙皇帝，要创造人类的幸福，全靠我们自己"，这种自主自为的独立意识，显然从基督教的"自由意志论"中获得了营养。

二、专制制度的人性之恶

在人类历史上，权力的核心是国家政权。国家政权中枢控制权的传承不外三种形式：一是一家一姓以家族血缘关系实行垄断性传承；二是享有共同特殊利益的政治组织实行垄断性传承；三是拥有公民权的全体国民参与国家管理，国家权力（包括最重要的中枢权力）对全体国民开放。这三种政权控制形式大致对应于宗法皇权专制制度、集团专制制度和以"主权在民"为根本的民主政治。

孟德斯鸠在《论法的精神》中说："尽管人们热爱自由、憎恶暴力，但大多数民族却依然屈从于专制政体之下。这不难理解。想要组成一个宽和的政府，就必须整合各种权力，加以规范和控制，使之发挥作用，并给其中的一种权力添加分量，使之能与另一种权力相抗衡。这是立法上的一件杰作，偶然性很难成就它，审慎也很难成就它。反之，专制政体则是一目了然，无论在何地，它都一模一样，只要有愿望就能把它建立起来，所以这件事谁都能干。"[1]换言之，专制制度乃是人类最原始、最可率性而为的制度；在这种制度中，人类本性中的恶性表现得最自然露骨、最直白淋漓。可以说，以权力垄断为根本特征的专制制度，是以自私本性为其根本的，极度的自私欲望与人的恶性互为依存。

在孟子看来："人之异于禽兽者几希。"孟子主张性善说，看到了人与"禽兽"的"几希"差异，但他更看到了人与"禽兽"极为相近的一面，确实是对人性的明澈、透辟的观察。唯物论从人的起源上强调人与动物本性的相似。恩格斯说："人来源于动物界这一事实已经决定了人永远不能摆脱兽性。所以问题永远只在于摆脱得多些或少些，在于兽性与人性程度之间的差异。"（《反杜林论》）恩格斯这里所说的"兽性"是指人的自然状态下的"本性"，也就是与生俱来的本能欲望。

在人类与生俱来的本能欲望中，生存欲为人类最基本、最主要的欲望；在生存欲这一基本欲望之下的欲望，主要表现为：物欲、性欲、权欲；其他各种欲望皆本自这几种原始欲望。

在君主专制制度中，专制君主的存在就是一切，只有他的生

---

1 〔法〕孟德斯鸠：《论法的精神》（上卷），许明龙译，商务印书馆，2012年，第79页。

存具有意义，其他一切人都是为君主而存在。古希腊历史家希罗多德（公元前484—前425）在其著作《历史》（VIII，118）中记载的一个传说具有典型意义。公元前480年波斯第二次入侵希腊，在萨拉米海战中失败以后，波斯国王薛西斯率领残军乘船返回波斯，航海途中遭遇狂风巨浪。由于船只载人太多，有倾覆之险，情急之下，薛西斯问船长有何办法解救。船长回答说，除非减少船上的人员，否则别无良策。薛西斯闻此，对波斯士兵说："波斯人，现在是考验你们对我忠诚的时候了，我的安危取决于你们了。"士兵们明白了国王的意思，向国王敬礼后便跳到海里去了。因为船只减轻了载重，所以安全地到达了波斯。船只靠岸后，薛西斯命人赐给船长一顶金冠，以酬谢他的救驾之功，同时又命人将船长斩首，因为他使许多波斯士兵丧命海中。[1]这个记载是否真实，姑且不论，但它非常符合专制君主的性格：一切人都是为他而存在，同时又处处玩弄权术，给人以行事公正、大公无私的假象，但骨子里是极端的自私。法国的暴君路易十五（1710—1774）有句名言："我死之后，哪怕洪水滔天！"这几乎是古往今来所有专制君主所信奉的通则。在专制君主心中，这个世界是因他而存在，他死了，这个世界存在的意义也就随之消失了。可以说，专制君主是天下最自私之人，在其心中居于支配地位的永远是"自我至尊"意识。

在专制君主的意识里，天下乃是他的私物，所谓"普天之下，莫非王土；率土之滨，莫非王臣"，是每一位专制君主都坚信不疑的政治信条。刘邦夺取天下后，志满意得，对臣下说："始大人（指刘父）常以臣无赖，不能治产业，不如仲力。今某之业所就孰

1　〔古希腊〕希罗多德：《历史》，王嘉隽译，商务印书馆，1962年，第774页。

与仲多?"整个国家俨然就是他的一己之产业。所以,对于专制君主而言,无论何物,都是予取予夺,无远弗届。杨贵妃喜欢鲜荔枝,唐明皇命人从岭南快马传送,"一骑红尘妃子笑,无人知是荔枝来"。无论耗费国家多少财力,都是在所不惜的。他们不仅生前享尽荣华富贵,而且力图在死后的另一个世界里继续其生前的奢靡享受,于是人们看到的便是规模宏大的帝王陵寝。

世界各国的专制君主无不奉行"朕即国家"的原则,以"君权神授""天命所归"等观念为依据,证明其所作所为出于"天意"。在"天意"的支持下,君主的生存状态便是随心所欲、为所欲为,专制君主可以毫无限制地像动物一样地释放他的"本性",即原始欲望。于是贪色纵欲便是专制君主的永恒特征。专制君主最大的特征,便是骄奢淫逸、毫无节制。三宫六院、佳丽三千,供君主享用的美色总是应有尽有。享有这种生活的君主,颇类似于配种场里那些雄姿勃发、专行配种之职的种马,性欲的宣泄毫无遮拦,而且被自己及其统治下的臣民视为当然的特权。为了保证其专属后宫的纯洁,甚至阉割原本正常的男人,造成宦官这种非男非女的"怪物"。宦官制度的本质所体现的是"性专制",是专制制度在"性"上的体现。

这种生活方式尤其为东方君主所嗜好。"性放纵"与"性专制"这种生活特征不独荒淫的帝王所仅有,甚至连那些以反抗暴政起家、尚未完成夺权任务的农民领袖也无不如此。李自成和他的起义军刚进北京就迅速地腐朽了。洪秀全一定都南京,便尽情享受起美色来,结果是,"温柔乡是英雄冢",帝王谱尚未摆尽,美色大餐还没用完,悲剧就上演了,"天国"随之瓦解。古今中外皇帝享受山珍海味最多、营养最为丰富,然而,除死于非命者,大多享年短促,究其原因,声色犬马、纵欲过度为一主因。

　　专制君主的权力欲，最典型地体现在与其至尊权力相匹配的无与伦比的垄断欲上。在专制君主心目中，只有他自己可配得上"人"的称号，其他人无非奴隶，即使是一人之下、万人之上的宰相也不例外。孟德斯鸠说，在专制君主的统治之下，"人人都一样，谁也不可能自诩强于他人。在那里，人人都是奴隶，谁也不可能在任何方面优于他人"。他比较共和体制下和专制政体下的人们的不同，指出："在共和政体下，人人平等；在专制政体下，也是人人平等。在共和政体下，之所以人人平等，是因为人就是一切；在专制政体下，之所以人人平等，是因为人一钱不值。"与孟德斯鸠的见解相呼应的，是马克思对专制制度反人性、反社会性的批判，马克思认为，"专制制度必然具有兽性，并且和人性是不相容的"；又说："专制制度的唯一原则，就是轻视人类，使其不成其人。"（《黑格尔法哲学批判·导言》）前后两位哲人的观念彼此印证，可谓英雄所见略同。

　　这种垄断欲还表现在几个方面。

　　首先是对于美德的垄断嗜好。越是独夫民贼，越是喜欢被人歌功颂德，喜好被人拥戴，被人山呼"万岁"；最漂亮的颂歌和赞辞永远都要归于己身，他人不得染指，不可觊觎，不得僭用，否则就有杀身之祸。在专制君主看来，他独享这一切是理所当然，因为他是"奉天承运""天命所归""继天立极"的天子，只有他才配享有这一切。

　　其次是对真理的垄断嗜好。越是独夫民贼，越是自以为永远据有真理，喜欢别人将自己视为真理的化身，绝不允许他人指出自己的错误，更不用说主动承认错误。专制君主最大的喜好，是臣下吹捧自己"圣明"，所以臣下对君王说话，永远是"天工圣明，罪臣当诛"一类奉承阿谀之词。

再者是对才华的垄断嗜好。专制君主不仅喜欢别人颂扬其文治武功，而且即使在文人墨客独擅胜场的文学艺术领域，也喜欢被人认为技压群芳，独占鳌头，独领风骚。如古罗马有名的暴君尼禄喜欢附庸风雅，登台演出，喜欢被人吹捧为"最伟大的艺术家"。隋炀帝自负诗才天下无匹，喜欢臣下的阿谀，令群臣以"泥"为韵作诗，群臣不敢，只有年轻气盛的诗人薛道衡和出《昔昔盐》，以其中的"暗牖悬蛛网，空梁落燕泥"佳句独异特出，为人称赏，结果激怒隋炀帝，被罗织罪名诛杀。不久，自命不凡的隋炀帝再次以《燕歌行》命大臣唱和，才子王胄按捺不住四溢的才情，吟出"庭草无人随意绿"佳句，大挫隋炀帝之意，结果又被杀。[1]在专制君主面前，显示个人才华极为危险，这一点在中外历史上都不例外。

此外，专制帝王的垄断嗜好，还表现为"君师合一"情结。大凡专制君主，不仅都有以"文治武功"垂万世的"明君"欲望，而且还有以"德教"化育天下苍生的"圣人"欲望。这一点尤以儒家传统帝王表现得最为显著。

在专制制度下，由于一切宠誉被认为来自专制君主，君主制度下生存的各级官员，对国家民族往往并无责任心和道德感，贪赃枉法成为常见的罪行，寡廉鲜耻、虚伪奸诈蔚为风尚。孟德斯鸠《在论法的精神》中刻画专制制度下的官员品行："无所事事却又野心勃勃，目空一切却又猥琐卑劣，期盼致富却又不愿劳动，憎恶真理，吹牛拍马，背信弃义，卑鄙无耻，罔顾一切承诺，蔑

1　事见唐代刘𫗧《隋唐嘉话》（卷上）："炀帝善属文，而不欲人出其右。司隶薛道衡由是得罪，后因事诛之，曰：更能作'空梁落燕泥'否？炀帝为《燕歌行》，文士皆和，著作郎王胄独不下帝，帝每衔之。胄竟坐此见害，而诵其警句曰：'庭草无人随意绿'，复能作此语耶？"

视公民义务，担心君主有德，希望国君孱弱，尤为甚者的是，永
远对美德的嘲笑。"他认为所有这一切都构成了各个地方和各个时
代绝大多数廷臣的性格。

在专制暴政下生活的民众，除了养成对暴政的驯服和习惯外，
也很自然养成恶行。对此，鲁迅曾做如下刻画：[1]

> 暴君治下的臣民，大抵比暴君更暴；暴君的暴政，时常
> 还不能餍足暴君治下的臣民的欲望。……暴君的臣民，只愿
> 暴政暴在他人的头上，他却看着高兴，拿"残酷"做娱乐，
> 拿"他人的苦"做赏玩，做慰安。自己的本领只是"幸免"。
> 从"幸免"里又选出牺牲，供给暴君治下的臣民的渴血的
> 欲望，但谁也不明白。死的说"阿呀"，活的高兴着。(《热
> 风·六十五·暴君的臣民》)

这样透辟的观察，如果不是基于深厚的历史感和犀利、敏锐的判
断力，是无论如何也难以做出的。

而在君主方面，为了充分驾驭和控制群臣，则乐于利用臣下
的邀宠自保的本能，主动挑起他们的争斗，坐收渔人之利，造成
双方均求助于自己的局面，以便凌驾于群臣之上，获得绝对权
力。在群臣中不断挑起争斗，利用一方打击另一方，是君主玩弄
权术的秘诀要道之一。专制制度之所以能够维持，是因为它符合
人的恶性欲望，同时又利用了人性中存在的恶质因子。人性中的
权力欲望的永恒存在，乃是理解专制制度长期牢固不破的关键。

---

1 《鲁迅全集》第1卷，人民文学出版社，2005年，第384页。

三、民主制度对人性善恶的省察

丘吉尔说过："民主制度不是最好的制度，不过比起别的制度来，还是一种不那么坏的制度。"现在人们都承认，民主制度不是完美无缺的政治制度，但相对而言，它是一种相对最不坏的制度。

作为"不那么坏的制度"，民主政治的一个优点，是它相信人类具有趋向善性的可能，对培养人类善行抱有充分的信心，并鼓励人们精心培育善行。孟德斯鸠在《论法的精神》中说：平民政体需要的是美德，因为"在君主政体中，下令执行法律的那个人，自认为高踞法律之上，因而不像平民政体那样需要美德。在平民政体中，下令执法的那个人，意识到自己不但也受法律约束，而且还要对此承担后果"。美国民主政体的奠基者汉密尔顿说："因为人类有某种程度的劣根性，需要有某种程度的慎重和不信任，但是人类本性中还有其他品质，证明某种尊重和信任是正确的。共和政体要比任何其他政体更加以这些品质的存在为先决条件。如果我们当中某些人的政治嫉妒所描述的图景与人类特性一模一样，推论就是，人们没有充分的德行可以实行自治，只有专制政治的锁链才能阻止他们互相残杀。"[1]

华盛顿本人对民主政治的实际行动表现了这种观点。美国独立战争胜利之际，一位名叫尼古拉的上校写信给华盛顿，劝他自立为君王，华盛顿读后极为愤慨，复信说："自从作战以来，没有一件事令我这样受创的。我不得不表示深恶痛绝，斥之为大逆不道。"华盛顿之所以在人类历史上被认为是伟大人物，是因为他在

1　〔美〕汉密尔顿等：《联邦党人文集》，商务印书馆，1980年，第286页。

人性善恶元素冲突较量的关键时刻，抵制了可以满足其权力欲的恶行，捍卫了人类善行。在历史发展多歧途的关键时刻，关键人物所做出的关键决定，往往对历史发展进程具有决定性影响。这种认识不能简单地斥之为"英雄史观"。

但是，从根本上讲，作为"不那么坏的制度"，民主政治体制的高明之处，在于它对人性欲望造成的恶给予了充分估计。亚里士多德在《政治学》中说："把权威赋予人等于引狼入室，因为欲望具有兽性，纵然最优秀者，一旦大权在握，总倾向于被欲望的激情所腐蚀。故……法律是排除了激情的理性，因而它比个人更可取。"也正是从权力腐蚀人性这一点，我们才可以理解博学的英国史学家阿克顿说出的那句被西方民主制度的信仰者奉为政治铁则的名言："权力倾向腐败；绝对权力绝对腐败。"这句话可以被视为近代以来欧美政治学理论探索的最重要的成果之一，也可以说是对人类政治活动经验最成功的概括和提炼。阿克顿这句名言的高明之处在于，它从人性欲望这个客观存在出发，撕去了一切虚假的人为面具，将一个赤裸裸的真理告诉人们：不管什么权力，都有促使人性腐败的趋向，一种权力一旦失去制衡而成为"绝对权力"，则必然为掌权者的欲望的无限释放提供可能，从而造成恶性膨胀，冲决社会既有的基本道德和法律约束，由"倾向"腐败的趋势转变为现实的、真实存在的腐败、残暴和不义。

可以说，对于人类欲望的存在以及它所导致的犯罪趋向的深刻认识，是民主制度建立的必要前提。换言之，人们希望民主制度做到的，是以法律的至上权威，将权力促成的人性欲望膨胀以及由此造成的恶行降低到最低程度。民主制度与专制制度的最大区别是，专制制度公然容忍君主的恶性，或对君主的潜在恶性视而不见，或视之为君主的当然特权；而民主制度则始终对权力促生的人性欲望扩张以及造成的恶行抱有高度警惕，并以制度切实加以制约，最大限度地遏止掌权者可能的犯罪。

启蒙运动以来，欧美民众对于"权力倾向腐败，绝对权力绝对腐败"这一理念的认识逐渐深刻，最终演变成为不言自明的公理。所以，几乎所有关注人类命运和福祉的思想家无不坚信，专制制度导致人的恶性膨胀，阻碍人类社会善良价值观念的培育，戕害人性中存在的善性因子。

爱因斯坦是自然科学家，他的职业兴趣决定了萦绕于他心胸的，必然是头顶上星空运行的规则，而非人间社会的道德律令，然而他对人类本性的敏感，仍然使他感悟到社会制度对于人类行为的决定意义。他在《我的世界观》中说：

> 我的政治理想是民主主义。让每一个人都作为个人而受到尊重，而不让任何人成为崇拜的偶像。……我完全明白，一个组织要实现它的目的，就必须有一个人去思考，去指挥，并且全面担负起责任来。但是被领导的人不应当受到强迫，他们必须有可能来选择自己的领袖。在我看来，强迫的专制制度很快就会腐化堕落，因为暴力所招引来的总是一些品德低劣的人，而且我相信，天才的暴君总是由无赖来继承，这是一条千古不易的规律。[1]

爱因斯坦之所以认为"强迫的专制制度很快就会腐化堕落"，"天才的暴君总是由无赖来继承"，并视之为"一条千古不易的

1　〔美〕爱因斯坦：《我的世界观》，见《我的世界观》，方在庆编译，中信出版社，2018年，第7—8页。

规律"，是因为他相信，强迫的专制制度最容易激发掌权者欲望的无限扩张乃至泛滥；而掌权者欲望无限扩张乃至泛滥的制度不可能保障社会的正义原则，也不可能以法律公平地保障全体人民的正当权利；而一个正义原则得不到保障、法律被视为少数人特权的社会必然与暴力互为依存。一个政权如果不依法律的程序进行有秩序的转换，而以暴力为政治原则，那么兽性的丛林法则必然占据上风，觊觎政权者必然是那些最具野心、蔑视社会法则的强暴之徒；而一旦这些强暴之徒掌握国家政权，则定然绝少依靠法律去治理国家，即使能够做到以法律治理别人，也从来不认为自己必须平等地接受法律的约束；这样的强暴团体的首领通常是将国家治理视为个人行为，以自己的喜怒哀乐随心所欲地发号施令。这样的统治方式不可能不把国家弄得民不聊生、危机四伏，而面对随时出现的威胁，执权柄的强暴之徒绝少不依靠原来就轻驾熟的暴力手段，实行更残酷的暴政。于是四面树敌、风波飘摇中的暴政，又成为更具野心的强暴之徒觊觎的目标，结果是，"可怜剃头者，人亦剃其头"，以暴易暴，循环往复。

生活在强迫的专制制度之下的民众，最大的感受是恐惧，难以胸怀坦荡地生活，于是，这种情形成为常态：对持有权力者奴颜婢膝、极尽献媚讨好；对同等之人则小心设防、极尽虚伪；对弱势者则是恃强凌弱、冷酷无情。所以，依靠暴力维持的专制制度，绝不可能激发人们的向善之心，滋育向善的美德，而只能激起人的野心和犯罪欲望。

这就可以理解，在近代完成民主化的世界各国，尽管人们对民主制度存在各种不满，但很少有人会放弃民主理想而选择其他政治理念。这种共识使得人们绝对不允许政客们长期乃至终生控制国家权力枢机，以致演变为绝对权力。丘吉尔在第二次世界大战中临危受命，领导英国人民奋起抗击纳粹德国的侵略，力挽狂澜，为英吉利民族立下了汗马功劳，然而战争结束以后，英国人民并不因此而允许这位了不起的战时统帅享有终生任职的特权，仍然要赶他下台，而下台的丘吉尔不但没有抱怨，反而颇为自豪地说："不对人感恩戴德是一个伟大民族的特点。（Ungrateful characteristics is a great nation.）"这是以皇权专制制度为习常事物的民族及其政治家无法理解的。对他们而言，不仅丘吉尔可以终生执政，就是将权位传给子孙后代也是无可厚非，因为"打江山"就是"坐江山"合理性和正当性的理由；拿人头换来的权力是不会与人分享的，要分享就要拿人头来。在长期的王朝更迭中，这种理由在"天命所归"的思维定式下演变成不言而喻、不证自明的"公理"。这就是专制思想与民主意识的不同。

∾∾ 色欲自古有乾坤

政治与人类的存在相伴始终。人类几千年的文明史,虽然各族各国间或出现过女人主政的时期,基本上是男权统治的历史。《礼记·礼运》谓:"饮食男女,人之大欲存焉。"《孟子·告子》云:"食色,性也。"人类历史上,色欲具有两种功能:一是保障种类的繁衍,一是供给个体愉悦享受。人是作为社会成员存在的,每个个体之人在社会中所承担的政治角色不同,也相应地获得与社会角色相对等的待遇,获得相应的政治享受。在前近代社会中,满足色欲的程度是与社会与政治地位成正比的:皇帝可以三宫六院,无限制享受,官员纳妾的数量多寡以官位而定,穷人偷情可能被处决。色欲享受作为一种生物性力量,是人性的特征之一,是一种客观存在,是支配不同社会与政治角色下的个体之人行为的最根本性的力量之一。不同政治角色的性事与政治活动的密不可分,在以"人治"为特征的社会制度下尤为明显:大人物的色欲与性事活动足以影响国家的命运。

一、性享受是许多冒险家发难的动力之一

中外历史上的每一次大的社会事件的发难者,差不多都打出

诸如"为民请命"或"救民水火，解民倒悬"之类的旗号，并由此而获得民众的相应支持；但在实际而言，"普天之下，莫非王土；率土之滨，莫非王臣"的丰收前景，永远是潜在的具有不可抗拒力的莫大诱惑。对每一个冒险家，发难的动机恐怕远非如口号那么简单与冠冕堂皇，其个人野心掩盖下的感官享受，总是铤而走险的最大驱动力，而对于色欲享受的追求，则是尤其突出的感官享受之一。在冒险一旦得手，整个国家就成为个人可以任意享用的私家财产的巨大诱惑下，对色欲享受的追求就分外具有刺激性。

鲁迅说过一个具有典型意义的例子："古时候，秦始皇帝很阔气，刘邦和项羽都看见了；邦说，'嗟乎！大丈夫当如此也！'羽说，'彼可取而代也！'羽要'取'什么呢？便是取邦所说的'如此'。'如此'的程度，虽有不同，可是谁也想取；被取的是'彼'，取的是'丈夫'……何谓'如此'？说起来话长；现在简单地说，便只是人类中的纯粹兽性方面的欲望的满足——威福，子女，玉帛——罢了。然而在一切大小丈夫，却要算最高理想了。"[1]秦始皇的"阔气"之所以对刘邦和项羽这等人物具有莫大的诱惑力，以至于生出"革其命"的迫切冲动，恐怕不是简单地由"为民请命"的崇高使命所驱动，而具有莫大诱惑力的"威福，子女，玉帛"——权欲、性欲、物欲——的满足与享受才是最主要的动因。可以说，色欲享受是刘、项发难的最大动力之一。其他造反者又何尝不是如此？

历史上的英雄，有些是颇直率而少虚伪的，他们并不掩饰追

---

[1]《热风·随感录·五十九·"圣武"》，《鲁迅全集》第1卷，人民文学出版社，2005年，第372页。

求"大事业"的目的就在于满足感官享受,尤其是色欲享受。赫赫有名的马其顿·亚历山大大帝说:"英雄的伟大就在于不断开疆拓土,不断增加权力,尽情享受美味佳肴和少女美色。"一代天骄成吉思汗也说:"人生最大的乐事莫过于战胜和杀尽敌人,夺取他们所拥有的一切,乘其骏马,纳其妻妾。"东西方的这两位功业盖天地的大英雄,几乎以同样的语言表达了同样的见解,真可谓"英雄所见略同"。看来,无论何样了不起的人物,对"美色"和"妻妾"享受的强烈追求都是相同的。在这些不世出的大人物那里,色欲享受始终是其轰轰烈烈大事业背后的主要驱动力之一。

在生物学意义上,古人今人其实没有区别;性事活动属于人类的生物学特征,意识形态这种社会现象根本无法改变其运行规则,无法从根本上隔断色欲享受与政治的关系。这是古今不变的规律。

二、性事影响历史进程且决定政治家的日常行为

谚云:"人是理性动物。"这话强调的是人类理性的可贵,不过,既是动物,不管理性多么发达,其动物本性就不可能因理性的存在而消失。几千年来,人们似乎对此有本能的认识。所以,无论是在传说中还是在史书记载中,政治人物为性事驱动而导致国家灾变的实例,可谓俯拾皆是。特洛伊战争就是典型例证之一。特洛伊王子巴里斯屈从自己的色欲,诱拐斯巴达国王的美丽王后海伦,不惜用特洛伊全城做赌注与强大的希腊联军抗战,终于导致国破人亡。

中国史书记载的实例,更是比比皆是。李义山诗《北齐二首》:"一笑相倾国便亡,何劳荆棘始堪伤。小怜玉体横陈夜,已

报周师入晋阳。""巧笑知堪敌万机，倾城最在著戎衣。晋阳已陷休回顾，更请君王猎一围。"二诗所吟诵的主题是南北朝时期的北齐皇帝高纬因性事而亡国之事。据记载，高纬非常宠爱淑妃。淑妃名小怜，原为北齐皇后婢女，貌美，喜着戎衣，甚得高纬欢心。北周军入侵时，晋阳失陷，正在围猎的高纬欲率军南下，但小怜恃宠撒娇，硬要再猎一围，以致错失反攻时机。后高纬反攻晋阳，北周军渐渐支持不住。就在齐军攻破城垣之际，高纬突发奇想，下令停止攻城，想让他的宠妃小怜目睹大军破城的情景，不料小怜正在梳妆，良久未毕，致使守城的北周军得以喘息，抢修城防。待高纬携小怜并马在高地观赏攻城之战时，北齐军右翼稍作后移，小怜误以为败退，惊呼："我军败了！"高纬不知内情，迅速撤离战场，以致军心动摇。结果，北齐军兵败如山倒，北齐终于灭亡。

南唐后主李煜本不是治国的材料，相反倒是文艺天才和玩性事的高手，但生于帝王家的不幸，迫使他无奈地成为帝王，结果竟成了亡国之君。与众不同的是，此君竟然在亡国之后还舞文弄墨，吟出流传千古的名句："四十年来家国，三千里地山河。凤阁龙楼连霄汉，玉树琼枝作烟萝。几曾识干戈？一旦归为臣虏，沈腰潘鬓消磨。最是仓皇辞庙日，教坊犹奏别离歌。垂泪对宫娥。"好一个文采风流的亡国之君！竟以流光溢彩的华美辞章，将亡国与性事连在一起，为之涂上一缕浪漫色彩，可叹复可怜！更可悲的是，作为亡国之君的李煜，面对宋太宗赵光义强加给小周后的性事——《熙陵幸小周后图》可以为证——敢怒不敢言，只能缩起头来当乌龟。当他怀念旧时春花秋月，故国雕栏玉砌，吟出"问君能有几多愁，恰是一江春水向东流"的千古名句时，终于被充满疑心与戒心的好色之君赵光义以一杯毒酒结束了生命。

　　明清交革之际，吴三桂的降清更是性事影响历史进程的典例。据说，起初吴三桂曾有意转向李自成一边，他领兵赴京朝见李自成，走至永平沙河驿时，遇到从京城逃出的家人，吴三桂问："我家里人好吗？"家人说："被闯王抄了。"吴三桂说："没关系，我到后就会归还。"又问："我父亲好吗？"答："被拘捕了。"吴三桂说："我到后就会释放。"又问："陈夫人（陈圆圆）还好吗？"答："被闯王带走了。"这回吴三桂勃然大怒："大丈夫不能保一女子，何面目见人耶？"随后，掉头打回山海关，以明朝大臣的身份，向昔日的宿敌清军递去了请兵书，希望多尔衮"合兵以抵都门，灭流寇于宫廷，示大义于中国"。这性事激出的"冲冠一怒为红颜"，常被后人解读为吴三桂为了名妓陈圆圆，将大明江山出卖给了清朝，但在根本上，是李闯王打到北京城后，他本人及其同志在革命已经成功的幻觉下，不由自主地放肆于色欲享受，硬是强取豪夺，折取他人园子里的花卉，以非法手段剥夺别人的色欲享受，从而将攸关国家命运的力量推向了敌人阵营，断送了业已到手的江山。以李闯王及其同志在革命初成之际表现出的对性事的高涨热情，江山稳固后李闯王权力集团必定是一个热衷色欲享受的团伙，在糜烂程度上较旧集团断不会好到哪里去。

　　性事支配帝王在位上的举动。开皇九年（589），隋军大举伐陈。杨广为行军元帅，高颎是元帅府中的长史。建康被攻克以后，高颎先入建康，俘后主陈叔宝。杨广垂涎陈叔宝宠妃张丽华的美貌，派人驰告高颎勿杀张美人，留归己享用。高颎熟知杨广的德性，明白留下张美人满足杨广色欲享受会给隋朝政治造成不利影响；为绝后患，斩张丽华于青溪。杨广闻之，愤然作色道："昔人云'无德不报'，我必有以报高公矣！"从此对高颎衔恨，后来杨广践祚，诛杀高颎，与这性事结下的怨恨关系甚大。

晚清时期太平天国运动的领袖人物洪秀全是以反抗暴政起家的,他于1843年创立拜上帝教时,曾以"天下多男子全是兄弟之辈,天下多女子尽是姊妹之群"的口号相号召,但后来的行为证明,那不过是发难时举起的幌子。定都南京后,洪秀全终于原形毕露,追求奢靡享受的面目暴露无遗,对色欲的痴迷可谓前无古人。据《江南春梦笔记》的记载,天京天王府中,王后娘娘下辖爱娘、嬉娘、妙女、姣女等16个名位208人;24个王妃名下辖姹女、元女等7个名位共960人,两类共计1168人属妃嫔;另有服役的女官,以二品掌率60人各辖女司20人,合计为1200人。各项人数加起来,总计有2300多名妇女在天王府陪侍天王。洪秀全从41岁进南京城至52岁自尽,在美女丛中沉湎于色欲享受,尽兴享受性事11年,在荒淫颓废中耗尽精力。

三、限制权力主体的性特权应是宪政制度的重要内容

在数千年的历史中,中国人十分明白色欲享受在权力控制者那里带来的祸患。商朝的灭亡被归罪于狐媚惑主的美女妲己;周幽王为了博得褒姒一笑而数次烽火戏诸侯,终致亡国败身。春秋战国时期,孔子为大司寇,鲁国大治,邻近的齐国感到恐惧,乃以美女八十、文马三十赠鲁君。鲁君耽于淫乐,不理朝政,孔子见状,心灰意冷地离开鲁国。孔子被历代政权奉为圣人,他的慨叹"彼妇之口,可以出走;彼妇之谒,可以死败",也成为女色为帝王腐败之源观念的正统。所以,一部差不多等于帝王将相家谱的二十四史,道貌岸然的历史教训中永远是,帝王的恶行都是女人惹的祸。所谓"商女不知亡国恨,隔江犹唱后庭花",受指责的永远是女人。《新唐书》总结性的教训是:"呜呼,女子之祸

于人者甚矣！自高祖至于中宗，数十年间，再罹女祸，唐祚既绝而复续，中宗不免其身，韦氏遂以灭族。玄宗亲平其乱，可以鉴矣，而又败以女子。方其励精政事，开元之际，几致太平，何其盛也！及侈心一动，穷天下之欲不足为其乐，而溺其所甚爱，忘其所可戒，至于窜身失国而不悔。考其始终之异，其性习之相远也至于如此。可不慎哉！可不慎哉！"（《新唐书·本纪第五》）"红颜祸水"观念支配之下，人们很少或根本不去考虑如何限制帝王的色欲冲动。以历史学家的眼光看，帝王贪婪美色才是根本问题，关注帝王的性事乃是根本。

　　然而，在传统中国政治伦理中，性享受体现政治特权。皇帝在性事上享有的特权最大、最多，而且被视为天经地义、理故宜然。故皇帝的性事最多，也最为人羡慕。三宫六院，美人成群，无不关乎性享受。汉朝的宫廷女子穿开裆裤，为的是省却皇帝临幸的麻烦。白居易《长恨歌》："春宵苦短日高起，从此君王不早朝。承欢侍宴无闲暇，春从春游夜专夜。后宫佳丽三千人，三千宠爱在一身。金屋妆成娇侍夜，玉楼宴罢醉和春。"帝王的性事在诗人的笔下竟成了千古传诵的风流美谈，不知羡煞古往今来多少野心家！明朝末年做过皇帝梦但未能如愿的张献忠，不仅杀人嗜好超迈前人，就是在性事上也花样翻新，他的一个发明是让姬妾不穿下衣在室内晃荡。可以说，在性事上，被某些现代人物称作"农民领袖"的张献忠，一点也不逊色于历代帝王，毋宁说更是青出于蓝而胜于蓝的性事高手。

　　自人类进入阶级社会以后，国家政权中枢控制权大致以三种形式传承：一是家天下以家族血缘关系实行垄断性传承；二是享有共同特殊利益的政治组织实行垄断性传承；三是拥有公民权的全体国民参与国家管理，国家权力（包括最重要的中枢权力）对全体国民开放。这三种政权控制形式大致对应于宗法皇权专制制度、集团专制制度及公民（民主）政治。

前现代社会的权力传承，尤其是中枢权力的传承，即皇权或王权的传承，基本上是以皇帝（或国王）的腿间物为中心向外扩展：长皇子之所以具有优先继承权，乃是因为他无论是在空间还是在时间上，距皇帝（或国王）的腿间物最近；而外戚及其家族之所以有机会参政，则是因为他们通过自己家族的女人接近了皇帝（或国王）的腿间物。

集团专制制度是前现代社会向近代社会公民社会的过渡形式。党派的形成，最初基本上是取决政治利益，但党派利益的维护需要党派集团的稳固，而党派利益的稳固最有效的手段无疑是姻缘结合，所以一党专政即党国体制下，政治运作的必然结果，是以性事将整个集团串通起来，以保持权力在本集团内传承。其最终结果必然是政治集团的特权化与封闭化。这一特点尤以政治集团的上层各家族为最突出，也最为明显。

完成民主改造的现代社会，权力（包括中枢权力）向全体公民开放，任何人不能垄断权力，以性事为手段来达到权力垄断，自然也就失去了用武之地。近代以来，君王的神圣性逐渐被剥去，其"人"的欲望得到充分认识，人欲造成的恶性成为宪政制度加以防范的重要内容。美国总统克林顿早年获得罗兹奖学金在英国牛津大学深造时，曾经对最要好的一位女友说："政治赋予了政客们太多的权力，因此，在美女面前，政客总是情不自禁地心生邪念，不管是主动还是被动。但愿我将来不会变成这个样子。"这话听起来仿佛出自一位圣人之口。可是一旦他成为总统，还是控制不住自己的性欲骚动，终于闹出与女实习生莱温斯基的性事来。可见，一个人后天养成的高尚理想与品德，无论如何也管不住为生物运动规则所决定的性欲骚动。孔子曰"未闻好德如好色者"，此之谓也。不过，克林顿风流事发后在美国的遭遇让我们看到，宪政制度一旦确立并发挥作用，掌权者（包括中枢权力的控制者）的性享受对政治的影响就会被降低到最小的程度：克林顿不可能享受到中国皇帝在性事上的特权；相反，他连普通公民享受的被视为道德问题的性事也受到严格限制。这其中贯穿着民主制度的一个逻辑：普通公民在性事上的不检点，充其量是损伤其个人德行，但作为国家元首，其性事泛滥不仅败坏公众道德，更影响其政治决策，导致其决策偏离公平与正义，危害国家的根本利益。

在前现代社会，号为"天子"的帝王出游，随处征召民女充当临时性伙伴，不但被民众认可，而且还引以为荣，乃至成为今日风靡各色人等的帝王戏的不可缺少的噱头、各种野史传说的必备内容。在"做官发财"传统理念中，性享受是官员成功人生的标志之一。所以人们看到的中国传统社会，即使是所谓"清官"，几乎也脱不掉三妻五妾的生活，至于性贪官员，妻妾成群更是司空见惯的场景。

作为中国社会绵延数千年的一种社会现象，官场性事肆虐的背后贯穿着一个根深蒂固、一以贯之的传统理念："大丈夫当如此也！"皇帝奸淫民女称作"临幸"，而为"当如此"的正义性与正当性辩护的，是两千余年来浸入我族血液的"权力神圣"观念。

◎◎ 悠悠千古食与政

古希腊哲人亚里士多德说，"人是天生的政治动物"，这句话的意思是说，不管愿意与否，人无法脱离政治（城邦）生活；现实中并不存在与世隔绝、离群索居的孤立之人。马克思认为人的本质特征是社会性，与亚里士多德的见解可谓一脉相承。儒家圣人说："饮食男女，人之大欲存焉。"又说："食色，性也。"东西方圣人的真知灼见告诉我们一个颠扑不破的真理：人是带着食与色的欲望参见政治的，人的政治活动自始至终伴随着食与色的要求，或者说，食与色的要求与政治活动自始至终纠缠在一起，具有不可分割的天然联系。

作为人体上不可或缺的大物件，嘴巴的基本功用有二：一为饮食，二为说话，不管何种人物，其嘴巴都少不了这两种功能。当然，有人说嘴巴还有第三种功能：接吻。但较之前两种功能，这种功能无疑处于次要位置，故置而不论。

一、饮食与政治密不可分

饮食的意义在于维持生命，但让老百姓能够有基本的饮食，其实并不简单，可以说乃是最原始、最基本的政治。"民以食为天"，在任何社会都是基本政治内容，是任何政治家都万万不可轻忽的，所以《尚书·顾命》将宰相的职责比作"和羹调鼎"。《管子·牧民》说："仓廪实而知礼节，衣食足而知荣辱。"《礼记·礼运》云："礼之初，始诸饮食。"都是唯物论的硬道理。孔子说为政三要：兵、食、信。"有饭大家吃"之类的鼓动之词之所以具有号召力，能在民众心中引起共鸣，是因为它反映民众的最基本、最实际的要求。民国时期的进步学生以"反饥饿"为诉求发起政治运动，即属此类。"让老百姓吃上米饭，喝上肉汤"，在最具乌托邦理想色彩的国度里，之所以成为一句鼓动人心的响亮口号，是因为民众得其食而享有基本的温饱，才可以证明政权的最低限度的合理性；在民众食不果腹的状态下高谈领袖的英明领导，可以奏一时之实效，但从长远过程看，实际意义会逐渐减弱，乃至逐渐消失。"端起碗吃肉，放下碗骂娘"，作为我们亲历的一个历史阶段的特有的"嘴巴"现象，一者说明转轨的政治对经济产生了明显的效果，老百姓的饮食已有变化，碗里已经不再是清汤寡水，勉强维持，肉食虽然少些，但"食肉"不再仅限于"肉食者"阶级；二者说明老百姓"骂娘"不再是冒犯神圣的大罪，思想与言论的钳制开始消退，较之面有菜色仍必须高呼领袖万岁，在家无隔夜粮、一日三餐愁的窘境中还要万口一致地高喊"就是好，就是好"，其进步性不言自明。可见，维持生命的饮食活动，处处体现着政治的演化。

中国传统文化中，政治家的思维似乎离不开饮食。老子认为治国要道是无为而治，"治大国如烹小鲜"，政治家治国不能翻云覆雨、朝令夕改，让老百姓无所适从；无为而治才能达到天下大治，让老百姓得其食的前提下，统治者才能吃尽天下美味。但到了主张阶级斗争，以暴力解决社会问题的革命家那里，"多谈些问题，少谈些主义"之类的小心翼翼的改良主义就成为不合时宜，乃至反动透顶，于是便有了一句杀气十足的宣言："革命不是请客吃饭。"

时下有人讲"和谐"政治，更是从嘴巴上入手。据现今发明"和合学"的博学之士说，"和谐"的构字法，说明我们的祖先早已了解和谐社会所需要的条件："和"由"禾"与"口"组成，"禾"的意思是"粮"，转义为"饭"，"口"就是"嘴"，故"和谐社会"的必要条件，首先是大家有饭吃；"谐"由"言"与"皆"构成，"言"者说话也，故"谐"的含义就是大家都可以说话，表达自己的意见。大家都有饭吃，都可以畅所欲言，社会就和谐了。胡适当年说，发明一个字的古义与发现一颗恒星，都是一大功绩。现在的博学者竟然从中国造字法入手证明了中国的"和合学"的悠久渊源，真是令人称羡的了不起的大学问！如果将这个思想扩展开来，写成一篇博士论文，取博士桂冠，直若探囊取物，小菜一碟也。当年晚清那些满脑子皇权思想的高官与满肚子故纸堆的儒生发明高妙的"西学中源说"，也是高明雅致的大学问，但这精致的阐释，还是跳不出"闭门造车"的旧路。古人造字时是否作此想法，不得而知。不过，这样的见解让我们明白，在古往今来的中国人的传统思维中，饮食似乎与政治具有天然不可分割的联系。而事实确也如此。

二、身份地位决定饮食获取方式与食物质量

饮食与政治之关系，最突出的体现在食物的生产与支配上。孟子云："劳心者治人，劳力者治于人。"这是大家都熟悉的名言，但在这句之后还有另外一句，即"治于人者食人，治人者食于

人"。用今天的大白话说，动脑的人是统治者，动体力的人是被统治者，统治者的嘴巴由被统治者供养，被统治者要以自己生产的食物供养统治者。孟子认为他所阐发的"治"与"食"之间的道理，是"天下之通义"。这一点确实不错，至今仍为不易之理。

在前现代社会，食物的供应主要仰给于土地耕种，几千年的基本生存方式，便是"面向黄土背朝天"，土坑里刨食，其体肤之苦、糊口果腹之艰难与辛苦是不言而喻的；一旦进入"治人者"的行列，就意味着成为"肉食者"，无须为生机费心。所以挤破脑袋当官的道理，其实很简单。历史事实也证明，随着历史的演进，人们越来越明白当官带来的好处，这一点可由一个历史事实窥见一斑：时代愈近，当官的人越多，官民比例越大。周朝为1:7777；秦朝为1:7979；汉朝为1:7934；隋朝为1:9926；唐朝为1:2927；元朝为1:2813；明朝为1:2299；清朝为1:911。

饮食上最极端的特权体现在"吃人"这件事上。商纣王曾将敢于净谏的大臣翼侯、鬼侯、梅伯等人杀死，然后食其肉；著名的齐桓公、晋文公都曾吃人肉。"易牙烹子以飨君"的典故说的是，齐桓公吃腻了山珍海味，半开玩笑地对他的厨师易牙说："我还没有品过蒸婴儿的味道。"易牙听后，将自己的幼子蒸熟献给桓公吃了。齐桓公认为易牙之举乃是大大的效忠行为，遂重用易牙。晋文公在流亡饥困绝食之际，吃了从臣介子推的股肉。如果说掌权者赤裸裸地吃人肉是极端的例子，那么，晋惠帝在哀鸿遍野之际问身边的人老百姓"何不食肉糜"，则是代代而有的常见现象；"朱门酒肉臭，路有冻死骨"则是各个朝代最常见的现实。孔子那句"苛政猛于虎也"的浩叹，已经为充斥史册的惨象所印证。与掌权者象征极端特权的"吃人"不同的，是灾荒之年的民众的"易子而食"。

中国老百姓的生活（当然不是肉食者的生活），即使是旧史家所津津乐道的所谓"汉唐盛世"，也不过是暂时免于饿毙于沟壑而已。有诗为证："红日巡天过午迟，腹中虚实自家知。人生一饱非难事，仅在风调雨顺时。"求温饱尚且"仅在风调雨顺时"，而在占据中国史册很大篇幅的战乱饥荒灾难中，百姓能得到所希望的温饱吗？

说到"吃"这个字，人们总是禁不住想到孟子与鲁迅论"吃人"的名言。孟子说："庖有肥肉，厩有肥马，民有饥色，野有饿莩，是率兽而食人也"；所谓"率兽而食人"是掌权者置民众生死于不顾，肆意妄为以逞其欲，造成"人祸"泛滥，使民众无辜葬送性命，是特权公行的制度"吃人"。鲁迅说："我翻开历史一查，这历史没有年代，歪歪斜斜每页都写着仁义道德几个字，我横竖睡不着，仔细看了半夜，才从字缝里看出字来，满本都写着两个字'吃人'。"[1]鲁迅所谓的"吃人"指的是皇权制度下的礼教束缚人性、扼杀人性、吞噬人性的"吃人"，是杀人于无形的制度"吃人"。说法不同，本质则一。

三、中国特色：饭局政治

在世界历史上，政治与饮宴的关系，是一值得注意的现象。在西方世界，最著名的政治性宴会，大概要推"最后的晚餐"，因为正是在晚餐上耶稣向门徒们宣布了"你们中间有人出卖了我"的消息；而基督教的圣餐礼信条是，相信面包是基督的肉，葡萄酒是基督的血，所以享用了圣餐之人，要铭记基督为人类付

1　《狂人日记》，《鲁迅全集》第1卷，人民文学出版社，2005年，第447页。

出的圣功。在信仰基督教的西方社会，每餐之前，要感谢上帝赐予的食物。

中国是有悠久历史的国度，中国的"饮食文化"之发达寰宇皆知。将饮食与政治联系起来，演化成高度艺术化的"饭局政治"，中国人在这方面的"成就"，西方人恐怕连当学生的资格都没有。

翻读中国史册，谈笑风生的饭局转瞬间成为杀戮的屠宰场，让"敌手"身首异处，肝脑涂地，甚至被剁成肉酱的场景，可谓屡见不鲜；数不胜数的闪耀刀光剑影的饭局，让"饭局"成了与政治行为不可分离的名词，以至于在今人看来，政治就是饭局，懂不懂饭局，能否善于处理饭局，是政治家基本的素质之一。中国历史上"鸿门宴""杯酒释兵权"等传奇故事，都是把饭局当作解决重大政治、军事、外交问题的最优场所，"折冲樽俎"更成了不战而屈人之兵、觥筹交错之间战胜对手的理想境界。汉高祖刘邦在项羽以烹其父相威胁时，以一句闻名天下的"幸分一杯羹"的无赖话，顿时让项羽失去了逼其就范的致命武器，更成为炉火纯青政治"艺术"的典范，将饮食行为转化为政治利器的杰作。

饭局政治还是中国人行为政治的重要内容。这主要体现在含义复杂堪称世界之最的饭局"座次"安排上。凡是饭局都有主座，一定要由主人来坐，主座处于正对门口的中央。面对主座而坐的是邀请人的"主陪"。主宾和副宾分别坐在邀请人左右两侧，位居第三、第四位的客人分别坐在助理的右侧和左侧。饭局中的座位与座次就如同梁山好汉的座次，因其含有确定的意义，是不能随意处理的。饭局的格局完全等同于政治等级制度中的礼乐布局。不仅如此，饭局的多否或质量高低，差不多就是一个人身份地位的最显然且直接的标志，就掌权者而言，则意味着权力的大小。

不仅如此，饭局还承担着人与人社交的功能，钱锺书的妙文《吃饭》写道："吃饭有许多社交的功用，譬如联络感情、谈生意经等等。社交的吃饭种类虽然复杂，性质极为简单。把饭给有饭吃的人吃，那是请饭；自己有饭可吃而去吃人家的饭，那是赏面子。交际的微妙不外乎此。"简单的饮食承载了如此丰富的内涵。

四、"饮食文化"的发达缘于特权政治的发达

孙中山在《建国方略》中说："我中国近代文明进化，事事皆落人之后，惟饮食一道之进步，至今尚为文明各国所不及。中国所发明之食物，固大盛于欧美；而中国烹调法之精良，又非欧美所可并驾。"又说，"中国不独食品发明之多，烹调方法之美，为各国所不及。"孙中山希望"吾人当保守之而勿失，以为世界人类之师导也可"。孙中山一生四海为家，足迹遍及世界各国，对世界各地的饮食文化做出评说，其权威性自然不用怀疑；但他担心中国人不能保持这份遗产，显然是过虑了。

中国"饮食文化"之精美绝伦，在本质上是因为中国历史上的特权制度太过发达所致；换言之，"饮食文化"的发达，乃是享有特权的"肉食者"无休止地追求奢侈生活的必然结果，是特权阶级对饮食欲望无限探求的凿凿明证。

但是道观历史，享受饮食的美感，从来就是有权有势者的特权。孔子生前大部分时间是不太得志的，但好歹属于贵族，虽然已经没落，饮食仍是颇能讲究的。《论语·乡党第十》告诉我们孔子的饮食习惯与主张："食不厌精，脍不厌细。食饐而餲，鱼馁而肉败，不食。色恶，不食。臭恶，不食。失饪，不食；不时，不食。割不正，不食。不得其酱，不食。肉虽多，不使胜食气。唯

酒无量，不及乱。沽酒市脯，不食。不撤姜食，不多食。祭于公，不宿肉。祭肉不出三日，出三日不食之矣。"如此多的"不食"，表明孔子是名副其实的讲究口腹之欲的美食家。不用说，这么多的饮食规矩是以食物的丰富为前提的。对于孔子赞不绝口的颜回——那位一箪食，一瓢饮，人不堪其忧，而不改其乐的学生——恐怕不可行。而孔子所要求的"君子远庖厨"，更不是穷人家所能办到的。

宋人罗大经《鹤林玉露》载："有士夫于京师买一妾，自言是蔡太师府包子厨上人。一日，令其作包子，辞以不能。诘之曰：'既是包子厨中人，何为不能作包子？'对曰：'妾乃包子厨中缕葱丝者也。'"太师府里的厨师分工如此发达，竟然有专门切制葱丝之人，其厨房里"制造"的作品，必定是色香俱佳的艺术品，不会像普通百姓的饭食一样，只是具有维持生命的功能。所以，口腹之欲的满足与讲究，是贵族行为，不是民众的行为；民众能做到的，至多是口里流着垂涎谈论象征"肉食者"身份地位的美食——很显然，那样的美食在普通民众而言，是魅力无穷但不可企及的梦中幻景。

晋朝王济以人奶喂幼猪，然后蒸食幼猪；石崇以家中仆女劝客人喝酒，客人不喝则连续斩杀仆女，都是政治特权在"饮食文化"上的表现；不用说，"一骑红尘妃子笑，无人知是荔枝来"，既是李唐王朝的皇家特权，更是皇权政治下各朝各代的普遍现象。

贵族不仅"善吃"，更善于将"饮食"这种满足嘴巴与肚子功能的生物性活动上升到"文化"层次。孔子听《韶》乐，弄得自己"三月不知肉味"，证明自己爱"文化"超越口腹之欲，但恐怕不是经常之事。对于只求填饱肚子、不作饿殍的老百姓而言，侈谈"饮食文化"总是有点离谱。"志士不饮盗泉之水，廉者不取嗟来之食",对于快要渴死、饿死的人而言,简直就是一句没有意义的混账话。深受孔子教训影响的孔乙己,在向人展示"茴"字四种写法,固守穿长衫的"士"之身份时,只能忍受让传统士大夫汗颜的站着喝酒的待遇。大观园里的太太小姐们不胜枚举的"群芳开夜宴""亲尝莲子羹"之类场合,以及与美食佳饮伴随的诸如吟诗唱和、行酒令之类文化活动,体现的是贵族的饮食,绝不能与下等人混同,所以刘姥姥使用过的杯子,是绝对不可为太太小姐们再用的,否则就玷污了她们高贵的身份。可见,代表高贵身份的"饮食文化",不是老百姓可以讲究的。

对于有权有钱人家而言,钱这东西对他们就算不得稀罕东西,谈钱便是俗不可耐;老百姓手中无钱,对钱的渴望便十分强烈,于是在高贵的人眼里便是无聊至极。鲁迅老夫子早将这事看得通透、说得明白:"钱这个字很难听,或者要被高尚的君子们所非笑,但我总觉得人们的议论是不但昨天和今天,即使饭前和饭后,也往往有些差别。凡承认饭需要钱买,而以说钱为卑鄙者,倘能按一按他的胃,那里面怕总有鱼肉没有消化完,须得饿他一天之后,再来听他发议论。"(《坟·娜拉走后怎样》)[1]所以,将饮食上升为文化而高谈阔论的,一定是衣食无忧的有闲阶级。换言之,在中国,有资格谈饮食享受的,必定是有钱有权的阶级;有资格将饮食推陈出新的,也一定是有钱有权的阶级;将饮食这种生物性活动上升到"文化"层面的,必定是权力集团及分享权力阶级利益的"有闲阶级"的文人墨客。

一言以蔽之,中国高度发达的"吃文化"是特权阶级的享受品,与小民们无关。口腹之欲的享受从根本上不属于穷人,正如

名牌衣装、高档座驾、LV之类的名牌挎包只能为有权有钱阶级可欲可得一样，高雅繁复的所谓饮食文化，只能是有权有钱阶级的文化，其情形正如同房中术属于有闲阶级的玩好一样。生存都面临困难的处境下，普通民众是没有精力、条件与环境玩这些精致而高雅的把戏的。

〰 历史上的嘴巴与国政

权力欲望是人性的本能之一，与这种欲望相伴随的是"嘴巴政治"。处理嘴巴与国政的关系，在前现代各国政治中都是最大的问题之一。

一、身份决定说话效力是前现代社会的规则

说话是嘴巴最大的功用之一；嘴巴说出的话所具有的意义，是随着说话者的身份不同而不同的。在基督教社会，最有权威的嘴巴无疑上帝的嘴巴。《圣经》明白告诉人们，上帝说要有光，就有了光；耶稣基督说："我就是真理，我就是道路，我就是生命。"于是人们就相信他是真理、道路、生命。这就是神的嘴巴。神的嘴巴说出的话自然句句是真理。当年哥白尼发表日心论，宗教人士攻击说："有人喜欢猎奇或卖弄聪明，竟说地球在运转，而不是第八天层或太阳在运转……只有那些不老实、不正派的人才会公开说出这种话。"在宗教人士看来，世俗之人嘴中说出的话（或表示俗人话语的文字），无论如何也不可与上帝的话（或文字表现形式《圣经》）相提并论，岂止是不能相提并论，简直是不值一晒。布鲁诺被烧死于鲜花广场，伽利略被迫屈服，伏尔泰被迫流

亡他国，都是因为以凡人之口说出了与教会所谓的"神的真理"相悖的道理。从教会的角度，神圣的教皇与教会是上帝在尘世的"代表"，所以教皇与教会的言论也是"句句是真理"。

在不信上帝的传统中国社会里，最有权威的嘴巴自然是皇帝的嘴巴。按中国人的政治伦理，皇帝称作"天子"，皇帝的老子是"天"；"天"的嘴巴是最有权威的，无奈"天"是不会开口说话的，所以要由"天的儿子"（"天子"）来代言：老子英雄儿好汉，权威按血统继承的道理在这里体现得最明显。皇帝之所以"金口玉言""口含天宪"，是因为皇帝是代"天"说话，"一句顶一万句"的道理就在这里。

中国人常说"人微言轻"，"言"之所以"轻"，是因为这"言"出自卑微之人之"嘴"。在传统中国社会里，掌权者的"嘴"之所以"贵"，与民众的嘴之所以"贱"，实际上都是因为身份地位。有一则令人笑不出来的笑话，讲的是苏联的政治领袖赫鲁晓夫：1962年12月，当时苏联的一把手赫鲁晓夫去参观美术展览，他指着抽象派雕塑家涅伊滋维斯内的绘画作品说："就是一头毛驴用尾巴甩，也能比这画得好。"涅伊滋维斯内忍无可忍，回答道："您既不是艺术家，也不是评论家，凭什么说这样的话？"赫鲁晓夫听后大怒，咆哮道："我当矿工时不懂，我当基层干部时不懂，在我逐步升迁的每个台阶上我都不懂。可我现在是部长会议主席和党的领袖了，难道我还不懂？"此言一出，周围的人全都目瞪口呆、哑口无言。这则笑话所展现的前现代政治伦理是人人都明白的：我是普通百姓，嘴巴是普通人的嘴巴，说出的话就是老百姓的普通话，就是"野人之语"；我现在是大权在握的显赫人物了，嘴巴就不是普通百姓的嘴巴了，这嘴巴说出的话自然就不是"普通人话"了，而是字字珠玑、句句神圣了。从"人微言轻"到"一言九鼎"，同样的一张嘴巴的"质的变化"反映的是政治身份的变化。同样一句"不须放屁",从老百姓口里说出来,就是一句遭人嘲笑的粗鲁话,但从神圣之人口中说出来,便成为化腐朽为神奇的真言妙语,尽显语言魅力。在前现代社会,同样的一句话如果出自掌权者的嘴巴,那就是天然的真理。嘴巴与政治的关系就是如此微妙。

二、中国传统政治以"封口"为主要手段

在中国传统文化辞典里,"政治"一词多分开使用,"政"主要指国家的权力、制度、秩序和法令;"治"是指国家的治理,主要是指安邦定国、驭民之策。中国传统"政治"概念是从统治者角度界定的。孔子曰:"政者,正也;子帅以正,孰敢不正。"儒家所谓"修身、齐家、治国、平天下",都是从统治者角度阐明政治的意义。

中国古代的"政治",在很大程度上是君主及其大臣维护统治、治理国家的活动,即驭民之术。传统驭民之术的核心,是如何使天下子民安于现状,保障统治者享受的特权不受威胁。为达此目的,保持强大的暴力威慑是必要的,但仅有暴力并不能从百姓"心中"铲除反抗的念头,难以从根本上消除民众对治人者的威胁,因为暴力的实施展示给人们的,永远是运用暴力行事的榜样,会促生更酷烈的暴力。对长治久安的目标而言,比暴力更高明的手段,无疑是禁锢百姓的"心智",让老百姓心服口服,于是,"民可使由之,不可使知之"[1]便成为统治者奉行的治国要诀。

---

[1] "民可使由之,不可使知之"出自《论语·泰伯》,一向被认为传统儒家愚民思想的经典话语,但近代自康有为以下,颇有一些学者试图为之辩证,将其句读为"民可使,(转下页注)

　　"不可使知之"，是从根本上"封脑"，但人的脑袋是个特殊部件，它的复杂性与隐秘性决定了"封脑"效果的难以判断，所以，越是天才的暴君，越是怀疑自己的"封脑"的功效，必以更直接的强硬"封口"继之。历史上，"封脑"伴以"封口"，以"封口"实现政治稳定，几乎是历史上大多数君王的必由选择。西周末期的周厉王为统一思想，禁断非议，秘密监听、杀戮异见者，致使"国人莫敢言，道路以目"。虽然历史上不乏开放言论的规劝，如《国语·周语》云："防民之口，甚于防川，川壅而溃，伤人必多，民亦如之。是故为川者，决之使导；为民者，宣之使言。"但真正允许百姓讲话、议朝政于街头巷尾的统治者，实为屈指可数、凤毛麟角。所以，即使从维护统治者的长治久安的根本利益出发而批评朝政，也是极其危险的事情。因大胆议政而丧命的政治人物，可谓史不绝书，代代而有。殷纣王统治下的比干，秦始皇统治下的众儒生，汉武帝统治下的司马迁，都是人所共知的"以言获罪"的典型。即使在较为开明的赵宋王朝，虽有宋太祖"言者无罪，不杀文人"遗训，仍不免产生苏轼"乌台诗案"之类文狱。以言定罪，构陷盛行，至清朝达于高峰，文人无意间吟出一句"清风不识字，何故乱翻书"的诗句，竟遭受灭顶之灾，言论禁忌的酷烈可见一斑。

　　在"奉天承运、天命所归"的权力神圣观流行的政治环境中，任何掌权者都不希望别人怀疑自己政治主张的正确性与合法性，

（接上页注）

　　由之；不可使，知之"，将孔子打扮成开启民智主张的祖师，然而，两千多年的吏治之道从来就是在愚民意义上奉行孔子的这句名言的，难道两千余年来人们的理解一直是错误的？这种情形很类似时下有些"国学"学者为孔子那句"唯女子与小人难养也"辩解，将"小人"曲解为"小孩子"一样。

即使被儒家奉为圣人的孔子亦不例外。《荀子·宥坐》记载："孔子为鲁摄相，朝七日，而诛少正卯。"孔子的门生问为何诛杀少正卯，孔子的回答是："人有恶者五：……一曰心达而险，二曰行辟而坚，三曰言伪而辩，四曰记丑而博，五曰顺非而泽。此五者有一于人，则不免于君子之诛，而少正卯兼而有之……不可不诛也。"用现代的通俗话说，就是少正卯"罪行"有五：一是有知识但心怀险恶，二是特立独行而坚持不改，三是言论怪异且有煽动性，四是专注于揭露执政者的丑陋行为且知道得很多，五是对持异见者表示赞同并施以恩惠。可见，少正卯是典型的"思想犯"，他的所谓"罪行"都是孔子的主观认定，谈不上依法治罪。少正卯被杀案，乃是中国历史上屡见不鲜的祸从口出、以言获罪最典型的案件之一。

孔子是"有教无类"的倡导者，按理说是多少具备一点"平等"意识的，如果不是手中掌权，主张受教平等的孔子，也许会主张言论上的平等与自由。以他老人家的绝顶聪明，不能不明白，如果思想不统一于官府就要受到惩罚乃至诛杀，那么他的说教一旦被官方说成是异端邪说或歪理、邪教，岂不也要掉脑袋？但即使这样的人，一旦手中掌权，仍不免屈服于"思想统一"的诱惑，为实现"思想统一"而大开杀戒。古往今来掌权者都不喜欢别人开口，不愿他人言论自由，厌恶别人坚持异见，情不自禁于独断专行。

一部二十四史，以暴力实施"封脑"与"封口"的实例实在是俯拾皆是、屡见不鲜。即使在近代民主潮流冲击下，也未曾销声匿迹。1927年，蒋介石宣称："以后各社会团体一定要养成党化、军队化的习惯"，"谋中国人思想统一"，"再不许有第二个思想，来扰乱中国"；并强调说，必要时"就得于人民集会、结社、言论、出版等自由，在法律范围内加以限制"。国民党有"军政、训政、宪政"的制度设计，但党国体制对舆论的钳制，"训政"所展现的领袖高高在上的凛然神圣姿态，惹人反感，自然成为自由文人讥讽的对象。1936年，在浙江大学的一个联欢会上，时任校长的竺可桢看到节目单上有"校长训话"一项，对"训话"二字心生厌恶，于是借学生邀请讲话之机会对"训"字做了一番训诂学的考证："'训'字从言从川，所谓信口开河是也。"竺可桢的考证当然是戏谑的玩笑，但确实揭示了当权者居高临下的姿态。事实上，出自近代党国魁首之"口"的"信口开河"之"训"，虽不似皇帝的"圣旨"，但威力之大还是足以让任何异见者倾家荡产、面目全非。传统上"口含天宪"的皇权制度虽已覆灭，但精神与心态仍然存在。

　　1927年，面对说话不自由的中国，鲁迅感受到的是黑暗铁屋的压抑，在这黑暗中，他号召人们发出怒吼："青年们先可以将中国变成一个有声的中国。大胆地说话，勇敢地进行，忘掉一切利害，推开了古人，将自己的真心话发表出来。"[1]

三、不同制度下嘴巴的不同功用

　　嘴巴与政治的关系可以简单地归结为两句话：在不允许说话的专制社会，政治最大程度地影响嘴巴；在允许说话的公民社会，嘴巴最大程度地影响政治。

　　在中国前现代社会的传统社会里，嘴巴的最大功能是"颂圣"："天王圣明，罪臣当诛"是嘴巴必须时常表达的核心内容；

1　鲁迅：《无声的中国》，《鲁迅全集》第4卷，人民文学出版社，2005年，第15页。

而"颂圣"的极致乃是实实在在地以嘴巴为当权者"吮痈舐痔"。《汉书·邓通传》记载："文帝尝病痈，邓通常为上嗽吮之。"汉文帝痔疮发作，疼痛不已，深受皇帝宠幸的邓通竟然趴到文帝的屁股上，为之吮吸脓血。"吮痈舐痔"具有象征意义，它是专制制度下仕途之上高官厚禄、飞黄腾达的必要条件，是政治影响嘴巴的最显著的例证。

林语堂是"闲适"生活方式的倡导者，认为文化与"闲适"生活中的说话自由密不可分。他说："我以为孔子之后的数百年中，思想的活动，因而产生所谓'九家'的学说，其起源即因于当时有一群学者，平生唯以说话为事，所以即发展了一种文化的背景。这种发展，除此之外，实说不出其他的理由。"他还认为，古希腊文化繁荣也与"闲适"生活息息相关："希腊思想的清明，散文体裁的简洁，显然是空闲谈天艺术所造成。柏拉图以'会话'为其书名，即能证明此点。在《宴会》一篇中，我们看见一群希腊文士斜躺在地上，在美酒鲜果和美少年的气氛中欢笑谈天，因为这种人已养成了谈天的艺术，所以他们的思想能如此深朗，文体能如此简洁，和现代文学作家的夸大迂腐恰成一种对比。"[1]林语堂注意到了"有闲"（即"闲适"）生活中"嘴巴自由"对思想活动的重要性，却没有注意到，在"嘴巴自由"上，古代中国与希腊两个方面存在制度性差异，这就是：在古希腊，它与城邦民主制度的发达相联系，且相伴始终；而中国春秋战国时代，它以传统政治制度的崩坏——即孔子所谓的"礼崩乐坏"——为前提，随着秦帝国皇权专制制度的建立而消失。换言之，在古代中国与希腊，言论自由现象出现的社会前提是迥然不

1　林语堂：《林语堂文集·生活的艺术》，群言出版社，2013年，第199页。

同的。

英国著名的古典学者基托说过：古希腊人的一个特点是酷爱自由谈话，他们"通过与伙伴们持续的谈话来培养起才智，改进其礼俗。很少有哪个民族这样酷爱交际，谈话对于希腊人而言像呼吸一样不可或缺——现在也确实如此，尽管现在因沉溺于报纸而有所改变。除了雅典，又有哪个社会产生过像苏格拉底这样的人物——他没有写下一个字，没有传授一套教义，除了一两次上战场以外，从未离开过一座城市，仅凭在街头与人谈话就改变了人类思想潮流？……雅典人，以及许多其他地区的希腊人的教育，是在集会场合获得的——在市场、柱廊、竞技场、在政治集会与庆典上长时间的谈话中"。[1]可以说，古典时代辉煌的希腊文化是靠嘴巴，在自由的谈话中诞生的。

就传统中国两千余年的历史而言，专制制度的暂时崩溃，乃是嘴巴获得充分自由，并对社会充分发挥影响的先决条件。战国时期著名的纵横家张仪被楚相诬陷"盗璧"，鞭笞数百，回家遭其妻数落："嘻！子毋读书游说，安得此辱乎？"张仪谓其妻曰："视吾舌尚在否？"其妻笑曰："舌在也。"仪曰："足矣。"张仪之所以认为只要舌头在就不惧一切，是因为战国争雄状态下的"言论自由"的环境中，嘴巴（舌头当然是嘴巴的最大部件）是影响政治的最大资本。保有完整舌头的嘴巴，就有资本与条件游说诸侯，以嘴巴影响诸侯决策，成就个人抱负与仕途理想。然而，自秦代皇权制度建立以后，中国民众就再也没有以嘴巴自由干预政治的可能了。

清代赵翼读史有"国家不幸诗家幸"的慨叹，这慨叹反映了

---

1 〔英〕基托：《希腊人》，徐卫翔、黄韬译，上海人民出版社，1998年，第39—40页。

传统中国社会特有的悖论：春秋战国时期的百家争鸣，是以"争地一战，杀人盈野；争城一战，杀人盈城"的诸侯混战为前提；民国初年的文化绽放，则是以皇权制度与共和制度转换之际的军阀混战、民不聊生为背景。中国历史上的"诗家之幸"所需要的思想与言论自由环境，其另一面竟是民众颠沛流离、转死沟壑的残酷现实！这就是中国两千年历史从未走出的制度死局。

民主制度是目前人类见到的将嘴巴的说话功能发挥到极致的制度。古希腊著名的演说家德谟斯提尼（Demosthenes）说："民主政治是一种发表演说的体制。"在民主制度下，政治艺术主要是操纵语言的艺术，可以说，公民言论自由是民主政治最基本的特点之一。

民主制度何以与公民言论自由相伴始终？

与皇权制度的权力垄断根本不同，民主制度的本质是权力对公民开放，即"主权在民"。在民主体制下，公民享有参与国家管理的权利，被认为天经地义，而参与权的具体表现之一就是思想表达权。这种表达权是神圣公民权的重要部分，是不能随便被剥夺的。神圣的公民权不因公民言论的正确与否而受到影响。正是出于这样的公民权利观念，我们才可以理解法国启蒙思想家伏尔泰的名言："我反对你的观点，但是我誓死捍卫你说话的权利。"也只有从公民权利观念，我们才可以理解法国《人权宣言》对言论自由权的规定："任何人都可以发表自己的意见——即使是宗教上的意见——不受打击，只要他的言论不干扰法定的公共秩序。……无拘束地交流思想和意见是人类最宝贵的权利之一，每个公民都有言论、著述和出版的自由，只要他对滥用法律规定情况下的这种自由负责。"

此外，民主制度下的言论自由，包括对政府行使监督权的批评自由，也是与人类对政府权力起源的观念密不可分的。在民主权力理念中，政治权力，包括最高政治权力，都是来自人民的授权，而非来自传统政治观所谓的"神授"；政府乃为民众利益所设，而非为奴役民众而设。在民主权力观念中，这一点被认为是不正自明的公理。正如美国《独立宣言》那掷地有声的开篇文字所说："我们认为下面这些真理是不言而喻的：人人生而平等，造物者赋予他们若干不可剥夺的权利，其中包括生命权、自由权和追求幸福的权利。为了保障这些权利，人类才在他们之间建立政府，而政府之正当权力，是经被治理者的同意而产生的。当任何形式的政府对这些目标具破坏作用时，人民便有权力改变或废除它，以建立一个新的政府；其赖以奠基的原则，其组织权力的方式，务使人民认为唯有这样才最可能获得他们的安全和幸福。"这种政治权力观确立了人民主权的至上地位，以及民众言论自由权的不可剥夺性。

一言以蔽之，民主制度奉为根本的"主权在民"观念，是民众享有言论自由权利的逻辑前提；言论自由权是民众享有的对政府监督权的具体体现。打破中国皇权社会悲剧性的"国家不幸诗家幸"或"诗家不幸国家幸"的悖论死局，实现"国家"与"诗家"的双重幸运，并且使二者相辅相成、共同繁荣，只有现代民主体制可以胜任，除此别无他途。

◎◎ 权力欲望与恶性果报

一、人性欲望的客观存在与权欲恶性果报

恩格斯说:"人来源于动物界这一事实已经决定了人永远不能摆脱兽性。所以问题永远只在于摆脱得多些或少些,在于兽性与人性程度之间的差异。"(《反杜林论》)换言之,在恩格斯看来,人类无论如何进化,都摆脱不了兽性与人性这两种本质属性,人与人之间的差别只在于这两种属性所占比例不同而已。由此说来,人类的全部活动,在本质上都摆脱不了这两种属性的支配,毋宁说在不同时间与空间里表现着这两种属性;"人半是天使,半是魔鬼"这句谚语对人性的界定,是恩格斯见解的另一种表述,只是更为简洁而已。

人作为天使的属性,体现在高度发达的理性及由理性决定的社会性,理性的发达决定人具备分辨善恶及择善而从的能力;而作为魔鬼(野兽)的属性,则主要表现在人类与生俱来的与动物无异的本能欲望,即物欲、性欲和权欲。人虽以理性的发达而有别于动物,但在本能欲望的层面上,人与动物没有区别;故人类的行为有些接受理性的控制,有些则不受理性控制,或者说理性不能完全控制,而主要受制于原始本能欲望。研究人类历史活

动，不能忽视这个潜层面上人类本能欲望的巨大作用。如果从这个层面审视人类的活动，呈现出来的画面，就如同自然界所展示的所有事物的机械运动一样，是一幅清晰的因果相依相生图景。人类活动中恶因与恶报循环往复的一幕幕场景，透过权力欲望的运行可以看得非常清晰。

我们不妨从家喻户晓的《三国演义》说起。人们读《三国演义》，往往注意其中所包含的"分久必合，合久必分"的历史循环论，而它所包含的"为人剃头者，人亦剃其头"的政治伦理，即权欲恶性果报律，却不太为人重视。不过，稍加注意便可发现，罗贯中笔下的权欲恶性果报律，也是这部名作中非常重要的主题之一。这个主题通过汉亡魏兴与魏亡晋兴两个历史片段，清晰地呈现出来。

片段一：曹操把持朝政后，玩汉献帝于股掌之上，汉献帝不甘心于被人挟持，与大臣董承反抗，事不机密，董承为曹操所杀；曹操又勒令汉献帝交出董承女儿董贵人。当时董贵人已有孕在身，献帝"累为请"，仍不获免。董贵人与肚子中的孩子一起受刑而死。伏皇后惊惧，写信给其父伏完，请求其父谋杀曹操，未料伏完胆怯，不敢发动，事泄伏完被杀。《资治通鉴》对这段历史有明确的记载：

操大怒，十一月，使御史大夫郗虑持节策收皇后玺绶，以尚书令华歆为副，勒兵入宫，收后。后闭户，藏壁中。歆坏户发壁，就牵后出。时帝在外殿，引虑于坐，后被发，徒跣，行泣，过诀曰："不能复相活邪？"帝曰："我亦不知命在何时！"顾谓虑曰："郗公，天下宁有是邪！"遂将后下暴室，以幽死。所生二皇子，皆鸩杀之，兄弟及宗族死者百余人。（《资治通鉴》卷第六十七《汉纪五十九》）

　　读这段记载，相信读者都会兴叹不已。作为权臣的曹操的凶悍与强梁，被人挟持的末帝的可怜与可悲，都予人以强烈的感官冲击：堂堂一国之君竟不能使自己无辜的女人及女人肚中更无辜的孩子免于一死，这在汉献帝而言可谓悲哀至极，然对权臣曹操而言，却是权力欲的最大满足，可谓快何如哉！快何如哉！然而，因果报应律决定了，曹魏家族以此种暴力手段攫取刘汉家族权位而临政，自己的权欲得到满足时，实际上已经将自身置于了此前汉家天子的境地，成为被他人觊觎的对象。在已然转换的位置上，虽然曹氏家族挖空心思地力避从前汉帝所遭受的待遇，但皇权制度下家天下所固有的运行规则，决定了曹氏家族的末代皇帝终有一天必然在其他强人集团那里遭受同样的待遇。

　　果然，曹氏家族也落到了咎由自取的一天。且看片段二：司马昭飞扬跋扈，专制朝政，目无魏主曹芳，曹芳与大臣夏侯玄、李丰、张缉策划，密诏发难清君侧。司马师搜出曹芳密诏，将三人腰斩于市，灭其三族。司马师入殿，按剑谓芳曰："臣父立陛下为君，功德不在周公之下；臣事陛下，亦与伊尹何别乎？今反以恩为仇，以功为过，欲与二三小臣，谋害臣兄弟，何也？"芳曰："朕无此心。"师袖中取出汗衫，掷于地上曰："此谁人所作耶！"曹芳魂飞天外，魄散九霄，战战兢兢地回答："此皆为他人所逼故也。朕岂敢兴此心？"师曰："妄诬大臣造反，当加何罪？"芳跪告曰："朕合有罪，望大将军恕之！"师曰："陛下请起。国法未可废也。"乃指张皇后曰："此是张缉之女，理当除之！"芳大哭求免，师不从，叱左右将张后捉出，至东华门内，用白练绞死。

　　魏晋陵替之际的政治变局竟与汉魏变局如出一辙！魏末帝及皇后在司马氏父子手中的遭遇，竟是汉献帝及皇后在曹家父子手中遭遇的翻版。权欲恶性果报律丝毫不爽地再现了。毛宗岗有感而赋诗评曰："当年伏后出宫门，跣足哀号别至尊。司马今朝依此例，天教还报在儿孙。"读史者的兴叹透出的不仅仅是人情的冷暖，更是人类权力欲望运行的固有规则，即权欲恶性果报律。

当年满清入关以后，强迫汉人按照满人的习惯剃发，以示屈从，不从者被处死，所谓"留发不留头，留头不留发"。命令所到之处，汉人的抵抗遭到清军无情的镇压，清征服者确确实实地享受了一阵痛剃汉人头的快感。就在清统治者得意忘形于享受这欲望释放的快感时，明末遗老雪庵和尚吟成一首《剃头诗》：

> 闻道头堪剃，何人不剃头。
> 有头皆可剃，无剃不成头。
> 剃自由他剃，头还是我头。
> 请看剃头者，人亦剃其头。

此诗貌似简单，但其中蕴含的道理却不简单，尤其是"请看剃头者，人亦剃其头"的咏叹，蕴含着对历史运行法则的深刻认识，对世道沧桑变化的透辟参悟。清人自塞外入关，乘中原内乱之际，夺取了明朝政权，强迫汉人剃头，对汉人而言是一种莫大的屈辱，而在满人而言则获得了剃人头的极度快感，但欲望的因果报应律决定了这种快感必然要以惨淡收场来还报。孙中山领导辛亥革命，高举"驱除鞑虏，恢复中华"旗帜，其目标是建立"天下为公"的共和制度，而非建立传统上以"天下而私之"的"家天下"为特征的皇权制度，但满清王朝被人"剃头"的感觉仍是不可避免的。

实际上，权欲恶性果报律贯穿于中国两千余年土朝兴衰史，每一次新旧王朝革故鼎新，都会再现先前"剃头者"被人剃头的场景。《三国演义》截取的是汉、魏、晋陵替之际的图景，展现的是取天下者欲望释放的快意，与其子孙所得到的现世恶报。但这种因果报应并非限于这三个王朝。中国历史上的家族王朝，其兴也勃焉，其亡也忽焉，在本质上无非是一幕幕"剃人头"与"被人剃"的悲喜剧。每一个新兴王朝勃兴之时，总会经历一段推翻前王朝的兴奋——剃人头的极致快感。

然而，世袭的权力垄断制度下，生活在深宫内院与世隔绝的封闭环境中，皇子皇孙们完全隔膜于社会，对世道人心与民众疾苦的茫然无知，必然造成家族成员不谙世事、心智错乱——百姓饿殍遍野之时，执权柄的皇帝竟然发出"何不食肉糜"的怪异之问，是各朝末代帝王的常态而非个例；而锦衣玉食、于人于物无远弗届、有求必应的奢华生活，必然造成荒淫无度的恶习。无知与奢靡相结合，其结果必然是统治能力递减。于是，皇帝昏庸、官员贪暴，吏治腐败，人祸频生，人怨沸腾，民众水深火热，成为每个王朝末年千篇一律、无可逃脱、无一例外的模式。在天灾降临、小民转死沟壑的绝望状态中，揭竿而起、铤而走险成为民众的唯一选择。在天下汹汹的动荡状态中，民心丧尽的"神圣家族"最终成为野心家们觊觎的对象。虽然各朝各代的"剃人头者"无不竭尽全力试图避免重蹈被剃者的覆辙，但终将无济于事，不得不在屈辱中品味被人剃头的痛苦与屈辱。中国历史上走马灯般的王朝更迭，实际上就是这样一种悲喜剧的一再上演。

二、权力欲望与皇权制度下的权力垄断

中国一部数千年的王朝更迭史，让人们清晰地看到"剃人头"与"被人剃"的王朝循环轨迹。但一个明显的事实是，我们

从未找到破解这种恶性循环机制的良策，而代之以良性循环的新机制；相反，人们看到的，乃是新王朝的统治者在执掌大位后殚精竭虑、挖空心思，变本加厉地收紧权力的缰索，以更加专制而严酷的手段对付那些胆大的权力觊觎者，其结果是，暴政造就更大、更残酷的暴政以暴易暴，环环相扣，循环往复，成为冲不破的历史怪圈；而为这种以暴易暴权力规则赋予正当性的，则是一以贯之的"奉天承运、天命所归"的政治伦理。于是暴力政治在"天命"理论的掩饰下大行其道，成为中国专制制度史的底色。

从人性角度，以权力垄断为本质特征的专制制度是天下最符合人性之私的制度，也是最符合极度权力欲望的制度。孟德斯鸠在《论法的精神》中说："尽管人们热爱自由，憎恶暴力，但大多数民族却依然屈从于专制政体之下。这不难理解。……专制政体……无论在何地，它都一模一样，只要有愿望就能把它建立起来，所以这件事谁都能干。"换言之，专制制度乃是人类最原始、最可率性而为的制度。这种"率性而为"的制度所展现的是对权力——对人的生杀予夺之权、对美色的贪婪攫取之权、对所欲之物的肆意占用之权——的永不魇足的渴求。这种制度所展现的直白淋漓地物欲、性欲和权欲，属于人性中固有的原始欲望，是任何意识形态所不能彻底遏制的。所谓"存天理、灭人欲"的道义理想，就在道貌岸然的理学家那里也是做不到的。

专制制度本身对权力欲望的满足，决定了它对所有人都具有莫大的诱惑。"普天之下，莫非王土；率土之滨，莫非王臣"，对天下万物、天下万众的支配权的垄断，以及这种垄断带来的无上享受，对人的诱惑是客观存在的。在这种无上的诱惑面前，任何一个对权力怀有觊觎之心的人，都会认为值得用一己之生命乃至全家族之生命为之一搏，其情形恰如赌场上瞬间万利的前景诱使赌徒孤注一掷。因此，专制制度本身天然存在的权力诱惑，必然使权位控制者成为他人的权力欲望时刻觊觎的目标。虽然当权者软硬手段并用，以诸如夷三族、灭九族的严酷手段相威慑，以"奉天承运、天命所归"神权理论相欺骗，稍稍降低了他人萌发的觊觎之心，但并不能从根本上消除人们对权力目标的渴求。所以，专制制度下，身处权力中枢的皇帝，尤其是开国皇帝，无不为自己及其子孙的"江山永固"绞尽脑汁，但到头来仍然不能摆脱被人赶下台来，在屈辱中收场的命运。这其中的逻辑是，自身热衷的权力垄断所造就的前因，必然造就他人夺取权力、实现权力垄断的后果。

权力垄断本身固有的莫大诱惑，决定了这种制度必然具有莫大的危险性。摆脱这种危险的唯一出路，只有实行权力开放，建立"天下为公"的"公天下"，而不是"家天下"或"集团天下"。人类迄今的历史实践证明，只有以"主权在民"为根本特征的民主制度，可以摆脱权力更替中"以暴易暴"的恶性循环。道理很简单：首先，民主制度承认公民参与国家管理的权利，权力（包括中枢权力）对全体公民开放。这一特点彻底打破了权力垄断这个死结。第二，法律统治（rule of law）使权力受到法律的制约，执权柄者不可为所欲为；公民享有的权利受到法律保护，不被随意践踏、侵凌。这一特点保证了权力难以走向极端，走向无法无天的暴政。第三，权力制衡，权力难以成为绝对权力，掌权者不可能肆意释放欲望，掌权者的恶行可以得到及时制止，难以发展成为整个社会莫可奈何的极端权力。第四，多数决定使"公共意志"得到最大的尊重，权力更替具有切实可行的操作手段。一言以蔽之，民主制度是迄今人类发现的最有利于保护善行、制止恶行的制度，是最有利于整个国民的制度。在民众而言，它不仅保障国民参与国家管理的权利，而且保障其合法权利不受权力机关的肆意侵害；对掌权者而言，虽然民主制度使其丧失了权力垄断下的莫大特权，限制了欲望无限释放带来的极度快感，却保护了其基本的公民权，避免权力更替时以暴易暴带来的残酷伤害。从根本上，只有民主制度可以避免社会大动荡给整个民族带来的大灾难。

三、如何跳出恶性因果循环圈

人类作为理性的动物，总想跳出历史的循环之轮，但人类原始欲望的永恒存在，决定了人类的行为不可能彻底摆脱原始欲望的支配。

人之本性是易于为恶，难以向善。人之易于为恶，有两种表现形式：一是有意识为恶，即对恶行有清楚认识，仍为欲望驱使为恶；二是无意识为恶，即在似乎与己无关的恶行面前的不作为导致恶果的产生。对于惯于明哲保身的传统中国人而言，对无意识为恶的危害性的认识明显不足。两千年皇权制度下，政治权谋对民众行为的防范哲学，如"各个击破""枪打出头鸟""擒贼先擒王"等策略，让老百姓在残酷的教训中养成一套缩头自保哲学，"事不关己，高高挂起""出头椽子先烂""莫谈国事"等信条，不仅造就了整个民族对有意识恶行的容忍，而且扼杀了国民个体对自我无意识犯罪的任何忏悔意识——一个最显著的例证，就是"文革"的参与者，大多数人对当时所造之孽，缺乏足够深刻的反省。相反，暴力政治还培育出一种病态的国民心理：对暴政的痛恨与羡慕交织，痛恨别人的暴政，盼望自己掌权实行暴政，以逞其欲；对暴政的恶果抱有侥幸心理，希望暴政落到他人头上，自己可以幸免；对暴政的受害者视若无睹，甚至幸灾乐祸。传统积习的负面影响，使得恶性因果循环链条难以打断，建立良性循环制度的努力异常困难、收效甚微。

第二次世界大战结束以后，一位名叫马丁的德国新教神父在美国波士顿的犹太人屠杀纪念碑上留下一段话，至今令人回味、警醒：

> 起初他们（纳粹）追杀共产主义者，我不是共产主义者，我不说话；接着他们追杀犹太人，我不是犹太人，我不说话；后来他们追杀工会成员，我不是工会成员，我不说话；此后他们追杀天主教徒，我不是天主教徒，我不说话；最后他们奔我而来，再也没有人站起来为我说话了。

这是西方基督教文化背景下人们对无意识为恶的内心忏悔，正是这种逐渐成为人们共识的忏悔意识，推动人们警惕无意识为恶，推动着历史向积极的方向发展，即以制度建设维护善行，打破自身遭受压迫与虐待，而将压迫与虐待加诸他人的怪圈，跳出以暴易暴的恶性循环。

权力欲望恶性因果循环圈的打破，取决于统治者与被统治者两种力量的相互作用。历史已经证明，民众手中的任何一项权利都不是掌权者恩赐，都是自己抗争得来的成果。对于当权者而言，放弃对权力垄断意味着对自身权力欲望的主动遏制，这自然不是容易做到的，但唯其不容易做到，更显示出个别先觉人物对历史转折的关键意义，也说明了人作为理性动物所具有的"主观能动性"的积极意义。历史上顺应民意的当权者，无不受到民意的善报，也为客观的历史所肯定——所谓"青史留名"是也。美国的开国领袖华盛顿是如此,顺应历史潮流而还政于民的蒋经国也是如此。从因果报应律的角度,主动放弃对权力的垄断,不仅是打破恶报、走向良性循环的前提,而且也是实施自我保护的最明智的选择。因为,"一人之心,天下人之心也",因果报应律决定了权力垄断下为所欲为带来的欲望释放快感,要以身家性命的悲惨下场作为报应,即使侥幸躲过现世果报的惩罚,也躲不过历史公正、无情的审判——所谓"遗臭万年"是也。殷鉴昭昭,岂不可惧?

奴才的境界[1]

    在皇权制度下，"普天之下，莫非王土；率土之滨，莫非王臣"是一定则；在这个原则之下，只有皇帝一人算作人，其他人都是皇帝的奴才，所谓"帝力于我何有哉"不过是文人一厢情愿的臆想。不过，从制度上讲，只有进入官僚体制者，才算是暂时做稳了奴才，其余都是想做奴才而不得。主子不养白吃的懒汉，豢养奴才是用来役使的。奴才一旦做成，必须有奴才的样子：勤快、尽心、体贴、善察主子的心意，处处站在主子的角度想事做事。

    孟子将人分为劳心者与劳力者，认为劳心者治人，劳力者治于人。对于奴才而言，不管以"心"还是以"力"侍奉主子，都是"受治于"主子的奴才，从主子那里讨好处。所以，凡做奴才者，不管属于哪个行业，在哪位主子手下任事，都必须竭尽忠诚：忠于主子本人，忠于主子的集团，忠于主子集团的事业；以主子之是为是，主子之非为非。在"忠"这个前提下，奴才不能存有独立意志，需把自己的意志消灭，把自己弄得不成其为人，以便呈现出奴才的范儿。没有范儿的奴才不是真奴才，有范儿的奴才（如太监），其言行举止让人一望而知其为奴才。

1　本文发表于《社会科学论坛》2017年第5期，有改动。

奴才侍奉主子，"忠"固为必需，但恪守奴才本分而不逾矩也至关重要。单是这一点，就不是所有的奴才都能做到，正如鲁迅所指出的："奴隶只能奉行，不许言议；评论固然不可，妄自颂扬也不可，这就是'思不出其位'。譬如说：主子，您这袍角有些儿破了，拖下去怕更要破烂，还是补一补好。进言者方自以为在尽忠，而其实却犯了罪，因为另有准其讲这样的话的人在，不是谁都可说的。一乱说，便是'越俎代谋'，当然'罪有应得'。倘自以为是'忠而获咎'，那不过是自己的胡涂。"[1]有才能的奴才之所以让主子不放心，最基本的一点，是因为他们多自以为是，超越奴才职守，做出非奴才本分的行为来。

普通奴才所能做到的，不过是坚守忠诚，循规蹈矩、老老实实地服侍主子。要显示出境界，就必须有异乎寻常的行为，不仅让众人，而且让主子感到独异特出，与众不同。这便是体现奴才个性的"境界"。有了"境界"，方有机会从普通奴才中脱颖而出，成为众奴才中的"极品"。

俗谚云：欲有非常之功，必待非常之人。同理，奴才"境界"必以惊世骇俗的极端"忠诚"行为表现出来。这种极端行为通常超越人类的想象，如"吮痈舐痔"。吮：聚拢嘴唇吸取；痈：毒疮；舐：舔；直白地说，就是以嘴为主子舐吸痔疮上的脓血。这个词太不雅，对于拥有正常想象力的人，往往会引起不良生理反应，所以不常被人们使用。但这个典故出现得很早。战国时期，宋偃王派曹商出使秦国，曹商鼓舌如簧，深得秦惠王宠信，获赏赐一百辆马车。曹商回国后向庄子炫耀，庄子颇为不屑，说："秦王有病召医，破痈溃疮者得车一乘，舐痔者得车五乘，所治愈

1　鲁迅：《且介亭杂文·隔膜》，《鲁迅全集》第6卷，人民文学出版社，2005年，第45页。

下，得车愈多。子岂治其痔邪，何得车之多也?"庄子智慧幽深，用词刻薄，讥讽中充满恶意的嘲讽。实际上，曹商固善于巧言令色，但还不至于下作到为秦王吮痈舐痔的地步。

然而，历史所呈现给后人的画面远比人们的想象更丰富。一部二十四史让人们看到：只有人想不到的，没有奴才做不到的，即使是匪夷所思的事情。汉文帝时，邓通因获得宠幸而飞黄腾达，富可敌国。汉文帝痔疮发作，疼痛不已，邓通为了"谢主隆恩"，经常趴到文帝的屁眼上，为之吮吸脓血。此事史有明证。《史记·佞幸列传》记载："文帝尝病痈，邓通常为帝唶吮之。"文帝认为身边大臣能为自己做到的，自己的骨肉也能做到，于是在太子前来探病时，让太子为之。太子虽然勉强做了，却显露出难为情的样子；事后听说邓通常为文帝吮吸脓血，心中惭愧，但也怨恨邓通开其先例。太子（汉景帝）即位后，将邓通免职。不久，有人告发邓通偷盗境外的铸钱。景帝责令彻查，把邓通家的钱财全部没收充公。长公主刘嫖同情邓通，赏赐一些钱财，但马上被官吏没收抵债，一支簪子也不许邓通戴在身上。邓通最后落得一文不名，寄食在别人家里，悲惨地死去，不得善终。邓通想以"吮痈舐痔"来保住自己的荣华富贵，到头来竟因"吮痈舐痔"而败亡。奴才的"境界"一旦遭主子厌恶，奴才的好日子也就到头了。此可谓祸福相依、利弊共存。

不过，在中国史册中，以奴才的极端行为而奏奇效者也不乏其例，最著名的要推那位大名鼎鼎的越王勾践。在国人的常识中，勾践以英雄励志的"卧薪尝胆"故事名垂后世，表现其奴才境界的壮举却几乎不为人所知。据记载，勾践被囚于吴国时，吴王夫差偶染小病。勾践独出心裁，尝了夫差的大便，声称夫差可很快痊愈。夫差问其故，勾践讲出缘由，夫差甚为感动，随后释放了勾践。此事《吴越春秋》记载甚详："（吴）王召（勾践）而见之。适遇吴王之便，太宰嚭奉溲恶以出，逢户中。越王因拜：'请尝大王之溲，以决吉凶。'即以手取其便与恶而尝之。因入曰：'下囚臣勾践贺于大王，王之疾至己巳日有瘳，至三月壬申病愈。'吴王曰：'何以知之？'越王曰：'下臣尝事师闻粪者，顺谷味，逆时气者死，顺时气者生。今者臣窃尝大王之粪，其恶味苦且楚酸。是味也，应春夏之气。臣以是知之。'吴王大悦，曰：'仁人也。'"勾践的行动感动了夫差，获得自由身份，从而向复仇成功迈出了第一步。

奴才尝粪便之举，非独勾践一人为之。武则天时，郭霸任监察御史，极善谄媚上峰，时大夫魏元忠染病卧床，诸御史尽往省之，霸独后到。郭霸见到魏元忠，立刻现出非常替主子担忧的神情，请求查看魏元忠的大便，用手指挖起一块，放到嘴里品尝，元忠吃惊不小，但郭霸却高兴地对魏丞相说："病人的粪便如果发甜，就让人忧虑，今我尝丞相的粪便是苦味，可保无虞了。"此事亦有明文记载。《旧唐书·郭霸传》："时大夫魏元忠卧疾，诸御史尽往省之，霸独居后，比见元忠，忧惧，请示元忠便液，以验疾之轻重。元忠惊悚，霸悦曰：'大夫粪味甘，或不瘳。今味苦，当即愈矣。'"未料魏元忠刚直，厌恶这种奴才行为，将此事宣露于朝士而为后人所知。

尝粪是非常之举，是极品级的奴才行为，等而次之者则更多。清代有一首打油诗，曰："昔年于府拜干娘，今日干爷又姓梁。赫奕门庭新吏部，凄清池馆旧中堂。郎如得志休忘妾，妾岂无颜只为郎。百八牟尼珠一串，归来犹带乳花香。"这首诗说的是，乾隆时一位汪姓翰林谄事豪贵，妻子曹氏更是一丘之貉，汪翰林巴结军机大臣于敏中，让妻子曹氏拜于母为干娘。后于敏中受贿败露而被撤职查办。汪翰林又让其妻子转而拜户部尚书梁国治为干爹，极尽逢迎。相传冬月严寒，梁尚书早朝，汪妻往往先取朝珠放在胸口温热，然后再亲自挂在尚书脖子上。此见于清人陈康祺《郎潜纪闻》所记"大夫之诌媚"条。

奴才的境界还表现为：洞悉主子的心思，不露声色、恰到好处地满足主子的心理需求。历史典籍留下了一些奇妙的典例。《宋稗类钞》云：朱勔得宠于宋徽宗赵佶，常常被叫到宫里喝酒。一次宴罢，赵佶用手亲昵地拍了朱勔一下。朱勔赶紧脱下那件锦袍，请人在赵佶拍过的地方绣上一只金手印，逢人便得意地炫耀说："徽宗尝以手抚之。"另有一次，朱勔从内宫饮酒归来，他又用黄帛缠臂，与人相互作揖时，他那只胳膊一动不动。他解释说："这只胳膊被皇帝抚摸过，恕不多礼。"在中国历史上，以如此心裁独出的形式表现主子的伟大与神圣，殊不多见。唯其不多，方可称得上"有境界"，否则便是俗人之举了。

主子最大的爱好莫过于被奴才吹捧。作为天下最大的主子，皇帝最乐的事便是从奴才那里听到颂扬之词，所以"天王圣明，臣罪当诛"之类辞藻，便成为皇帝百听不厌的程式用语。这个定则甚至在鬼界也同样有效。《笑林广记》里有一则故事：一个秀才的阳寿终结，去见阎王，阎王偶放一屁，秀才灵机一动，献上一篇《屁颂》："高竦金臀，弘宣宝气。依稀乎丝竹之声，仿佛乎麝兰之味。臣立下风，不胜馨香之至！"阎王闻之大喜，立刻为其增寿十年，放回阳间。这个故事听来滑稽可笑，但其中所蕴含的道理值得追索：歌颂阎王之"屁"的美妙与"屁味"的馨香是前提，而表达"臣立下风"所得到的殊荣则是不可少的要件；若说前者是直描，后者则是委婉的烘托。秀才成功的关键不仅在其颂诗华美，更在于它符合阎王的心理需求，搔到了阎王的痒处，令其无比舒心、受用。一切以"心"侍奉主子的奴才，非达此境界，绝无成功的可能。马屁只有拍到化境，做到"大音希声，大象无形"，全无阿谀奉承的痕迹，才能令主子赏心悦目而不反感，奴才方可从中大受其益，否则只能适得其反，一旦被主子察觉其用心，则奴才必受鄙视乃至厌恶，其结果是利益受损或遭受惩罚。

"颂圣"是做奴才的文人的特长。南唐皇帝李璟是个词人，有次与臣属钓鱼，很长时间毫无所获，心里窝囊，面子上有些挂不住。此时侍臣李家明精准地洞悉皇帝的心思，献诗一首："玉甃垂钓兴正浓，碧池春暖水溶溶。凡鱼不敢吞香饵，知是君王合钓龙。"这马屁拍得恰逢其时且恰如其分，令李璟登时尴尬顿消，懊恼全无。诗人杜荀鹤谒见梁太祖朱温，正碰上出太阳而又下雨的天气。以当时的迷信观念，此种情形谓之"天泣"，乃不祥之兆。朱温内心恐惧。杜荀鹤明察朱温心思，乘机献上一诗："同是乾坤事不同，雨丝飞洒日轮中。若叫阴朗长相似，争表梁王造化功。"一首诗搔到皇帝的痒处，不仅化解了朱温心头的恐惧和疑惑，而且还颂扬了皇帝化育万物的超自然能力，令朱温心花怒放，龙颜大开，后来杜荀鹤当上了翰林学士，获益匪浅。

最能展现奴才境界的，是以奴才的身份说出主子想不到或想到而不便说的话来；从正常人所不堪的奴才生活中寻出美妙感与幸福感来。清末时法国使臣罗杰斯对中国皇帝说："你们的太监制度将健康人变成残疾，很不人道。"没等皇帝回话，贴身太监姚勋抢过话头反驳道："这是陛下的恩赐，奴才们心甘情愿。怎可诋毁我大清国律，干涉我大清内政！"可以想见，如果此话出自大清皇帝之口，法国人一定还会争辩，力陈太监制度之非，但这话出自太监制度的受害者之口，还有什么可说呢？同样的情形也见于近代名人康有为。康有为为恢复帝制奔走呼号，为跪拜皇帝之礼鼓吹，作《请饬全国祀孔仍行跪拜礼》一文，以凛然之色质问中华民族："中国国民不拜天，又不拜孔子，留此膝何用?"可以说，大清皇帝想到的，南海康圣人全想到了；皇帝没想到的，康圣人也想到了。在照顾主子的利益上，奴才往往比主子想得更周全。有境界的奴才，都是恪尽忠诚，察言观色、洞悉主子心思，且能做主子心想之事的高手。

鲁迅说："自己明知道是奴隶，打熬着，并且不平着，挣扎着，一面意图挣脱以至实行挣脱的，即使暂时失败，还是套上了镣铐罢，他却不过是单单的奴隶。如果从奴隶生活中寻出'美'来，赞叹，抚摩，陶醉，那可简直是万劫不复的奴才了，他使自己和别人永远安住于这生活。"[1]列宁说："意识到自己的奴隶地位而与之作斗争的奴隶，是革命家。不意识到自己的奴隶地位而过着默默无言、浑浑噩噩的奴隶生活的奴隶，是十足的奴隶。津津乐道地赞赏美妙的奴隶生活并对和善的好心的主人感激不尽的奴隶是奴才，是无耻之徒。"[2]做奴才而不安于默默无闻地做奴才，更以其独出心裁的方式从奴才生活中寻出美妙感、幸福感，乃至崇高感与神圣感，这就是奴才的"境界"!列宁所谓"无耻之徒"、鲁迅所谓"万劫不复的奴才"，正是真奴才展现的"境界"。

1　鲁迅:《漫与》,《鲁迅全集》第4卷，人民文学出版社，2005年，第604页。
2　〔苏〕列宁:《纪念葛伊甸伯爵》,《列宁全集》第16卷，人民出版社，1988年，第37页。

辨伦理

❧ 历史传统中的附庸伦理

附庸即封臣，亦称奴才，是与"主子"相对的概念。在中西社会历史上，皇帝（或国王）之下公、侯、伯、子、男之类的等级，构成社会特有的附庸等级体系。理论上，较低等级即是较高等级的附庸，所有等级都是皇帝（或国王）的附庸。但是，由于历史条件不同，中国和欧洲的附庸制度有所不同。

在欧洲封建时代的大部分时期中，由于王权长期处于积弱状态，诸侯各自为政，表现出很大的独立性，附庸对封主的强大依附关系主要限于直接的封主。也就是说，一个人在确立了他的从属关系以后，往往只是服从他的直接的主人（这个直接的主人往往即为绝对封主），并非服从主人的主人即间接主人，即使这位间接主人是国王或皇帝本人。这就是欧洲附庸制中特有的原则："我封主的封主不是我的封主。"

在中国的皇权社会中，皇帝的权威处于至高无上的地位，土地和国家政权被认为是皇帝的私人财产，所谓"普天之下，莫非王土；率土之滨，莫非王臣"，因此，所有等级的附庸都服从于皇帝，各等级的封臣可以不服从自己直接的封主，但不能拒绝服从皇帝这个绝对封主。所谓"良禽择木而栖，良臣择主而侍"，这一原则只适合于皇帝以下的封主，对皇帝这个绝对封主是不能自由选择的；对于各级附庸而言，"主（皇帝）忧臣辱，主辱臣死"，乃是通行的原则，适用于所有等级的附庸。这是东西方附庸关系显著不同的特点。

在封建关系中，直接的主仆关系的力量是非常强大的，它是血缘家族关系之外最强大的关系纽带。因此，主人与其他人发生矛盾或冲突时，附庸断不能置身度外，他必须加入到主人的行动。由于附庸本身不能以自己独立的意志行事，其行为本身所造成的后果并不由附庸来承担；附庸按主子的意志犯罪，并不需要承担罪责。在这样的社会意识中，不但附庸可以用自己的附庸地位为自己的犯罪开脱，而且整个社会也往往不加追究，这就是古代社会特有的"附庸伦理"。这种伦理培育了一种不管自己行为是非，一唯主子之命是从，不承担个人行为后果的特有心理，即"附庸心态"。

展现附庸伦理与附庸心态的实例，在中国历史上比比皆是。东汉末年，袁绍与曹操在官渡大战之前，命记室陈琳草拟檄文声讨曹操，陈琳以出众才华与斐然文采，大挖曹操祖根，称其祖父与其他宦官"并作妖孽，饕餮放横，伤化虐民"；其父"乞匄携养，因赃假位，舆金辇璧，输货权门，窃盗鼎司，倾覆重器"；曹操本人则是"赘阉遗丑，本无懿德；僄狡锋协，好乱乐祸"，将曹操祖宗三代骂个狗血喷头，语锋犀利，用词刻薄，甚至令曹操这样处变不惊的乱世之雄听人读来都毛骨悚然，身冒冷汗。曹操击灭袁绍，俘获陈琳后，问："卿昔为本初（袁绍）移书，但可罪状孤而已，恶恶止其身，何乃上及父祖耶？"陈琳答以"箭在弦上，不得不发"，获得曹操赦免。史书以曹操"爱其才而不咎"来解释曹操不杀陈琳之事，其实并非尽然。因为，在曹操看来，陈琳昔日在袁绍麾下为其附庸，自己是与袁绍对立的敌人，陈琳骂自己是尽其附庸的职责，当然是无可非议的，用他自己的话就是，可以"罪状孤"，曹操所不满的只是陈琳没有"恶恶止其身"，连他父、祖也痛骂一遍，这在曹操看来是太过分了。就当时整个社会的附庸伦理而言，陈琳所为是情理中事，即使曹操也是不能不接受的，所以，陈琳以"箭在弦上，不得不发"为根据为自己进行辩护，很容易得到曹操的宽宥。

儒家思想强调"修身、齐家、治国、平天下"的入世哲学，使中国的士大夫很容易承认皇权的绝对"封主"地位。在春秋战国时代群雄并立的多元政治中，士子们可以凭自己的才识游刃于君主之间，在很大程度上保持人格的独立。汉代以后，孔子的学说被定为一尊，"修齐治平"和"学而优则仕"的信条，实际上已经使传统士子下意识地在精神上确立了对皇权的主仆关系。隋唐时期科举制度的最终确立，更使这种关系制度化，所以唐太宗看到天下士子因科举之制而被笼络殆尽，自动投入附庸关系网时，大喜曰："天下英雄入吾彀中矣！"其实这话的真实含义就是："天下独立不拘之人皆为吾奴才矣！"宋代以后，皇权极力提倡君臣纲常礼教，实际上将士大夫置于了绝对附庸的地位；所谓"君命臣死，臣不得不死"，并非只是对某一级别的附庸，而是对所有附庸而言。

中国大一统传统下，绝对效忠只能及于作为绝对封主的皇帝；对绝对封主的效忠与其他封主的效忠发生矛盾，或绝对封主反对其他封主时，所有附庸都必须站在绝对封主一边，除非皇帝为非作歹以致天怒人怨，发生全国性的人民起义，暂时打乱附庸效忠关系。所以，在通常情况下，按照皇命向任何人开战，不管正确与否，都是名正言顺、理固当然。以历史著名的秦桧杀害岳飞案，秦桧被钉在历史耻辱柱上，但就附庸伦理和附庸心态而言，秦桧所为只是在执行绝对封主赵构的旨意，自己的行为并没有错。岳飞一心要求收复河山、迎还徽钦二帝，是赵构极不欢迎的。如果事情真如岳飞所愿，赵构这位捡便宜登上龙位的皇帝将何以处之？因此，岳飞的雄心和执着只能导致被杀的下场。历史上并非无人看破此中机关。明代文人文徵明《满江红》诗作有云：

> 拂拭残碑，敕飞字，依稀可读。慨当初，倚飞何重，后来何酷，岂是功成身合死？可怜事去言难赎。最无端，堪恨又堪悲，风波狱。
>
> 岂不念，封疆蹙，岂不念，徽钦辱？但徽钦既还，此身何属？千载休谈南渡错，当时自怕中原复。笑区区，一桧有何能？逢其欲。

文徵明已经清楚而深刻地意识到，秦桧不过是尽附庸（臣子）之道，杀岳飞的真正元凶是赵构。然而，几百年来，人们还是大诟秦桧，对赵构则少纠其咎。此中原因固无他，乃附庸伦理使然。秦桧遭万世唾骂，后人铸造秦桧夫妻跪拜岳飞的铜像，文人墨客则以"青山有幸埋忠骨，白铁无辜铸佞臣"来评论岳飞与秦桧，以此表达对前者的推崇和对后者的憎恨，而真正的元凶赵构却没有遭到后人的笔伐。这个事实说明，在岳飞被杀后近千年的历史中，除了文徵明这样见识卓绝的少数文人外，皇权政权塑造的"附庸伦理"已是根深蒂固，即使在最有思维能力的文人社会中，也已经形成一种思维定式——附庸思维定式。在这种思维定式中，皇帝作为绝对封主的权威是至上的，是所有等级和等级之外的普通百姓的主宰，作为这个至上封主的附庸，是不能随意诟病的，可以诟病的是其他封主如秦桧之辈。

　　从历史上看，以孔子学说为代表的传统儒家学说所保留的士子人格理想，并未完全扼杀中国士大夫的独立人格。孔子主张"道不行，乘桴浮于海"，"天下有道则见，无道则隐"，实际上主张士子的理想无法实现时，可以固守其起码的独立人格。孟子以"富贵不能淫，威武不能屈，贫贱不能移"，作为士子操守大丈夫人格的基本标准，比之孔子，境界似更胜一筹。这些思想对以儒家经典进仕的书生不能不产生影响。加之，君王多冥顽不灵，也使士子不可能不对君主的依附有所保留。但是，我们应看到，这样的附庸"独立人格"是被动的，在"仕途经济"中衣食住行一决于最高君主皇帝（所谓"食君俸禄"）的情况下，欲保持独立人格，实在是难乎其难，除非有陶潜（渊明）、郑燮（板桥）那样的恬淡心志、超凡智慧，是难以挣脱名缰利锁诱惑之下的附庸罗网的。这就不难理解，历史上何以许多文人犯下助纣为虐的勾当。

⌇⌇ "做官发财"积习历久不衰原因论[1]

一、"做官发财"传统至今仍生机勃勃

"做官发财"是中国传统政治伦理中最重要的观念之一，是士大夫所追求的仕途经济的核心内容和人生信念的重要支柱之一。在2000余年的历史演化中，这一观念已渗透到民族血液，演化为文化传统的思维定式，成为国民心态的重要组成部分。

早在1916年，陈独秀就以敏锐而深邃的目光、惯有的犀利笔触，抨击2000余年"做官发财"传统在国人身心中的根深蒂固：

> 充满吾人之神经，填塞吾人之骨髓，虽尸解魂消，焚其骨，扬其灰，用显微镜点点验之，皆各有"做官发财"四大字。做官以张其威，发财以逞其欲。一若做官发财为人生唯一之目的。人间种种善行，凡不利此目的者，一切牺牲之而无所顾惜；人间种种罪恶，凡有利此目的者，一切奉行之而无所忌惮。此等卑劣思维，乃远祖以来历世遗传之缺点（孔门即有干禄之学），与夫社会之恶习，相演而日深。无论若

1　本文收录于张绪山《史学管见集》，生活·读书·新知三联书店，2019年12月，第370—378页。收入本书时有改动。

> 何读书明理之青年，发愤维新之志士，一旦与世周旋，做官发财思想之触发，无不与日惧深。浊流滔滔，虽有健者，莫之能御。[1]

就本质而言，求富之心，发财之念，乃人类各民族所共有之本性，不独为我民族所独有，所不同者只是程度强弱而已。司马迁《史记·货殖列传》谓"天下熙熙皆为利来，天下攘攘皆为利往"，不仅适于商贾，也适于其他阶层的逐利之人；不仅适于个别民族，也适于所有民族。"发财致富"是人类本能的欲望之一。今之国人不必以正人君子自居，戴着虚假的道德面具，以个别"苦行僧"之类的事例为依据奢谈"利他主义"，煞有介事、自欺欺人，否认我民族"发财"传统的存在。

正如陈独秀所指出的那样，"发财本非恶事，个人及社会之生存与发展，且以生产殖业为重要之条件，惟中国式之发财方法，不出于生产殖业，而出于苟得妄取，甚至以做官为发财之捷径，猎官摸金，铸为国民之常识，为害国家，莫此为甚。发财固非恶事，即做官亦非恶事，幸福更非恶事；惟吾人合做官发财享幸福三者以一贯之精神，遂至大盗遍于国中。人间种种至可恐怖之罪恶多由此造成"。[2]诚然，将"发财"与"做官"联系起来，以"做官"为"发财"捷径而孜孜以求，历2000余年而不衰，确是我族国民性中最突出的特性之一，是典型的中国特色。此种观念至今犹蓬勃遒劲，生机盎然，与名闻寰宇的长城一样气势磅礴、雄伟挺拔，实为世界文化史上的奇观。

1　陈独秀：《独秀文存》，安徽人民出版社，1987年，第43—44页。
2　陈独秀：《独秀文存》，安徽人民出版社，1987年，第44页。

以今日眼光观之，2000余年中，将"做官"作为"发财"的终南捷径，而不以实业为追求"发财求富"的手段，实为我民族长期滞留于前近代社会的特征之一，而这一传统演为根深蒂固的思维定式与民族心理以后，又反过来像幽灵一样死死缠住陋习负担极为深重的民族身躯，成为阻碍我民族走向现代化的极为恶劣的负面因素之一。即使在今日，这一思维定式与民族心理还仍然像鸦片一样时时勾起人们的做官欲望。

"做官发财"观念何以养成，其坚不可摧之生命力从何而来，如何从制度上铲除这一流传2000余年的病灶，这些问题看似简单，其实异常复杂。它是中国社会实现现代性改造，成为现代民主国家必须解决的重要问题。

二、传统农本社会的"重农抑末"政策使"发财"不得不走"做官"之路

几千年来中国社会的最大特点，乃是以农业为立国之本。这个农本社会的最大特点，是维持社会的稳定和简单再生产，它所追求的不是以扩大再生产来实现财富积累，而是在简单再生产基础上保持社会稳定。

这个以稳定为追求目标的传统社会，主要由士、农、工、商——所谓"四民"——四个等级构成。在这四民等级中，"士"与"农"居于最重要的地位，工、商阶级虽在一定程度上为社会所需要，但并非最重要的因素。士、农之间的主要分工形式是"劳心"和"劳力"：士是"劳心者"，农民则是供养"劳心者"的"劳力者"，其关系则表现为"治人"和"治于人"。"士、农、工、商"这样的等级顺序，正表明这四个等级在传统社会中的角色。

在传统社会，就致富之途而论，手工业和商业远较农业便捷，中国古人并非不解此中道理。《史记·货殖列传》记载前人的致富经可以为证："用贫求富，农不如工，工不如商，刺绣文不如倚市门……"但手工业和商业被认为是逐巧取利而受到歧视。孙叔敖说："古者必有命（指爵命。——引者），然后乃得衣缯丝而乘车马。"（《史记·循吏列传》）历代王朝明令禁止工商之人衣锦绣，相循沿袭，奉为惯例。所以，"衣锦还乡"之人是政治上的得意者，而以工商致富的经济上的成功者，并不能摆脱遭人歧视的地位。

更重要的是，手工业的扩大再生产和商业规模的扩大，不同于一家一户的个体生产形式，往往冲击农业生产，造成社会的不稳定，所以很自然地成为皇权忌惮的对象，抑制和打击的目标。同时，小农生产养成的"不患寡而患不均"的"均贫富"心理，使工商积累的财富很容易成为下层民众攻击的目标。中国历史上被民间文化推崇备至的农民造反者的"劫富济贫"，不仅针对贪官污吏的不义之财，而且也指向工商业者苦心经营合法积累的财富。在传统农本社会里，以工商之途致富，除了在皇权制度重农抑（工）商的基本国策下遭受政治上的歧视，其本身也潜伏着巨大的危险性。

因此，工商业经营者的出路似乎只能是设法进身官僚阶层，使本身财产合法化；如果不能做到这一点，则只能与官府勾结，受其暗中保护，走官商勾结之路。投资官场的好处，首先是买官进入官僚行列，可以取得相应的政治地位，借助升官取得更大的权力空间，谋取更大的发财目标；其次，进身官僚阶层成为"劳心者"，自然成为优越的特权等级，享受芸芸众生可望不可即的等级特权；在这种优越性与特权的保障下，其发财便获得了等级秩序认可的天然合理性。

三、儒家"义利观"赋予"做官发财"道义正当性

"做官发财"的合理性，不仅为农本社会制度合法化，而且也由于儒家圣人之徒的论证发挥而获得道义上的正当性，成为"天不变，道亦不变"的天道与真理，被民众所接受，并演变为一种理所当然的心态。

儒家思想被历代皇权奉为官方意识形态。这种意识形态并不以发财致富为恶事。孔子说："富而可求也，虽执鞭之士，吾亦为之。"（《论语·述而》）朱熹《四书章句集注》解曰："执鞭，贱者之事，设言富若可求，则虽身为贱役以求之，亦可不辞。"但儒家主张"修身、齐家、治国、平天下"，即做官入世，所以，在儒家圣人之徒看来，由做官而求富贵，乃是人生的正道；读书不以仕途经济为目标乃是不务正业。樊须向孔子问稼穑之事，被孔子斥为"小人"，原因很简单，在孔子看来，读书的目标在于做官，做了官，就有俸禄，"四方之民襁负其子而至矣，焉用稼"！

"富家不用买良田，书中自有千钟粟。安居不用架高堂，书中自有黄金屋。娶妻莫恨无良媒，书中自有女如玉。出门莫恨无人随，书中车马多如簇。男儿欲遂平生志，五经勤向窗前读。"宋真宗赵恒的这首《劝读诗》将读书、做官与荣华富贵三者之间的关系赤裸裸地勾画出来。它被历代书生奉为座右铭，其内在的精神实质与儒家圣人之徒的主张，可谓一脉相承、一以贯之。

儒家做官发财之道因其"义利观"而显得冠冕堂皇。孔子曰："君子喻于义，小人喻于利。"将"义"与"君子"、"利"与"小人"联系起来，同时也将"君子"和"小人"对立起来。孟子说："鸡鸣而起，孳孳为善者，舜之徒也。鸡鸣而起，孳孳为利者，庶之徒也。欲知舜与庶之分，无他，利与义之间也。"儒家的

"义""利"之分，显示出对仕途"正业"的推崇，对商贾"末业"的不屑，后代儒者所谓的"商人重利轻别离"所表达的亦是同样的情感伦理。所以，在中国古代文学作品中，"工商之人"很少得到正面的肯定，多半被塑造为精于算计的奸猾之徒。儒家圣人之徒耻谈以利致富，主张以做官求富贵，视做官为发财的正当途径，奠定了2000余年来读书人做官发财的心态基础。

除了以其"义利观"来说明做官发财的正当性，儒家思想还以宿命论来论证做官发财的出乎"天意"，即必然性，所谓"生死由命、富贵在天"是也。于是，读书有权做官，做官有权发财，做官发财都由命定，便成为中国民众思维的基本定式，成为人人接受的天理。"做官发财"观念与"天命观"相结合，使普通民众的权利意识被完全遏制，造成2000余年来于我民族习焉不察、以为当然的事实：老百姓对于任何自身基本权利被剥夺、被蹂躏的事实，很少从法的角度去考虑其是非，更不会从权利角度去抗争。相反，只能是一方面痛恨官员贪婪，另一方面又烧香拜佛，祈求佛祖保佑自己也有做官发财的好运。

四、传统宗法家族制度是"做官发财"的内在驱动力

中国传统社会的最大特点，是宗法家族制度的顽强存在。这种制度的突出特点，是血缘关系处于人际关系的中心。在家、国一体的政治结构中，政务、家务的运作均以血缘关系为枢纽：家天下与裙带关系是最说明问题的实例。

这一特点表现在家族一面，就是家族个体成员与整个家族的牢固关系：家族个体成员的行为并非个人独立意志的产物，而与整个家族的意志和命运息息相关，家族子弟的命运也就是整个家

族的命运。在中国社会，供养子弟读书是家族的头等大事；同样，个人行为对于家族负有一种天然的义务，一个读书人仕途经济的成功与否，与其说关乎个人前途命运，倒不如说攸关家族的兴衰成败。家族子弟仕途之上的沉浮荣辱直接关系到整个家族的根本利益。因此，在儒家传统中，"家贫亲老，不为禄仕"，与"阿意屈从，陷亲不义"及"不娶无子，绝先祖祀"合称为"三大不孝"。光耀门楣、光宗耀祖等中国传统语汇所表达的，正是这种强大而牢固的家族纽带关系；而个人犯法殃及家族的"诛三族""夷九族"，则从反面证明了个人与家族的荣辱与共。

在这种关系中，整个家族竭尽全力为个人进身仕途提供必需的条件，而进身仕途的个人则尽其所能为供养自己的家族做出相应的回报。身负整个家族众望的仕途之人，不能不为改变家族的现状而煞费苦心；十年寒窗苦读的士子一旦走上仕途，必求升官发财以改变家族的现状。所谓"一人得道，鸡犬升天"，正是士子仕途成功给家族带来的客观利益。于此可以理解，做官发财传统下的国人何以陷于一个无法摆脱的怪圈：对贪官污吏既憎恨又羡慕；手中无权时对贪官污吏恨之入骨，恨不能杀尽天下贪官，可是一旦权力在握，则必定绞尽脑汁将这种官僚体制说得尽善尽美、天花乱坠，竭尽全力维护这种制度，同时极尽一切之能事以攫取财富，中饱私囊，填满欲壑。这可以说明，古代仕途得意的士子中，何以两袖清风的廉吏少之又少，直如凤毛麟角，而贪官污吏则层出不穷，多如牛毛，数不胜数。这在某种程度上也可以解释，当下的贪官背后案发后何以总是揪出一个庞大的家族腐败网——实际上，中国社会的任何贪官都脱不了这个家族腐败网，这是中国官场的特色之一；甚至连所谓的清官背后也免不了令人惊诧莫名的家族成员腐败——这种家族成员凭借亲属官势而大发横财，"一人清廉，全家腐败"的现象，实在是中国式宗法家族顽强生命力的有力证据。

在完成了现代性改造的民主社会，如果一个读书人不想在官场上堕落腐败，而又想对家族尽到责任，可以依靠实业经营上的作为来实现。但这种局面的形成需要一个不可或缺的前提，即实业作为增殖国民财富的正常途径得到法律的承认和保护，市场经济成为社会生活的常态。而在皇权专制的农本时代，一个负有改变家族命运责任的士子，其前途只有两个：与贪官们沆瀣一气、同流合污，做官发财；如果不愿意在官场腐败，那么，他只有像陶渊明和郑板桥一样挂冠而去，归隐田园。实际上，陶渊明和郑板桥式的廉吏，在数千余年的中国官场中，是被当作稀有怪物看待的；而正常的情况是"三年清知府，十万雪花银"：做官者发大财，乃是司空见惯的官场本相，天底下人人皆知的官场常态。

五、传统吏治制度无力遏制官场腐败，使"做官发财"成为必然

中国社会钟情于"清官文化"历史之悠久，寰宇无双。民众对"清官政治"向往之持久不疲，世所罕见；对少数清官赞美之不遗余力，争先恐后，令他族望尘莫及，叹为观止；对"青天大老爷"期盼之殷切、热烈，令世界各族瞠乎其后，自叹弗如。这种现象值得反思。《诗经·关雎》描述男子追求女子爱情而不得的情形："窈窕淑女，寤寐求之。求之不得，寤寐思服；悠哉悠哉，辗转反侧。""辗转反侧"的原因是"求之不得"，如果相思之念如愿以偿，又何必苦苦追求？同理，我民族于"清官政治"朝思暮想，魂牵梦绕，若大旱之望云霓，苦苦追求达两千余年而不松

懈，说明中国数千年中清明吏治实在稀少乃至绝无。

中国传统吏治何以不能防止腐败？在笔者看来，其根源在于，传统政治伦理一厢情愿地相信帝王及官员"大公无私"的美德，天真地相信执权柄者趋向"仁政"的自觉性，对人性恶质的存在视而不见，从未提出"如果执权柄者怙恶不悛怎么办"，尤其是"皇帝冥顽不灵、怙恶不悛怎么办"，这种法治制度不可或缺的前提设问，从未正视官场对人性恶质膨胀的催化作用，其结果是，限制大小官员乃至君王恶性滋长的约束机制无从落实，官员腐败不可能在萌芽状态中被及时发现和遏制，而只能在腐败达到不可收拾的局面后，实施不得已的惩罚，以安抚沸腾的人怨。然而，以这种"事后惩罚"的法律机制而欲及时遏制或杜绝腐败，无异于对饿狼不加防范而希望羊群安全无事。中国的吏治制度如不彻底改变，而欲求从根本上解决"做官发财"传统支配下的官场腐败问题，无疑是异想天开、缘木求鱼。

陈独秀对中国文化传统所塑造的国民心理——"做官发财"是其一端——彻底绝望，故将希望寄托于"伦理之改造"即接受新思想伦理洗礼之新青年："予于国中之老者壮者，与夫比诸老者壮者之青年，无论属何社会，隶何党派，于生理上，心理上，十九怀抱悲观，即自身亦在诅咒之列。幸有一线光明者，时时微闻无数健全洁白之新青年，自绝望消沉中唤予以兴起，用敢作此最后之哀鸣！"[1] 陈独秀一代启蒙思想家之所以将希望寄托于青年一代，是因为他们所主张的改造国民伦理、思想先行的社会改造方案，只有在青年一代身上才有实现的可能。

中国现代性改造之所以需要思想先行，道理非常简单：若

---

1 陈独秀：《新青年》，《独秀文存》，安徽人民出版社，1987年，第44页。

"权力腐败论"不能深入人心，则权力制衡制度就缺乏法理依据和群众心理基础；若"权力制衡"制度不能确立，那么，权力的嚣张就不可能得到根本遏制，"将统治者关进笼子"的理想就是空谈。换言之，如果以所谓"中国国情特殊论"为挡箭牌，拒不接受现代世界普遍接受的"权力倾向腐败"，"绝对权力绝对腐败"的政治伦理，继续以"奉天承运""天命所归"——现代时髦用语即"历史规律""历史的选择"——为权力正义性的基础而实行权力垄断，拒绝民众的政治参与权，那么，现代社会所不可缺少的权力制衡的防范体系就永远不可能建立；而权力垄断的官场必然是腐败者发财致富、兴欲作乐的天堂。腐败政治宰割下的芸芸众生必然是在徒叹奈何的同时，养成对"做官发财"既痛恨又羡慕的心理：痛恨正在"发财"的贪官污吏，同时又在羡慕中梦想有朝一日，风水轮流转，我家同样发大财。于此政治机制中，纯洁青年不管其最初的理想多么高尚，一旦踏入仕途，仍然会像吸食鸦片一样染上"做官发财"的毒瘾，还会腐坏堕落，不可救药。此又可断言也。

∾ "舌战群儒"中的逻辑与政治伦理

在罗贯中小说《三国演义》中，"诸葛亮舌战群儒"可谓最为脍炙人口的精彩篇章之一。事件的背景是，刘备新败于曹操，退守夏口；曹操大军压境，威胁东吴。东吴面临强敌，君臣上下主降主战争论不休。诸葛亮随鲁肃过江，游说东吴，争取孙刘两家联合抗曹。不意遭到主降的东吴谋士团体的挑衅与围攻，面对谋士们的轮番诘难，诸葛亮以超凡的胆气、渊博的学识、卓越的辩才，从容不迫地与之一一对垒，兵来将挡，见招拆招，逐次驳倒群儒，并最终说服孙权，使孙刘联盟大计得以实现。

"舌战群儒"一回堪称论辩艺术的典范，它在保持诸葛亮"擂主"地位的前提下，让东吴儒士依次上场，各以独门技艺与诸葛亮过招，其情形犹如擂台比武：擂主蓄势待发，以静制动，挑战者主动攻击，唇枪舌剑交手数回合，最终优胜劣败，高下判然。在这场精彩纷呈的智力角逐中，诸葛亮机敏的才思得到完美的展示。然而，诸葛亮的胜出，不仅仅依赖于高超的辩技、华美的谈吐与磅礴的气势，更有赖于其坚守的政治伦理——他对传统政治伦理的固执，既是他论辩的出发点，也是其维护的最高目标。"舌战群儒"犹如一幅徐徐展开的画轴，让人们清楚地看到描绘于其上的传统政治伦理图景。

　　与诸葛亮首先交手的是东吴第一谋士张昭。罗贯中的描述是：鲁肃引诸葛亮与众谋士见面，双方见面施礼，然后坐定，张昭开始发难。

　　（张昭）曰："昭乃江东微末之士，久闻先生高卧隆中，自比管、乐，此语果有之乎？"孔明曰："此亮平生小可之比也。"昭曰："近闻刘豫州三顾先生于草庐之中，幸得先生，以为如鱼得水，思欲席卷荆襄。今一旦以属曹操，未审是何主见？"

　　据正史《三国志》的记载，诸葛亮在隆中躬耕时，确实在好友崔州平、孟公威等人面前自比管仲、乐毅。世人多不以为然，认为乃夸诞之词，只有交往密切的几位好友熟知诸葛亮的才华，认为此言不虚。自古以来"文人相轻"乃一痼疾，诸葛亮本人的这份自负或者"自我期许"，自然成为张昭的攻击目标。张昭所用的逻辑是，以子之矛攻子之盾：先让诸葛亮本人坐实"自比管、乐"的说法，再以诸葛加入刘备阵营后遭受的败绩反驳之；他以荆襄被曹操夺取为例，说明诸葛亮不过是志大才疏，言过其实，并没有人们赞誉的经天纬地之奇才。

　　诸葛亮的对答称得上绵里藏针，他先轻描淡写地承认"自比管、乐"确为事实，并非狂妄的吹嘘，只是一个实在的比喻，并针对失去的荆襄自信地表示："吾观取汉上之地，易如反掌。"但问题是，如何解释荆襄已被曹操所夺取这个事实？诸葛亮的回答是："我主刘豫州躬行仁义，不忍夺同宗之基业，故力辞之。刘琮孺子，听信佞言，暗自投降，致使曹操得以猖獗。今我主屯兵江夏，别有良图，非等闲可知也。"实际上已经清楚交代荆襄失守的原因。

不过，荆襄失守是诸葛亮出山辅佐刘备之后发生的重要事件，在张昭看来，这是诸葛亮无力辅佐刘备大展宏图的证据，也说明诸葛亮并无雄才奇谋。于是，张昭再次发难："若此，是先生言行相违也。"何以言之？张昭的发问直逼问题的中心：以诸葛亮自诩的"大才"，却没有帮助刘备摆脱困局：

先生自比管、乐——管仲相桓公，霸诸侯，一匡天下；乐毅扶持微弱之燕，下齐七十余城：此二人者，真济世之才也。先生在草庐之中，但笑傲风月，抱膝危坐。今既从事刘豫州，当为生灵兴利除害，剿灭乱贼。且刘豫州未得先生之前，尚且纵横寰宇，割据城池；今得先生，人皆仰望。虽三尺童蒙，亦谓彪虎生翼，将见汉室复兴，曹氏即灭矣。朝廷旧臣，山林隐士，无不拭目而待：以为拂高天之云翳，仰日月之光辉，拯民于水火之中，措天下于衽席之上，在此时也。何先生自归豫州，曹兵一出，弃甲抛戈，望风而窜；上不能报刘表以安庶民，下不能辅孤子而据疆土；乃弃新野，走樊城，败当阳，奔夏口，无容身之地：是豫州既得先生之后，反不如其初也。管仲、乐毅，果如是乎？

张昭的诘难在逻辑上是连贯一致的，仍然是以管仲、乐毅的丰功伟绩比照诸葛亮昔日的雄心万丈，以及辅佐刘备以来的屡屡败绩；本来老百姓指望诸葛亮辅佐刘备，剿灭乱贼，匡扶汉室，解救民众于倒悬，岂料诸葛亮辅佐下刘备事业不仅未有起色，反而落得每况愈下：未得诸葛亮辅佐时，尚能"纵横寰宇，割据城池"，诸葛亮入盟后却屡战屡败，以致"曹兵一出，弃甲抛戈，望风而窜"。张昭的结论很清楚：诸葛亮言过其实，不过是徒有虚表的吹嘘而已。

对于张昭的再次诘难，诸葛亮以"鹏飞万里，其志岂群鸟能识"相回应，表现出睥睨之态。然后以一个比喻展开辩论，回应出山辅佐刘备以来，手脚不得施展之缘由：

> 譬如人染沉疴，当先用糜粥以饮之，和药以服之；待其腑脏调和，形体渐安，然后用肉食以补之，猛药以治之：则病根尽去，人得全生也。若不待气脉和缓，便投以猛药厚味，欲求安保，诚为难矣。吾主刘豫州，向日军败于汝南，寄迹刘表，兵不满千，将止关、张、赵云而已：此正如病势尪羸已极之时也。新野山僻小县，人民稀少，粮食鲜薄，豫州不过暂借以容身，岂真将坐守于此耶？

借比喻说明问题，乃是中国传统论证方法。春秋战国诸子百家将此方法发扬光大，集其大成，为后代留下众多典例。这套论证方法相当于亚里士多德演绎推理三段论，比喻即是三段论中的大前提。如果比喻使用得当，结论自然具有说服力，但如果使用不当，则无异于狡辩。"治病"与"治军"都属于人之行为，这个比喻在"类"上相同，使用并无不妥，所以，其有效性是显然的。将刘备创业初期的弱小与挫折比作生病，孱弱不堪状态中不可以遵用惯常之策，这是符合常理的。但诸葛亮并未就此止步，而是指出了自己的出色作为：即使在刘备集团的颓势中，仍然不乏亮点，"夫以甲兵不完，城郭不固，军不经练，粮不继日，然而博望烧屯，白河用水，使夏侯惇、曹仁辈心惊胆裂：窃谓管仲、乐毅之用兵，未必过此"。经此一辩，张昭发出的"管仲、乐毅，果如是乎"的挑衅自然就被击破了。

在这一回合的较量中，诸葛亮的智慧在于，他并没有仅以刘备力量的弱小来解释其败绩，而是突出了刘备对仁德的担当，即在仁义与败绩不得不有所抉择时，宁取仁义而甘愿承受失败，乃是真正的大仁大义。他举出了两个事例，一是刘备对荆襄本可攘而夺之，但刘备不忍乘乱夺同宗之基业；二是当阳失败中，刘备"见有数十万赴义之民，扶老携幼相随，不忍弃之，日行十里，不思进取江陵，甘与同败"。对照史册中屡见的政治利益面前父子、兄弟互相残害的恶例，前例展现的是刘备的慈孝；对照独夫们的残民以逞，以及眼下曹操的屠城，后一个事例展示的是刘备的仁爱。在诸葛亮的回应中，刘备之屡败已经不是一个军事问题，而是刘备出于仁义之心而甘于承受失败。辩论至此，诸葛亮已经为刘备集团占据了道德制高点，筑起了张昭作为政治家不能攻击的堡垒。

饶是如此，诸葛亮并没有放弃对刘备集团遭受的失败做出军事学上的解释：胜负乃兵家常事，暂时的失利并不意味着无能，他以历史事实加以说明："昔高皇数败于项羽，而垓下一战成功，此非韩信之良谋乎？夫信久事高皇，未尝累胜。盖国家大计，社稷安危，是有主谋。"在这里，诸葛亮已经不着痕迹地将自己与韩信对应起来，回应了张昭所谓"（刘备）既得先生之后，反不如其初"的说法。在雄辩的说理与确凿的历史事实面前，张昭的攻击已完全失去了锋刃，其挑衅已被完全化解。诸葛亮赞扬韩信"非比夸辩之徒，虚誉欺人：坐议立谈，无人可及；临机应变，百无一能。诚为天下笑耳"，更是借题发挥，讽刺张昭一类人等虽饱读史书却拙于应变将略。

从逻辑上，张昭的立论是存在先天缺陷的，他企图以诸葛亮出山辅佐刘备以来遭受的败绩证明诸葛亮的无能，从而证明他

"自比管、乐"乃是大言欺人，不可置信，这在根本上犯了以偏概全的错误。刘备遭受的失败是由多种条件（内因主要是兵微将寡，外部条件是敌手过于强大等）造成的，并不是加入诸葛亮个人之谋略就可以遽然改变的。诸葛亮的加入只是一个必要条件，并非充分必要条件，这个条件可以造成局部改观，但需要时间，并不能骤然发生，更不可能迅速使全局改观。全局的质变需要局部量变的积累，需要时间，不是急切间可以完成的。张昭立论的前提是，以诸葛亮自诩的"管、乐"之才，甫一入盟便可将刘备集团带上高奏凯歌的康庄大道，否则就说明诸葛亮志大才疏。这种逻辑本身就很难坚持，很容易被诸葛亮攻破。

接下来登擂台与孔明对阵的，是另一位谋士虞翻。他就曹操势力请诸葛亮评价，颇类似现下的记者对新闻发言人的发问。这段对话没有特别的出彩之处，有些类似小孩子的斗嘴。虞翻问：

> 今曹公兵屯百万，将列千员，龙骧虎视，平吞江夏，公以为何如？

曹操兵多将广，势力浩大，乃不可否认的事实，如果诸葛亮承认这个事实，则是自损志气，不可能再提联合抗曹之议，故不可能入套，而是底气十足地回答："曹操收袁绍蚁聚之兵，劫刘表乌合之众，虽数百万不足惧也。"诸葛亮如此回应，予人以狂言欺人的印象。虞翻乘机再次发动攻击，冷笑说："军败于当阳，计穷于夏口，区区求教于人，而犹言'不惧'，此真大言欺人也！"虞翻的挖苦包含两个层面：一是刘备集团在当阳的失败和困于夏口的窘境，二是面对此困局的诸葛亮的自信（所谓"不惧"）。两个层面互相关联，前一个层面是前提，只要这个前提被证伪，后一个层面就不攻自破。所以诸葛亮解释刘备的失败:"刘豫州以数千仁义之师,安能敌百万残暴之众?退守夏口,所以待时也。"言下之意,这些败绩并没有什么大不了,当阳之败乃是客观条件下的暂时挫折,待机应变,转机可期,所以自称"不惧"完全合乎道理。于此,当阳之败以及"不惧"之原因皆得到说明。

但诸葛亮的智慧还在于,他没有就此住手,而是迅速以自己的"不惧"为前提转入反攻,不留情面地挖苦虞翻之辈的胆小如鼠:"今江东兵精粮足,且有长江之险,犹欲使其主屈膝降贼,不顾天下耻笑。由此论之,刘豫州真不惧操贼者矣!"诸葛亮在论辩中攻防兼备,对防御与反击分寸的精准把握,堪称经典。

下一位上台攻擂者是步骘。他攻击的目标是诸葛亮的游说行为:

孔明欲效仪、秦之舌,游说东吴耶?

很显然,在他看来,诸葛亮是在仿效张仪、苏秦行事,游说东吴抗曹,借刀杀人,从中渔利。然而,步骘的主张具有先天缺陷,属于逻辑学上的举例不当,自挖墙脚,只要对手发现这个破绽,就会自陷被动,全线崩溃。因为张仪、苏秦均非无能之辈,他们凭借辩才纵横捭阖于诸侯之间谋划的"合纵"与"连横",属于历史上成功的大谋略。以张仪、苏秦作喻,无疑是将论战的把柄交给对手。果然,诸葛亮抓住步骘的破绽,毫不费力即击中其要害:"步子山以苏秦张仪为辩士,不知苏秦、张仪亦豪杰也。苏秦佩六国相印,张仪两次相秦,皆有匡扶人国之谋,非比畏强凌弱,惧刀避剑之人也。"诸葛亮在证伪对手的主张之后,施出顺势攻击之技,问:"君等闻曹操虚发诈伪之词,便畏惧请降,敢笑苏秦、张仪乎?"诸葛亮的回应犹如武林高手发现对手破绽后使出的致命一击,至此步骘在逻辑上已经陷于死地,只好默然不语。

接下来两位谋士与诸葛亮的辩论已涉及皇权时代的核心问题,即政权更迭的政治伦理。且看罗贯中的叙述:

> 忽一人问曰:"孔明以曹操何如人也?"孔明视其人,乃薛综也。孔明答曰:"曹操乃汉贼也,又何必问?"综曰:"公言差矣。汉传世至今,天数将终。今曹公已有天下三分之二,人皆归心。刘豫州不识天时,强欲与争,正如以卵击石,安得不败乎?"

薛综立论的依据是中国传统中流行的儒家政治伦理观,即所谓"天道演化论",其核心强调"天道演变,归于有德之人"。在他看来,汉家衰颓乃是天道演变的结果,汉室"天数将终",自然有人承天命而立,眼下"承天命"之人就是曹操。曹操能夺得天下三分之二,证明他乃是顺势而为,上应天意、下合民心;在此前提下,一切与之对立的行为都是忤逆天意,所以他得出结论:刘备在曹操手中遭受的败绩,乃是不识时务、逆天而行所得到的必然下场。

薛综这套说法乃渊源有自,本来是历代新王朝取代旧王朝的法理依据,不过是对社会变化的一种玄学性的表达,如果剔除"天""天道"这些神秘元素,改用现代学术术语,那就是,新旧更替乃不可抗拒的历史规律,不识好歹、认不清形势而倒行逆施,则会遭到历史的淘汰。应该说,以逻辑学的这个不言自明的"公理"为支撑点立论,建立自己的主张,是有相当说服力的。无须说,这也是东吴集团中降曹一派人所持主张的理论基础。

诸葛亮自然不会接受这种主张。中国传统文化中早已存在与之对立统一、相辅相成的政治伦理，此即"正统正义论"。在中国历史上走马灯一样的王朝变换中，即使是以非法手段"逆取"的政权，只要做到"顺守"，让百姓得到休养生息，随着时间的流逝，原来非法的"逆取"就会逐渐确立其合法性与正当性，逐渐在民众心目中确立其正统性。人心对政权的认同随时间变化而变化。汉高祖刘邦以布衣平民的身份夺得大位，以"天命在我"的方式确立其合法性之后，经四百年的刘氏血族传承，与儒士们的精心编织，刘氏政权的正统性已经根深蒂固。这种正统性是对抗一切觊觎刘汉政权之企图的既现成又有效的利器。

所以，在薛综标举"天道演化论"为曹操势力辩护之后，诸葛亮迅速而坚定地拿出"正统正义论"予以回击，厉声斥责："薛敬文安得出此无父无君之言乎！夫人生天地间，以忠孝为立身之本。公既为汉臣，则见有不臣之人，当誓共戮之：臣之道也。今曹操祖宗叨食汉禄，不思报效，反怀篡逆之心，天下之所共愤；公乃以天数归之，真无父无君之人也！不足与语！请勿复言！"在曹操尚未夺取帝位、确立其统治权的前提下，让人承认其为"天命所归"的神圣，自然还有相当大的困难；即使曹操本人也意识到时机未到，只能"挟天子以令诸侯"，利用汉室的威望谋求利益最大化。在此情况下，"天道演化论"就不是那么名正言顺，不可避免地被视为大逆不道，失去其道德正义性。在四百年汉室正统性确立的君臣秩序面前，诸葛亮祭起汉王朝正统性这面旗帜，斥骂薛综"无父无君"，可谓义正词严，后者不可能与其对抗，其结果只能是偃旗息鼓，甘拜下风。

接下来登场亮相的是陆绩。陆绩也同其他人一样坚持降曹立场，他同样需要为这一立场寻找依据，但他不是谈"天命"，而是从身份等级的角度论证曹操对刘备的优越性：

> 曹操虽挟天子以令诸侯，犹是相国曹参之后。刘豫州虽云中山靖王苗裔，却无可稽考，眼见只是织席贩屦之夫耳，何足与曹操抗衡哉！

陆绩的逻辑很简单：曹操出于曹参血脉，为名门之后，刘备虽被说成是中山靖王之后，但证据可疑，且以卑贱的织席贩屦为生；卑微的出身如何对抗高贵的血统？

对于陆绩的这个挑战，诸葛亮的回应可谓嬉笑怒骂一应俱全。他先是笑问"公非袁术座间怀橘之陆郎乎"，以"席间怀橘"的故事对陆绩揶揄一番。"席间怀橘"的典故说的是，陆绩六岁做客袁术处，袁术以橘子招待客人，陆绩偷拿了三个藏在怀里，告辞施礼时，橘子掉了出来。袁术笑问陆绩何故藏橘，陆绩说橘子很甜，想拿回去孝敬母亲。这个故事在当时传播很广，常被人称道，与孝道联系起来，在正面意义上流传，但在客观上也带有另一种意义——背着主人藏东西，蕴含着"偷盗"之意。这件事本来与陆绩、诸葛亮之间辩论的主题没有关系，但诸葛亮还是主动提起这个"故事"，表面上视乎是无伤大雅的玩笑，实际上却蕴含深意：诸葛亮想讥讽、调侃、取笑乃至恶心陆绩，让他尴尬乃至出丑。

如果说上面是助攻，接下来的反驳则是正论。正论的起点是皇权时代占据道德制高点的"忠孝"——忠于皇帝，孝顺父母；而此时"忠"的实际目标自然是羸弱不堪、苟延残喘的汉皇室。在当时改朝换代尚未成事实的情景中，"忠孝"观念仍具有强大的道德力量。诸葛亮正是从这里入手，找到反驳陆绩的依据："曹操既为曹相国之后，则世为汉臣矣；今乃专权肆横，欺凌君父，是不惟无君，亦且蔑祖，不惟汉室之乱臣，亦曹氏之贼子也。"曹操被诸葛亮贴上"乱臣贼子"的标签后，陆绩夸赞的曹操的高贵出身就被彻底否定了。

有待攻破的是陆绩观点的另一面，即陆绩眼中刘备卑微的出身。诸葛亮的反驳是："刘豫州堂堂帝胄，当今皇帝，按谱赐爵，何云无可稽考？且高祖起身亭长，而终有天下；织席贩屦，又何足为辱乎？"按理说，刘氏王朝建立四百年，经过数代的稀释，刘邦血统在刘备身上已经相当稀薄，但在权力以血统世袭的皇权社会，无论血胤多么遥远，只要是与皇族沾边，似乎都与权力具有天然的联系。这是人们普遍接受的政治观念。更何况，刘备的"皇叔"身份还是由汉献帝据家谱指明的，这就加大了刘备帝室之胄身份的分量。在诸侯蜂起、群雄割据、皇帝遭挟持的状态中，虽已经没有多少人再把皇帝的话当回事，但在诸葛亮一本正经地持为论据后，陆绩还是不敢堂而皇之地公然否定的。虽然汉献帝已是曹操挟持下的傀儡，但在理论上乃是金口玉言、口含天宪，更何况汉献帝仍然尸位皇帝宝座，仍是在名义上的"天子"。如此一来，就不能说刘备的"皇叔"地位是无稽了。这里的关键是对汉献帝这位现任"天子"的态度：蔑视之，则"皇叔"称谓则一文不值于没有分量；承认之，则"皇叔"身份就是一言九鼎的认定；但汉献帝的"天子"身份在被废之前在名义上是不能不承认的。

诸葛亮的精明还在于，他在证明了刘备的帝胄身份之后，还以事实说话，以刘邦致帝位的事实为例，证明刘备曾经的卑贱经历不足为羞，刘备本人仍具有飞黄腾达的高贵资质。刘邦出身社会底层，且"好酒与色"，个人品德无足称道，但他以微末的亭

长身份而成功获得帝位，这个事例确有说服力，是陆绩无论如何
也难以驳倒的，因此即使诸葛亮以"公小儿之见，不足与高士共
语"相讥讽，陆绩也不能再辩。

最后出场的是严畯、程德枢两位辩士。他们与诸葛亮的辩论，
在本质上是书生与政治家的对话。在中国学而优则仕的传统中，
由学而入仕是儒士的必经之路。但入仕的儒士又有所不同，一类
以治学为主，从政为次；一类以从政为主，治学为次。政治家的
优长在政绩，书生的专精在著述。严畯、程德枢二人实际上是以
书生的专长攻击诸葛亮作为政治家的短处。

且看罗贯中的描述：

> 座上一人忽曰："孔明所言，皆强词夺理，均非正论，不
> 必再言。且请问孔明治何经典？"孔明视之，乃严畯也。

自汉代罢黜百家、独尊儒术以降，书生议政，必以"经典"
为据，子曰诗云成为定式。严畯认为，诸葛亮虽然善辩，但都不
像传统儒士那样引经据典、以古圣先贤为依据，所持之论都是狡
辩，不是真正的"儒者"，故以"治何经典"相诘问，借此羞辱
一下本不属于著述家的诸葛亮。可以设想，如果诸葛亮沿着严畯
的问题思路答以"治某经典"，严畯接下来的问题是"请问有何
著述"云云，那样诸葛亮便是自陷尴尬了。

诸葛亮当然不会被人牵着鼻子走。他在本质上是政治家，视
治国平天下为己任，不可能认同那些坐以论道、皓首穷经的儒
士，故其答复均以纵横捭阖的政治家为据："寻章摘句，世之腐
儒也，何能兴邦立事？且古耕莘伊尹，钓渭子牙，张良、陈平之
流，邓禹、耿弇之辈，皆有匡扶宇宙之才，未审其生平治何经

典——岂亦效书生，区区于笔砚之间，数黑论黄，舞文弄墨而已乎？"既然这些杰出人物都不是抱着经典去建功立业，那么有何必要迂腐地钻研"经典"？严畯的观点是以传统书生的作为数落初出茅庐的政治家诸葛亮，这在逻辑学上属于攻击点错位。在曹操大军临境、东吴政权存亡迫在眉睫的时刻，讨论儒者的治学而不寻求破敌之策，显然不合时宜。诸葛亮从政治家角度取笑书生的空言误国，自然让学究气的儒士无言以对。

程德枢的诘难属于同一思路。他对诸葛亮说：

> 公好为大言，未必真有实学，恐适为儒者所笑耳。

这已不是讨论问题，而是一种判断，一种对个人学问与才能的判断，同时又包含一种道德谴责，且透着深深的不屑。诸葛亮没为自己有无学问强辩，而将问题转化为：何为"真有实学"？拥有何种"实学"才称得上真正的"儒者"？他的回答是："儒有君子小人之别。君子之儒，忠君爱国，守正恶邪，务使泽及当时，名留后世。若夫小人之儒，惟务雕虫，专工翰墨，青春作赋，皓首穷经；笔下虽有千言，胸中实无一策。"在诸葛亮看来，真正的学问是治国平天下的韬略，而不是笔墨文字上的功夫，尤其是不能不辨是非，不分善恶，乃至助纣为虐。他举出的例证是扬雄，此人"以文章名世，而屈身事莽，不免投阁而死，此所谓小人儒也"，这样的儒者即使日赋万言，又何足道哉！中国传统文化崇尚的"三不朽"即立德、立功、立言，在这三件大功德中，"立德"居于首位。在诸葛亮树起的儒家"修齐治平"道德标本面前，程德枢突出的"书生之儒"只能退居其次，难以与"君子儒"争衡。以"君子儒"自任的诸葛亮自然可以理直气壮、扬眉吐气了。

　　"舌战群儒"至此宣告落幕。东吴谋士团体纷纷落败，诸葛亮以完胜收场。这场口舌交锋，表面上展现的是双方的辩才与智慧，但底蕴是中国传统政治伦理观念的对立。罗贯中对诸葛亮的肯定，反映了作者政治伦理观念上的取向。

❀ "汤武革命论"与中国传统政治伦理[1]

　　"汤武革命论"是中国历史上的传统经典政论命题，自先秦至清代，众多思想家无不予以关注。但论者政治立场不同，结论自然迥异；故千载之下，聚讼纷纭，见仁见智，莫衷一是。

一、"汤武革命论"的核心是政权合法性

　　汤武革命是中国历史上的重要历史事件。夏、商末年，夏桀、商纣暴虐无道，夏、商的臣属汤、武起而革其命，取而代之，被称作"汤武革命"。"汤武革命"开启了中国王朝政权以"革命"（暴力）方式更迭的端绪，从此臣下以武力夺取君主的政权，成为中国历史演变的主导模式。政权交接的"禅让"模式虽偶尔出现，但并不占主流，且其本质与"革命"并无根本差异。曹丕接受汉献帝"禅让"，走下受禅台后喟叹"舜禹之事，吾知之矣"，说明他从自己的行为中参透了历史的妙谛，领会到传说中令人肃然起敬的舜禹"禅让"，其实与他凭武力威逼汉献帝让位一样，都是以冷酷暴力为后盾的权力游戏，与"汤武革命"并无二致。

1　本文发表于《史学月刊》2018年第4期，有改动。

历史上的每一次权力更迭都涉及一个根本性的问题，即正当性与合法性。对一个政权而言，这是必须解决的问题，具有头等重要的意义。孔子曰："名不正，则言不顺；言不顺，则事不成。"一个政权是否具有正当性与合法性，最重要的条件，是它来得是否"名正言顺"。换言之，它是如何得来的？其来路是否正当？是奉天承运、顺势而为的合法成果，还是倒行逆施、强取豪夺的不义之物？"汤武革命"成为中国政治伦理中的经典命题之一，良有以也。

春秋战国时代，诸子百家思想绽放，书生指点江山，议论纵横，蔚为风尚，此后经嬴政之焚书坑儒，儒士议政之风遭受重创，然流风所及，至汉初仍存星火，于是便有了汉景帝时期的发生的有关"汤武革命"的著名辩论。

中国历史上的这场著名辩论涉及三个人物，一个是辕固生，一个是黄生，二人是论争对手，因这场辩论是在景帝面前进行，而且景帝对二人的辩论不得不有所表态，故景帝也是实际的参与者。《史记·儒林列传》记载了这场著名的辩论，让后人可以真实地概观其景：

清河王太傅辕固生者，齐人也。以治《诗》，孝景时为博士。与黄生争论景帝前。黄生曰："汤武非受命，乃弑也。"辕固生曰："不然。夫桀纣虐乱，天下之心皆归汤武，汤武与天下之心而诛桀纣，桀纣之民不为之使而归汤武，汤武不得已而立，非受命为何？"黄生曰："冠虽敝，必加于首；履虽新，必关于足。何者，上下之分也。今桀纣虽失道，然君上也；汤武虽圣，臣下也。夫主有失行，臣下不能正言匡过以尊天子，反因过而诛之，代立践南面，非弑而何也？"辕固生

曰："必若所云，是高帝代秦即天子之位，非邪？"于是景帝
曰："食肉不食马肝，不为不知味；言学者无言汤武受命，不
为愚。"遂罢。是后学者莫敢明受命放杀者。

这场讨论的核心问题，是"汤武革命"模式权力更替的合
法性，即以暴力废黜暴虐之君是否为合法的问题。三个关键人
物——辕固生、黄生、景帝——的立场观点判然有别，极为典型，
基本上代表了传统政治理论家对这种政权更迭方式的态度。在这
场论辩中，论辩各方的逻辑起点乃是关键；看清了这一点，就能
理清传统政治伦理各派的内在思路。

辕固生肯定汤武革命，其见解的逻辑基点是"汤武革命，顺
乎天而应乎人"。他认为汤武革命，夺取政权，乃是因为"桀纣
虐乱，天下之心皆归汤武"，汤武既得"天下之心"，推翻暴虐的
桀纣就是"受命"——符合天道——之举。那么，为何说汤武获
得了"天下之心"？因为在这场权力更替中，"桀纣之民不为之使
而归汤武"。换言之，汤武革命的正当性在于，它得到了包括桀
纣治下之民的天下人的支持，是顺势而为，不是强取豪夺；做到
这一点，就具有合法性与正当性。

黄生明确否定汤武革命，其逻辑起点是君臣秩序的天然合理
性。这是其观点的基石。他用帽子与鞋子的比喻来支持自己的观
点，推定君臣秩序所规定的"上下之分"具有天然合理性，君臣
应各守其位，不可错乱。如果君上行为不合君道，那么臣下要尽
臣子的责任，"正言匡过"，但不可诛杀，取而代之，否则便是篡
逆之举。

从逻辑学的角度，任何辩论均需有"不证自明的"（self-
evident）起点，这种"不证自明的"起点，在辩论者而言，往往

就是某种信条，几乎是无法改变的，除非令对方放弃其信条，否则任何一方都很难说服对方。辕固生理应明白这个道理，就此打住，停止辩论。但此人博学好辩，就此罢手就等于承认自己甘拜下风，所以他不愿看到这种局面。他接下来采取的办法是，拿当朝说事，以"高帝代秦即天子之位，非邪"之问，逼对方放弃其坚持的"不证自明的"前提。不得不说，这实在是逻辑辩论中极高明且厉害的一招，因为任何书生都必须坚持的原则是：本朝夺权具有天然合理性，用当今的话说，就是必须坚持"政治正确"的立场，这个立场是当朝必须坚持的几个"基本原则"之一。对方无论多么善辩，都不敢对本朝高祖做出否定性结论——那样做意味着将自己置于与本朝政权对立的死地。辕固生的这种辩论手段，实际上是为对方设置一个逻辑陷阱：迫使对方无可选择地接受一个事实——他对这个事实内心可能不以为然，但表面上不得不表示赞同——并且将这个事实作为不可置疑的"不证自明"的逻辑起点，最终得出不愿接受的结论。可以想见，在这个答案不可选择的诘问面前，黄生是无力再进行回击的。

辩论进展至此实际上已经陷于窘境。可以想见，作为与命题利害最攸关的一方，汉景帝不可能再超然物外了。对辕固生的这个诘问，无论回答是肯定还是否定，都会使汉景帝感到尴尬。以屁股决定脑袋这一官场规则，处于天子位置上的汉景帝，从"维稳"的现实出发，其内心必定赞同黄生之论，认同君臣秩序，反对以下犯上，痛恨臣下的觊觎之心的。然而，否定"汤武革命"的正当性，就像一个强人高举"替天行道，打富济贫"旗帜，劫得大量财物之后，转而认定劫掠他人财物为罪恶，鼓吹私有财产神圣不可侵犯一样，其结果必然是否定自己先前行为的合法性与正当性，将自己置于了历史审判台上。在景帝而言，否定"汤武革命"意味着否定刘邦夺权的合法性，否定高祖以"汤武革命"手段获得的刘氏家产的正当性，意味着自己继承的是一份非法遗产；而在另一方面，承认汤武革命的正当性，则同样存在着一个潜在的巨大危险：未来一旦有人将暴君的帽子戴在自己及其子孙的头上，就可以高举"汤武革命"的旗帜，堂而皇之地对自己发动革命。剃人头者总是希望避免被人剃头的下场，处在两难境地的汉景帝只能采取模糊的骑墙立场，以"食肉不食马肝，不为不知味；言学者无言汤武受命，不为愚"的态度，避免做出明确回答，以躲开一场尴尬，既为自己留足了余地，也不伤臣下任何一方的面子。

不过，这场讨论给景帝造成的困窘，显然对他产生了深刻影响，使他意识到此类讨论对本朝政权所具有的潜在危险性，于是便有了"是后学者莫敢明受命放杀者"的局面。很显然，景帝是以"不争议"的决断终止了此后的讨论。但问题是，禁止对这个问题的讨论虽可使汉朝避免论辩带来的是非麻烦，但这个命题所关涉的问题并没有从此消失。[1]

二、"汤武革命"臧否论之优劣

在近代以前的传统中国社会的思维中，"天"是一个最高概念，"天道""天理"统御宇宙万物，于是，"汤武革命"的正当

---

[1] 《晋书·宣帝纪》："帝（司马懿）内忌而外宽，猜忌多权变。……及平公孙文懿，大行杀戮。诛曹爽之际，支党皆夷及三族，男女无少长，姑姊妹女子之适人者皆杀之，既而竟迁魏鼎云。明帝时，王导侍坐。帝问前世所以得天下，导乃陈帝创业之始，用文帝末高贵乡公事。明帝以面覆床曰：'若如公言，晋祚复安得长远！'"后世帝王是明白孔子所谓"名不正言不顺事不成"之理的。

性与合法性问题就变成这样一个命题：这种政权的更迭方式是否符合"天道"与"天理"？对"汤武革命"的评价，是非两派的对立，实际上取决于一种决定性的观念，即认为"民本"与"君本"哪个才符合"天道"和"天理"。

最早的否定派以伯夷、叔齐为代表。伯夷、叔齐与武王一样，是商纣的臣民，听说武王要率军讨伐商纣，往见武王劝谏说："父死不葬，爰及干戈，可谓孝乎？以臣弑君，可谓仁乎？"意思是，父亲死了不安葬之，却大动干戈，这是孝行吗？身为臣子却要诛杀君上，这叫作仁行吗？很显然，伯夷、叔齐持论的出发点，是君臣秩序不可违背，违背即是不仁；"以下犯上"便是大逆不道，夺取君上政权乃非分之举，非法行为。伯夷、叔齐反对以下犯上，还有一个理由，即"以暴易暴兮，不知其非矣"。武王伐纣成功后，伯夷、叔齐不食周粟，饿死于首阳山中，司马迁在《史记·伯夷列传》中称之为"善人"。[1]但伯夷、叔齐之论忘记了一个前提：商纣的昏庸、暴虐已经破坏了"君臣秩序"的根基，破坏君臣秩序者，其实上正是商纣本人；而且，除了以暴力驱除暴君，即伯夷、叔齐反对的"以暴易暴"，还有其他手段纠正暴君任性妄为吗？

韩非攻击汤武革命，其起点如同伯夷、叔齐，即认为君臣秩序、上尊下卑为天经地义，"人主虽不肖，臣不敢侵也"。其逻辑

---

1 《史记·伯夷列传》："西伯卒，武王载木主，号为文王，东伐纣。伯夷、叔齐叩马而谏曰：'父死不葬，爰及干戈，可谓孝乎？以臣弑君，可谓仁乎？'左右欲兵之。太公曰：'此义人也。'扶而去之。武王已平殷乱，天下宗周，而伯夷、叔齐耻之，义不食周粟，隐于首阳山，采薇而食之。及饿且死，作歌，其辞曰：'登彼西山兮，采其薇矣。以暴易暴兮，不知其非矣。神农、虞、夏忽焉没兮，我安适归矣？于嗟徂兮，命之衰矣。'遂饿死于首阳山。"

依据乃是商纣王宠臣费仲的名言："冠虽穿弊，必戴于头；履虽五采，必践之地"。(《韩非子·外储说左下》)他认为汤武革命影响极坏，"汤武为人臣而弑其主，刑其尸，而天下誉之，此天下所以至今不治者也"。在他看来，汤武被后世效仿，乃"弑君贼臣"，罪魁祸首。他从君权神圣不可侵犯的角度，认为："臣事君，子事父，妻事夫，三者顺则天下治，三者逆则天下乱，此天下之常道也。"(《韩非子·忠孝》)"冠履之喻"为后世书生所沿用，汉代黄生之论乃是拾人牙慧。

以韩非为代表的法家对"汤武革命"的否定态度，源于"君主本位"观念。在这种立场上，"天意""天理""天道"表现为君臣秩序，君主的尊贵与臣下的卑贱乃是"天理""天道"的体现，符合"天意"的安排，是一种不可改变的秩序。但法家思想家的这种立场忽略了一个前提条件：如果说君臣秩序代表着社会稳定，是人类生活所必需，那么这种秩序存在的一个不可或缺的条件，是要时时确保君主的仁行与勤政；如果说君臣秩序乃"天意"，则君主仁行与勤政则是"天意"的必要内容。而在实际中，破坏君臣秩序的正是暴君与暴政，正是暴君的暴政破坏了君臣秩序存在的基础与条件。法家"汤武革命论"的缺陷在于，它忽略了君主在君臣秩序中必须遵守的必备条件，将君臣秩序简化为臣下对君上单方面服从的义务。

君尊与臣卑何以合乎天理、天道？体现天意？其内在逻辑何在？以"冠履"之喻比附君臣尊卑秩序，似乎精致巧妙，实则不伦不类。其一，帽子与鞋子哪个更为可贵？对人体而言，无从谈起；而从实用性上，恐怕是"履"更不可缺少，如果说帽子尚可略去，赤脚者则恐寸步难行，如此说来，则"冠"之可贵何来？"冠"的所谓高贵性乃是人为赋予的因素，并非其天然本性。其二，帽子与鞋子同为人类所需，二者之间并不存在类似君主与臣民关系的统属关系，更不会像暴君奴役、戕害民众一样，存在帽子对鞋子的奴役与施虐。其三，更重要的是，这种"冠履之喻"在根本上乃是不同事物之间的任意比附，而非逻辑推理，就如同现代学者辜鸿铭以"一把茶壶配几只茶碗"之例论证男人多妻乃天然之理一样，均属牵强附会、任意比附、强词夺理而已。除非能证明君就是"冠"，臣就是"履"，否则这种任意比附的比喻是毫无意义的。

"汤武革命"的否定者也承认君主会犯错，但反对"主有失行，臣下不能正言匡过以尊天子，反因过而诛之，代立践南面"，认为可以在"君臣秩序"的前提下帮助君主改正错误。这种逻辑貌似合理，其实完全有悖于历史事实的一厢情愿：在君主乾纲独断的专制制度下，暴君之所以为暴君，唯我独尊、自我迷信、刚愎自用、拒谏饰非，乃是其基本的性格特征。如果暴君能听得进臣下的进谏并改正错误，就不成其为暴君了，更不会招致天怒人怨、人神共愤了。如果商纣不是酒池肉林、荒淫无度，不制造"刑辟""炮格之法"，不是囚箕子剖比干，还是历史上的商纣王？大凡暴君，哪个不是拒谏饰非，怙恶不悛、自命不凡、自以为是、暴虐无道、我行我素？而且，暴君都有一套自视高明的"暴君逻辑"，要使之改弦更张，无异于幻想染坊里出白布，大粪里出香水；寄希望于暴君纳谏如流，乃至天良发现，改过自新，乃是异想天开，痴人说梦。

肯定"汤武革命"者以孟子为代表。孟子是"重民思想"中走得最远的思想家，如他主张："民为贵，社稷次之，君为轻"；又主张："桀纣之失天下也，失其民也；失其民者，失其心也"。齐宣王问孟子臣下是否可以弑君的问题，孟子的回答决绝而肯定，没有半点含糊，底气极为雄壮："贼仁者谓之贼，贼义者谓之残，残贼之人谓之一夫。闻诛一夫纣矣，未闻弑君也。"（《孟子·梁惠王下》换言之，是否为"弑君"关键是看君主本身，残仁害义的君主已经失去为君的资格，成了千夫所指的独夫民贼，故人人可得而诛之。孟子思想中"对暴君造反有理"的主张，包含着对当时及后世君主的警告。

荀子也是循着孟子同样的思路评价汤武革命："世俗之为说者曰：'桀纣有天下，汤武篡而夺之。'是不然。……能用天下之谓王。汤武非取天下也，修其道，行其义，兴天下之同利，除天下之同害，而天下归之也。桀纣非去天下也，反禹汤之德，乱礼义之分，禽兽之行，积其凶，全其恶，而天下去之也。天下归之之谓王，天下去之之谓亡。故桀纣无天下，汤武不弑君，由此效之也。汤武者，民之父母也；桀纣者、民之怨贼也。今世俗之为说者，以桀纣为君，而以汤武为弑，然则是诛民之父母，而师民之怨贼也，不祥莫大焉。"（《荀子·正论》）以孟、荀的主张，汤武革命的止当性，是桀纣的暴虐，暴虐则失德，失德则失道，失道则失民心，失民心则失天下，一言以蔽之，桀纣失天下乃是丧失民心、"天下去之"的必然结果。

在前现代社会，政权的合法性建立在超自然神性上。商纣王说："我生不有命在天乎！"八百诸侯会于盟津准备讨伐商纣，曰："纣可伐矣。"武王曰："女未知天命，未可也。"但一俟商朝的祭司归顺周以后，武王马上遍告诸侯说："殷有重罪，不可以不毕伐。"（《史记·周本纪》）武王明白，祭司归周意味着天下民心转向了周一边。双方虽都使用"天命"这一概念，但理解却有不同，其态度基本代表了在位者与革命者的立场。历史上对"汤武革命"的评价，臧否双方的立场，基本上就是在位者与革命者的立场，一旦位置转化，观点与立场也会随之改变。

在孟子所代表的儒家的思想中，"天"也是一个最高概念，但"天意"却不是由"天"自身表达的，天何言哉？"天意"是通过人、人心来表现的；民心即天意，顺应民意与人心，意味着"上合天意，下应民心"，因为"天视自我民视，天听自我民听"。在孟子看来，桀纣凶残暴虐，贼仁害义，失去民心的拥戴，已经违背了"天意"与"天道"，沦为"无道"的独夫民贼，不再是君主了。既然不是君主，诛杀之就不是弑杀，不是犯上作乱，而是"顺乎天而应乎人"的正义之举。

儒家将"天意""天道"与民心统一起来，并把它改造成衡量君主行为的尺度与制约力量，确有其不同凡响之处；它有通向"主权在民"现代民主政治的倾向。但认同"汤武革命"，赞成暴君可人人得而诛之，这种观点也有难以逾越的局限。

最大的问题是，如何了解民心与民意？如何判断暴君或暴政，然后加以驱除？孟子提出一种办法："左右皆曰可杀，勿听；诸大夫皆曰可杀，勿听；国人皆曰可杀，然后察之；见可杀焉，然后杀之。故曰，国人杀之也。如此，然后可以为民父母。"（《孟子·梁惠王下》）初审之下，这想法有点类似现代公民社会中的全民公决，把废黜君主之权交给了国民，但仔细考察却发现其中的巨大差异。现代社会全民公决是与整个法治社会相适应的，有一整套操作体系，并有相应的政党力量为之保证，弹劾与罢免有重大缺陷或恶行的国家元首，可依法而行，环环相扣，有一套完整的程序；即使要付诸全民公决，也要经过一定程序。但在古代中国，尤其是帝制时代，对于冥顽不灵、暴虐无道的君主，由谁提出罢免的动议？通过何种程序？在君主冥顽不灵、怙恶不悛的情况下，哪种力量可以制衡之并使之服从法律？那些仰君主鼻息的谏官以及所谓的制衡力量，真敢舍弃身家性命，去逆君主"龙鳞"吗？历史呈现的事实是，在一意孤行的暴君面前，任何忤逆君主之意的力量，最终结局几乎都是毁灭。

此外，以"得而诛之"这种以暴易暴方式的政权更替，会产生很多问题。

首先，世间并无天生的暴君，君主向暴君的转变有一个过程：从任性妄为、倒行逆施，发展到为非作歹、恶贯满盈，招致天怒人怨、人神不容，成为千夫所指的独夫民贼，几乎无一例外地都有一个过程——这个过程的终点，便是民众斩木为兵、揭竿而起，以武力发动诛暴君的起义。从起点到终点——执政君主积小恶到大恶，成为滥施暴政的暴君，再到民众起而反抗——这个过程大多是相当长的。暴君暴政形成的过程，也是民众必须忍受痛苦的过程。如何及时阻止暴君、暴政的形成，减少民众遭受暴政的虐待？

其次，依照孟子的说法，"贼仁者谓之贼，贼义者谓之残，残贼之人谓之一夫"，君主一旦成为施行暴政的暴君，他便失去了作为君主的资格与权利，民众对暴君便拥有了"得而诛之"的权利。这只是理论上的可能性。暴君即使成了"独夫民贼"，也不会自动放弃手中的权力；相反，他会变本加厉地利用国君的名义，牢牢控制国家的整体武力，越是暴虐的君主越是相信武力，依赖武力并容易诉诸武力。"民众"在抽象意义上是一个整体，但在实际社会上则表现为具体的个人。以具体而渺小的个人而欲诛杀掌握国家武力的暴君，如何做到？难也矣。

最后，也最重要的是，诛杀暴君在理论上具有正当性与合法性，但诛杀行动却不是人类生活的常态，而是遭受暴君苦虐的民众为改变现状不得已采取的非常手段。以诉诸武力的方式完成政权更替，必然造成民众生命财产与生活、生产的极大破坏，大规模的"汤武革命"式的"诛暴君"行动不可避免地带来巨大社会动荡，其必然结果是，无数民众转死沟壑，付出生命、财产的巨大代价，整个民族数十年乃至上百年积累的财富化为乌有。"汤武革命"式的政权更迭，无法摆脱以暴易暴带来的巨大破坏。

三、传统"汤武革命论"未跳出旧政治伦理窠臼

中国几千年的历史昭示给后人的一个恒久不变的事实是，一个人或一个集团对旧政权发动革命时，往往要颂扬汤武革命，而一旦获得大位，则往往很快改变立场，转为否定汤武革命，支持君臣秩序。林语堂指出一个事实：在中国"经由运气或经由才干，一个人由非特权阶级升入特权阶级，就是他得势的日子。一旦踏进了特权阶级，他便爱弄特权。随着地位的变迁，因生心理的变迁。他乃开始爱好一切的社会不平等和一切特权"。[1]对"汤武革命"的态度的变化基本是以是否掌权为前提的。

最典型的例子是朱元璋。他参加起义军、决意问鼎大位时，内心所想到的一定是暴君可诛的道理，这种念头在后来也有表露："朕率中土之士奉天逐胡，以安中夏，以复先王之旧。虽起自布衣，实承古先帝王之统。且古人起布衣而称帝者，汉之高祖也，天命所在，人孰违之。"（《明太祖实录·卷三一》）他以刘邦故事自喻，其"奉天逐胡，以安中夏"也自然具有了类似刘邦提三尺宝剑而诛暴秦一般的正义性与正当性。但他夺取皇位后，其立场迅速转移到了君臣秩序上，态度决绝而坚定，没有半点含

1　林语堂：《吾国与吾民》，北京联合出版公司，2013年，第177页。

糊。洪武五年（1372）朱元璋偶览《孟子》，读到"君之视臣如土芥，则臣视君如寇仇"一段时，不禁怒从中来，下令将孟子逐出文庙殿外，不得配享。[1]虽然后来又恢复了孟子的配享，但维护君臣秩序的意志可谓空前强烈。

帝制时代两千年的政权更替史，其实就是"汤武革命"模式之下"剐人头与被人剃头"的历史。所以，对于每一个朝代而言，如何诠释"剃他人头"的正当性，阻止他人萌生觊觎之心，防止"被人剃头"，成为必须做的课业。对"汤武革命"这个传统命题的诠释，消耗了无数为帝王作嫁衣裳的书生的心血。但不管如何苦心孤诣、绞尽脑汁，其结论无非依违于是非二者之间。

苏轼作《论武王》认为，后世认同汤武革命，乃是受了孟子的蛊惑，说："孟轲始乱之曰：'吾闻武王诛独夫纣，未闻弑君也。'自是学者以汤武为圣人之正，若当然者，皆孔氏之罪人也。使当时有良史如董狐者，南巢之事必以叛书，牧野之事必以弑书，而汤武仁人也，必将为法受恶。"他对武王伐纣不以为然，乃基于他臆想出的另一种理想局面："使文王在，必不伐纣，纣不见伐而以考终，或死于乱，殷人立君以事周，命为二王后以祀殷，君臣之道，岂不两全也哉！武王观兵于孟津而归，纣若改过，否则殷人改立君，武王之待殷亦若是而已矣。天下无王，有圣人者出而天下归之，圣人所以不得辞也。"[2]简单地说，苏轼认为，假若周文王活着，不用革命天下就自然变动过来，改朝换代自然实现。苏东坡一生自视甚高，但观其政论，却难显其睿智，往往多为一厢情愿的书生之见。遍观史册，哪一个暴君会自动纳谏如

---

1 （清）张廷玉等：《明史·钱唐传》，中华书局，1914年，第1296页。
2 （宋）苏轼：《苏轼文集》，岳麓书社，2000年，第146页。

流，放弃暴政，改邪归正，主动让贤？苏轼并非缺乏识见，乃固执于传统君臣秩序之观念，为其蒙蔽耳。

持调和态度的是朱熹。他一方面认定暴君可诛，肯定诛暴君有其合法性，但又强调诛暴君的臣下必须具备必要的德行。《孟子集注》："一夫，言众叛亲离，不复以为君也。书曰：'独夫纣。'盖四海归之，则为天子；天下叛之，则为独夫。所以深警齐王，垂戒后世也。王勉曰：'斯言也，惟在下者有汤武之仁，而在上者有桀纣之暴则可。不然，是未免于篡弑之罪也。'"（《孟子集注·梁惠王章句下》）换言之，在朱熹看来，肯定"汤武革命"有两个条件，一是臣下"有汤武之仁"，二是君主犯"有桀纣之暴"。如果为君者不是桀纣，为臣者不具备"汤武之仁"的德行却别有用心地发动"革命"，那就是"篡弑"。这种态度决定了他对武王的评价有所保留："尧舜之禅授，汤武之放伐，分明有优劣不同……文王'三分天下有其二，以服事殷'，武王胜殷杀纣，分明是不及文王。……盖天下有万世不易之常理，又有权一时之变者。如'君君，臣臣，父父，子子'，此常理也；有不得已处，即是变也。"（《朱子语类·万章下·伯夷目不视恶色章》）一言以蔽之，朱熹认同汤、武对暴君"不得已"革其命的正当性，但他同时也想到了一个可能性："汤武革命"这面旗帜很可能被有野心的觊觎者所利用，故提出"汤武之仁"的条件，去维护君臣秩序——所谓"万世不易之常理"。

但问题仍然没有得到解决：君主的"桀纣之暴"，臣下的"汤武之仁"如何确定？由谁做出判断？这些问题在近代"社会契约论"提出之前，是始终无解的。

近代"社会契约论"的大贡献，在于它解决了君权的世俗来源问题，它认为君权并非神授，而是民众缔结契约的结果，来自被统治者的认可。在原始状态中互相敌对的民众为了减少彼此的伤害，维护自己的利益而形成契约，让渡出部分天然权利，得到契约权利；让渡的这部分权利就是政府（君主）权力的来源。政府的权力既然来自人民，则必须接受人民的监督，维护与民众达成的契约。如果政府违背或破坏社会契约，则人民有权决定和变更政府形式和执政者的权力，包括用起义的手段推翻违反契约的统治者。人民的"公共意志"（公意）由人民自己决定，由公民团体组成的代议机构作为立法者，通过讨论来产生公共意志。换言之，代表"公共意志"的君主或政府之去存，其决定权在人民及服从其意志的组织。正如美国《独立宣言》开篇所说，造物者创造了平等的个人，并赋予他们若干不可剥夺的权利，其中包括生命权、自由权和追求幸福的权利。为了保障这些权利，人们才在他们之间建立政府，而政府之正当权力，则来自被统治者的同意。任何形式的政府，只要破坏上述目的，人民就有权利改变或废除它，并建立新政府；当政府一贯滥用职权、强取豪夺，一成不变地追逐这一目标，足以证明它旨在把人民置于绝对专制统治之下时，那么，人民就有权利，也有义务推翻这个政府，并为他们未来的安全建立新的保障。在这种思路之下，朱熹所设想的对于"桀纣之暴"的判断，以及谁具有"汤武之仁"资格的认定，都有了付诸实施的现实条件。换言之，对当政者行为是否合法的判定，对当政者去留的判定，其权力掌握在民众及其公民团体组成的代议机构手中。

中国传统思想中不乏涉及君权来源的论述，却从未设想出一个决定当权者去留的公共机构。商鞅认为："古者未有君臣、上下之时，民乱而不治。是以圣人列贵贱，制爵位，立名号，以别君臣上下之义。地广，民众，万物多，故分五官而守之。民众而奸邪生，故立法制、为度量以禁之。是故有君臣之义、五官之分、法制之禁，不可不慎也。"（《商君书·君臣》）在商鞅看来，君主不是从来就有的，更不是依据天命而来的，乃是圣人为了解决现实的需要而设立的。商鞅的眼睛盯在圣人身上，认为君主的存在来自圣人的安排；既如此，则制约君主权力的力量就只能是圣人。君主遵守"圣人"的教诲吗？君主弃"圣人之教"而转化为暴君，圣人能使之归于正途？很显然，圣人不可能当此重任。

近代思想家黄宗羲明确指出，君"为天下之大害"的原因，是"以君为主，天下为客，凡天下之无地而得安宁者，为君也。是以其未得之也，荼毒天下之肝脑，离散天下之子女，以博我一人之产业，曾不惨然。曰：'我固为子孙创业也。'其既得之也，敲剥天下之骨髓，离散天下之子女，以奉我一人之淫乐，视为当然。曰：'此我产业之花息也。'"他认为，儒生最荒谬的见解，是以君臣秩序为天经地义："小儒规规焉，以君臣之义无所逃于天地之间，至桀纣之暴，犹谓汤武不当诛之，而妄传伯夷、叔齐无稽之事，乃兆人万姓崩溃之血肉，曾不异夫腐鼠。"他反问道："岂天地之大，于兆人万姓之中，独私其一人一姓乎？"难道天下是为君主一人一姓而设吗？当然不是。他反对君主本位意识而得出的结论是，"武王圣人也，孟子之言，圣人之言也。后世之君，欲以如父如天之空名，禁人之窥伺者，皆不便于其言，至废孟子而不立，非导源于小儒乎！"（《明夷待访录·原君》）他认同汤武革命，肯定汤武革命的正当性，却意识不到除了"革命"手段之外还有和平手段可以去除暴虐的当政者。

但黄宗羲的观点已经触及一个根本性问题：君主与天下兆民孰先孰后？是民为君而存在，还是君为民而设？如果是后者，则由民出发对君主的制约就是天经地义、顺理成章。可惜在这个关键点上，包括黄宗羲在内的中国思想家皆未能更进一步，上升到人民主权思想，更没有从人民主权思想得出结论：国家乃人民与公权掌握者订立契约、让渡部分权利之结果；如果公权掌握者违背契约，滥施权力，则人民有权收回让渡之权。不过，话说回来，即使黄宗羲等人走出这关键性的一步，创造出卢梭式的社会契约论，那么在中产阶级从不发达的中国社会，也没有任何阶级力量制约君主及其集团的特权横行。此又可断言也。

∾ "奉天承运"与"替天行道"

在中国传统政治伦理中，对权力正当性与正义性的论证具有头等重要意义，孔子揭示其中的奥妙："名不正则言不顺，言不顺则事不成。"所以，无论何人，一旦控制权力，就必定要为其行为"正名"，使之"名正言顺"——"名正言顺"意味着合法性与正当性。两千余年间，每一个政权不管通过何种手段得来，其执权柄者无不为权力来源的"名正言顺"而煞费苦心。

一、帝王"奉天承运"与圣人"谋天道"

对于原始的初民而言，最可敬畏的事物无疑是笼括万物、变化难御的"天"。在先民的心理观念中，"天"最终演变为一个至上的存在，"天道"也随之变成了一个终极的文化概念，成为万物合理性的基础，所谓"法象莫大乎天地"。董仲舒称："圣人法天而立道"，"王道之三纲可求于天"，"天不变，道亦不变"。"天道"观念延伸到政治领域，"承天道"便成了权力正义与合法性的根本前提，于是，无论何人，只要能做到"奉天承运"或"替天行道"，就做到了"名正言顺"，具备了掌握政权的合理性与正当性，其拥有的武力被称为"正义之师"，对人动武被称作"恭行天罚"。

然而，这"奉天承运"或"替天行道"的本领并非人人都有，而是帝王与圣人的特权。

帝王被认为直接与"天"和"天道"相接，这种观念由先验性的逻辑建立起来。《白虎通义》："帝王之德有优劣，所以称天子者何？以其俱命于天……何以知帝亦称天？以法天下也……何以皇亦称天子也？以其天覆地载俱王天下也。"董仲舒《春秋繁露》甚至从文字上为帝王的"天性"寻找依据，他解释"王"字："古之造文者，三画而连其中，谓之'王'。三画者，天、地与人也；而连其中者，通其道也。取天地与人之中，以为贯而通之，非王者，孰能当是？"这种理念成为中国传统思维和心态的核心元素，也成为历史观念中的核心元素，司马光说："王者受天命，临四海，上承天之序，下正人之统。"建立在先验论基础上的"天"与"天命"成了君王合法存在的依据。

除了先验的逻辑论证，帝王与"天""天道"的联系还由许多神秘中介建立起来，并由许多独异现象加以表现。随着"龙"这个图腾崇拜物的盛行，"龙"成为帝王与"天道"之间的中介，龙与帝王之间的各种关系，成为帝王和帝王权力神圣性不可或缺的环节。如《史记·封禅书》："黄帝采首山铜，铸鼎于荆山下，鼎既成，有龙垂胡髯下迎黄帝。黄帝上骑，群臣后宫从上者七十余人，龙乃上去。"在汉高祖刘邦的传说中，刘邦的"龙子"身份是其母与龙发生关系换来的。《史记·高祖本纪》："刘媪尝息大泽之陂，梦与神遇。是时雷电晦冥，太公往视，则见蛟龙于其上。已而有身，遂产高祖。"后代文人感到这还不够服人，认为其真龙天子必有其独异表象，于是在刘邦的相貌上再做文章，以为佐证。《汉书·高帝纪》称："高祖为人，隆准而龙颜，美须髯，左股有七十二黑子。"这种模式此后成为"真命天子"的标志。

圣人之徒的使命是"参天地之化育"。《礼运》："圣人参于天地，并与鬼神以致政也。"孔子颇自负地称："文王既殁，文不在兹乎。"孟子更是自认天赋使命于己，以伊尹的口气称言："予，天民之先觉者也，予将以斯道觉斯民也。非予觉之而谁也？"又说，"五百年必有王者兴，其间必有名世者。由周而来，七百有余岁矣！……欲平治天下，当今之世，舍我其谁也？"儒家圣人这种"奉天承运""替天行道""舍我其谁"的自信为后代儒士所继承。

儒家之"道"分为"天道"与"人道"，所谓"天道远，人道迩"，但在本质上，"天道"与"人道"是一致的，在儒家看来，孜孜于人道，也就是在追寻"天道"。随着时间的推移，"谋道"成为儒士坚持不懈的传统。"谋道而不谋食，忧道不忧贫""任重而道远"几乎演变为儒士的使命，用张载的话，即是"为天地立心，为生民立命，为往圣继绝学，为万世开太平"。孔子自称"天生德于予"；后世的儒士则声称："天不生仲尼，万古如长夜。"换言之，上天赋予了圣人"谋道"的资格和本领。

在"承天道"与"谋天道"使命意识之下，帝王和圣人之徒就有了"奉天承运""替天行道"的资格。

二、帝王"替天临民"与圣人"替"众生"谋道"

以超验的方式论证出来的帝王"奉天运""承天道"理论，在现代人的思维看来，是极为粗糙不堪且滑稽可笑的，但在前近代社会中却是相当有说服力的。在"奉天运""承天道"而替天君临兆民的前提下，"普天之下，莫非王土；率土之滨，莫非王臣"就成了帝王享有的天经地义的神圣权力；而在这种神圣权力的覆盖下，任何有悖于皇帝意志的人和物，都是可以任意摧毁的。正如朱元璋这位游方和尚出身的皇帝所说："'率土之滨，莫非王臣'，成说其来远矣。寰中士夫不为君用，是外其教者，诛其身而籍其家，不为之过！"就是塞外来的蛮族皇帝雍正在接受中原儒家政治伦理后也毫不含糊地宣称："人生天地间最重者莫如伦常，君臣为五伦之首，较父子尤重。天下有无君之人，而尚可谓之人乎？人而怀无君之心，而尚不谓之禽兽乎？尽人伦则谓人，灭天理则谓禽兽，非可因华夷而区别人禽也。且天命之以为君，而乃怀逆天之意，焉有不遭天之诛殛者乎？"在帝王的观念中，"君"是与"天"并齐而须臾不可或缺的。

不过，"天道"观念虽确立了帝王权力的正义性与合理性，但其正义性与合理性仍然要体现在对社会的治理上。作为客观存在的"天"，不能自动说明将"天命"赋予何人，更不会主动向人们说明或展示掌权者所获得的权力的正当性、正义性与合理性。论证君权的"合天道"，乃是儒家圣人之徒的任务。

儒家的人生理想是"修身齐家治国平天下"，其政治理想是"大道之行也，天下为公"的"大同"世界。这个目标的实现，需要儒家解决两方面的问题：一是帝王的统治，一是民众对统治的接受。具体言之，作为统治者，其权力既要有合法性和正义性，又不能过分压迫民众；作为被统治者，既要接受被统治的秩序，又不能犯上作乱，所谓"君君、臣臣"的尊卑秩序是儒家的基本方案。

在儒家那里，尊卑贵贱的等级秩序是"天道"，而"天道"的核心是君权的尊隆。这在儒、道、法各家的学说中可谓异曲同工、殊途同归。我们从儒家、道家和法家鼻祖那里看到的都是命运攸关的御民术。老子曰："古之善为道者，非以明民，将以愚民。民之难治，以其智多。故以智治国国之贼，不以智治国国之福。"孔子云："民可使由之，不可使知之。"法家的管仲说："夫生法者，君也；守法者，臣也；法于法者，民也。"鲁迅曾对孔子为鼻祖的儒家政治伦理有过评价："孔夫子曾经计划过出色的治国的方法，但那都是为了治民众者，即为权势者设想的方法，为民众本身的，却一点也没有。"[1]这样的评价也适合于道家和法家。

不过，儒家毕竟明白，虽然他们维护帝王权力的神圣性，但并非所有君权都是仁慈的"有道明君"，昏君、暴君不期而至的情况屡见不鲜。儒家在"天人合一"的观念中，找到了劝勉皇权顾及民众利益的路子，即"天听自我民听，天视自我民视"，使民众意志成为衡量权力合法性和正义性的尺度。于是，"承天道"与"替天行道"就转化成"为民所系"：体察民心、顺应民意、体贴民情，成为权力正义的符号，而其用意乃在劝勉甚至警告帝王集团不要对民众过分苛刻、严酷。

儒士团体虽然希望借助"道"的力量约束君主，使其权力不可恶性膨胀，然而他们面临的最大的难题是，前近代社会没有一种力量约束君权，阻止其对"天道"的背离。君王一旦成为"无道"的暴君，则意味着他们为"帝王师"所做努力的失败。对于这种局面，儒家是不可能有任何有效措施的，他们所能做到的，或者秉持"道不行，乘桴浮于海"的信念，独善其身，或者抱定"从道不从君"的原则坚持到底，最后落得"杀身成仁"。明儒吕坤说："天地间惟理与势为最尊。虽然，理又尊之尊也。庙堂之上言理，则天下不得以势相夺。即夺焉，而理则常伸于天下万世。

1　鲁迅：《在现代中国的孔夫子》，《鲁迅全集》第6卷，人民文学出版社，2005年，第329页。

故势者，帝王之权也；理者，圣人之权也。帝王无圣人之理，则其权有时而屈。然则理也者，又势之所恃以为存亡者也。以莫大之权，无僭窃之禁，此儒者之所不辞，而敢于任斯道之南面也。"这里所谓"理"也就是儒家坚守的"道"，他声称儒家坚守的"道理"不能被作为"帝王之权"的"势"所屈服，其思想与先前的"从道不从君"是一以贯之的。这一原则在儒士同君权的长期冲突中，演变成为最基本的信仰。

然而，"道"及对"道"的信仰毕竟是精神层面的东西，它无法保障儒家生活的物质需要，也不能保障其生命的安全。在掌握强大武力的君权的威慑和实际物质利益的诱惑下，儒家圣人之徒为帝王政权所屈服乃是常态，"学得文武艺，货与帝王家"乃是在帝王权力下讨生活的儒士无可奈何的选择，也是盛行两千余年而不衰的传统，王夫之明言"天下非一姓之私也"，君权"可禅、可继、可革"。黄宗羲称"天下为主，君为客"，等等，但这些思想为国民所普遍接受颇为不易，即使在今日也非同寻常。

三、帝王集团"奉天承运""替天行道"的本质

马克思在评论资产阶级革命的作用时说过大意如下的话：资产阶级对专制王权发起革命，不仅仅代表自己的利益，也代表手工业者和农民等劳动阶级的利益，因为受到专制王权所压迫的不仅有资产阶级，也有劳动人民，因此，资产阶级对王权的革命也符合其他劳动人民的利益，但当资产阶级取得政权以后，就转化为所有其他阶级的对立面，道理很简单，它取代王权成为所有其他阶级的压迫者。

同样，农民出身的起义领袖在发动对帝王暴政的反抗、夺取

政权之前，是代表所有受暴政压迫者的实际利益的。然而，一旦他的集团夺取政权，其特殊利益就确定无疑地形成了，因为他在控制政权后，实际上已经转变为与其他阶级区别开来的特殊利益集团，这种特殊利益与权力如影相随，是绝不可能为最初的理想所打消的。其中的原因是，当他宣布自己"奉天承运""替天临民"，管理天下黎民百姓，并充分、全面地代表他们的根本利益时，实际上已经掌握了处分天下黎民创造物，乃至其生命的权力。此时他还自称代表其他所有阶级的利益，则显然是欺人之谈。

国家权力这种公共权威被物化为一个政治上和道德上的神奇人物以及他的集团，并被宣布由这个神奇人物和他的集团代替芸芸众生的意志行使权力时，整体概念（如"人民""群众"之类）掩盖下的单个民众的个体意志已经被剥夺了，作为个体的社会成员，虽然在名义上享有参与国家政治的权利，其实对国家政治已经没有任何干预力量。此后不可避免的局面是，以"奉天承运""替天行道"相标榜的权力集团堂而皇之地扩大自己的特权，原来被奉为"天"的芸芸众生的权利则被压缩到微不足道的空间；整个社会只有特殊权力集团的自由，普通民众的自由则被全部剥夺。

这种状况在近代以前是确定不移的事实，即使在民主观念已成为潮流的近代，也没有多大改变。1932年3月28日，南京国民党政府行政院长汪精卫曾对"国难会议"代表放言："国难会议是政府召集的，我们是主人，诸位是客人。诸位如果不满意政府的办法，去革命好了！我们流血革命，打出来的政权，岂能随便说开放就开放！"（见余世存：《非常道·革命第五》，北京时代华文书局2019年；傅国涌：《往事如梦——中国言论史上的王造时》，《追寻失去的传统》，湖南文艺出版社，2004年。）这位早年的反清志士、后来的民国要人——当时还不是汉奸——的话很直白，反映的是中国传统政治伦理的思维定式：权力落到我们手里，就意味着"天命在我"，一切由我说了算，你要证明"天命"在你身上，就以"流血革命"的方式来证明！在这里，人们看到的是传统政治伦理的逻辑："打江山"就是"坐江山"的法理依据，无须考虑现实权力是否符合正义原则，是否是在正义的原则下运行；此外，人们看到的是，所谓"奉天承运""替天行道"大旗背后显露出来的赤裸裸的"暴力决定一切"的思维。这一场面让后人明白一个道理：虽然不能说孙中山当初立下"天下为公"的宗旨是虚伪的，也不能说国民党领导革命之初就有图谋集团之私的念头，但历史的逻辑无情地展示给人们的，是这个曾经不遗余力"为民请命"的集团，一旦掌握了政权，就形成这个集团的特殊利益；在集团利益面前，原来它代表所有被压迫阶层民众利益的客观环境即不复存在，它与其他阶层的利益一致性也随之烟消云散，在这个集团的特殊利益面前，民众利益已经被压缩到微不足道的地位，甚至化为乌有。它原来的"替天行道""为民请命"理想不管当初多么纯洁和真诚，都不可避免地走向其对立面。历史的逻辑就是如此不以人的意志为转移。

汪精卫的"宣言"还蕴含着另一层深意：近代以前皇权制度下的一家一姓之神圣性，在"承天命"的幌子下，转变成为一个集团的神圣性；由于这种神圣性，人们是不能对这个集团进行批评的，任何对这个集团的神圣性的冒犯，都被视为"反动"。正是这种集团神圣性才使任何批评言论成为一桩大罪，可以施以严厉惩罚，其道理正如"欺君罔上"被视为"欺天"而必须加以惩罚一样。

⌾ "天道"与"正统"：历史传统中的两种权力正义观[1]

——从诸葛亮与王朗对骂说起

　　《三国演义》是中国古典文学名著，也是中国传统政治伦理经典名著，这不仅体现在"天下大势，分久必合，合久必分"这一人所共知的历史格言所包含的"可怜剃头者，人亦剃其头"的历史循环观念和因果报应思想，而且也包含在它对王朝权力正当性与正义性的诠释上。其中第九十三回"姜伯约归降孔明，武乡侯骂死王朗"可以为证。

　　这一回说的是诸葛亮第一次出师伐中原，智收姜维后，兵临渭水，与魏军对峙。此时魏军以曹真为帅、王朗为军师率军抗击蜀军。两军对阵后，王朗恃其辩才，认为可以说服诸葛亮归附，遂对诸葛亮痛下说辞，而诸葛亮则据理力辩，力陈其非。王朗、诸葛亮两位都是饱学儒士，说辞极其华美，读来朗朗上口，令人赏心悦目，可谓少见的演说妙文。现抄录如下，共相赏析之。

　　王朗说诸葛亮：

　　　久闻公之大名，今幸一会。公既知天命、识时务，何故兴无名之兵？……天数有变，神器更易，而归有德之人，此

1　本文收录于张绪山《史学管见集》，生活·读书·新知三联书店，2019年12月，第385—389页。标题有改动。

自然之理也。曩者自桓、灵以来，黄巾倡乱，天下争横。……盗贼蜂起，奸雄鹰扬，社稷有累卵之危，生灵有倒悬之急。我太祖武皇帝，扫清六合，席卷八荒；万姓倾心，四方仰德；非以权势取之，实天命所归也。世祖文帝，神文圣武，以膺大统，应天合人，法尧禅舜。处中国以临万邦，岂非天心人意乎？今公蕴大才，抱大器，自欲比于管、乐，何乃强欲逆天理、背人情而行事耶？岂不闻古人云："顺天者昌，逆天者亡。"今我大魏带甲百万，良将千员。谅腐草之荧光，怎及天心之皓月？公可倒戈卸甲，以礼来降，不失封侯之位。国安民乐，岂不美哉？

诸葛亮答王朗：

吾以为汉朝大老元臣，必有高论，岂期出此鄙言！吾有一言，诸军静听：昔日桓、灵之世，汉统陵替，宦官酿祸；国乱岁凶，四方扰攘。黄巾之后，董卓、催、氾等接踵而起，迁劫汉帝，残暴生灵。因堂庙之上，朽木为官，殿陛之间，禽兽食禄；狼心狗行之辈，滚滚当道，奴颜婢膝之徒，纷纷秉政。以致社稷丘墟，苍生涂炭。吾素知汝所行：世居东海之滨，初举孝廉入侍；理合匡君辅国，安汉兴刘；何期反助逆贼，同谋篡位！罪恶深重，天地不容！天下之人，愿食汝肉！今幸天意不绝炎汉，昭烈皇帝继统西川。吾今奉嗣君之旨，兴师讨贼。汝既为谄谀之臣，只可潜身缩首，苟图衣食；安敢在行伍之前，妄称天数耶！皓首匹夫！苍髯老贼！汝即日将归于九泉之下，何面目见二十四帝乎！老贼速退！可教反臣与吾共决胜负！

　　二人对骂的结局是，最终王朗词穷，怒气攻心，栽于马下身亡。据陈寿《三国志》，并无诸葛亮骂死王朗之说，这自然是小说家言，不必计较。但二人对骂之词所反映的政治伦理却值得注意。《三国演义》之所以引起读者的情感共鸣，为读者所喜爱，是因为它处理书中大小事件所依据的中国传统政治伦理，适应了长期以来国人的情感伦理和心态。因此，王朗和诸葛亮对骂中所表达的政治伦理，大致代表了中国传统政治伦理对权力正当性与正义性的两种基本诠释。

　　王朗对曹魏政权之正当性与正义性辩护的理论依据，是"天数有变，神器更易，而归有德之人"，这种观念的核心，是"天数"的变化和人的德行。有德之人承受天数变化中的政权，其秉政行为就具有正义性，就是"天命所归""自然之理"，就是"应天合人"、符合"天心人意"。用当代语言来说，就是适应了历史潮流，乃是历史的必然。因此，王朗整个辩词的核心，是曹魏取代刘汉乃曹氏家族的德行适应天理演变的结果。

　　诸葛亮的通篇反驳之词的逻辑，则是立足于"正统"即"正义"，汉王朝存在四百余年的事实，似乎已经不言而喻地证明了它的正统地位，因此它的承继者蜀汉政权也处于正统地位。这是诸葛亮为何在蜀汉政权与两汉王朝强行建立承继关系的原因。既然"正统即正义"，那么，无论是两汉政权还是它的继承者蜀汉政权，则当然具有正当性、合理性和正义性；既然刘氏家族政权是合理、正当和正义的，那么任何对它的觊觎和不轨行为，都是可恶的僭越行为，因而曹氏强取政权当属大逆不道。在诸葛亮的反驳中，汉末刘氏政权的纲常失调，没有被归罪于刘氏家族的失德和无能，而是归罪于宦官干政。诸葛亮所着力强调的，乃是刘氏政权的正统地位，刘氏家族的无德无能则处心积虑地避开了。

不过，双方依据的观念都有对己不利的一面。就王朗的"天道演变"论而言，虽然它证明了曹魏政权的现实合理性，但它没有也不可能证明这个政权具有永远的合理性。"天道"演变的存在，意味着万事万物的兴衰更替，这在客观上又论证了曹魏政权迟早要被其他"有德"者"合理"且"正当"地夺取。曹魏政权本身的演变是不能超越于天道的。这自然与论者的本意相反。

诸葛亮坚持的"正统即正义"的观念，从民众接受心理的角度，无疑是有力的。中外历史上的无数事实证明，一个政权即使它是以某种不正当的手段得到，只要它能对民众施以恩惠，时间稍久，就会获得民众的认可，随时光的流逝自然获得其合理性、正当性和正义性，而任何新兴势力的夺权行为都会被视为非法。但是，"正统即正义"的观念混淆了一个事实："历史正义性"和"现实正义性"不是一回事，二者之间不能轻易地画上等号。换言之，历史上那些曾经一度代表正义的势力和王朝，不可能因一度具有的正义性而妄称自己永远具有正义性，否则它就不会被推翻，就不会有王朝更替了。现实实际中它所表现出的有恃无恐、怙恶不悛、冥顽不灵、横暴邪恶、腐败无能，正是它本身被取代的根本原因。现实政权的不义与邪恶又岂能以历史上曾经具有的合理性和正义性来辩护？

事实上，一个王朝从开始时具有的合理性、正当性和正义性到失去其合理性、正当性和正义性，是一个必然的过程。当一个新兴势力在它处于生机勃勃的夺权阶段时，它所攻击的处于腐朽阶段的专制政权，实际上是所有民众的压迫者，因此对这个压迫者的攻击，在客观上是符合所有被压迫者的利益的。但当它取得政权以后，它就取得了原来的压迫者的地位，变成了所有民众的压迫者，因此也就失去了对于所有民众利益的代表性，而成为特殊利益者。这个时候还自称代表所有民众，则是自欺欺人的无稽之谈。诸葛亮极力维护其正统地位的刘邦所代表的势力集团，在它推翻暴秦政权过程中是代表正义性和历史趋势的，在它与项羽逐鹿中原时，其行为也有符合民众的愿望和利益的地方，可以说，它在创立刘汉王朝时期具有合理性、正当性和正义性。但若以此来论证刘氏政权可以万世永祚，则是强词夺理、荒谬绝伦。

从现代政治观念看，王朗的论辩无疑更胜一筹，因为它以天道演变法则说明了王朝世道演变的必然性，相对而言，诸葛亮的论辩则显得软弱无力。诸葛亮对王朗的有力攻击是对方的个人政治品行，即中国历史上令人厌恶的"贰臣"行为。小说作者敢于大胆将故事虚构为王朗被诸葛亮骂死，不仅是因为这样的情节处理符合作者的情感伦理，而且也相信以读者的情感伦理，可以接受这样的处理手法。《三国演义》作者安排这样的结局，显然是由他的权力正义观所决定，他在诸葛亮身上寄托着他的政治理想。

中国历史上，"天道演变"和"正统即正义"这两种权力正义理论，几乎被每个专制王朝驾轻就熟地反复使用，革故鼎新之时则高唱"天道演变"之论，依此证明自己问鼎皇位是"天命所归"，用王朗的话说，就是"顺天者昌，逆天者亡"。这种"天道演变"的观念，在中国民间则表现为一个通俗明了的说法："皇帝轮流做，今日到我家。"而一旦掌握政权，则会极力鼓噪"正统即正义"，宣扬王朝开创者的神话，以此证明其政权万世永存。历史上绝对没有哪个王朝敢于否定本朝的开创者，即使他原来是一个十足的市井无赖（如刘邦），原因在此。历史的诡谲竟然如此！所以，读史之人，必须有悠然于江渚之上的白发渔樵的旷达、闲逸，跳出利害恩怨的藩篱，拂去历史留下的文字烟幕，才能透过历史的层峦叠嶂，参悟出世间的真谛和万物的真态。

历史上的人狗论

2002年10月，考古人员在河南洛阳市中心城区发现了东周天子驾六车马坑。引人注目的是，坑中有七只殉葬狩猎犬，其中六只见于马车之下。据专家们分析，这些狗是被缚在车上为主人殉葬的。填土时，它们在惊恐中纷纷躲藏在车下，当车兜压塌后，那六只狗被压死在车兜里。但有一只狗的位置十分奇特，它出现在马坑的半中腰，伴随它的是一块卵石。也就是说，当时这只狗挣脱了绳索向坑外爬，就在距离逃生仅一步之遥时，被人发现了，一块卵石击中头部，结束了它的生命，其躯体停在马坑的边缘。

这实在是一幅予人深刻印象、富有历史感的场景，令人回味无穷、兴叹不已。

狗这种动物自被驯化以后，就与人类保持密切关系。所以，在人们的思想与意识之中，狗占据着一定地位。老子《道德经》云："天地不仁，以万物为刍狗；圣人不仁，以百姓为刍狗。"老子的意思是：天地没有仁爱，对待万事万物就像对待刍狗一样，任凭其自生自灭；圣人也没有仁爱，对待百姓也如同对待刍狗一般，任凭人们自作自息。《庄子·天运》："夫刍狗之未陈也，盛以箧衍，巾以文绣，尸祝齐戒以将之；及其已陈也，行者践其首脊，苏者取而爨之而已。"在我国古代，普通百姓祭祀用狗作牺牲，后来用草扎的狗来代替，即刍狗。庄子的意思是，刍狗制作好以后，在还没有用来祭祀之前，大家对它都很重视，碰都不敢随便碰；等到举行祭祀以后，就把它扔下不管了。可见，以狗之喻来表达思想情感，从来就有复杂性。

人与狗之间的主从原则，实际上就是人世间的主仆原则。这种原则很早就被人赤裸裸地揭示出来。司马迁《史记》载："汉五年，既杀项羽，定天下，论功行封。群臣争功，岁余功不决。高祖以萧何功最盛，封为酂侯，所食邑多。功臣皆曰：'臣等身被坚执锐，多者百余战，少者数十合，攻城略地，大小各有差。今萧何未尝有汗马之劳，徒持文墨议论，不战，顾反居臣等上，何也？'高帝曰：'诸君知猎乎？'曰：'知之。''知猎狗乎？'曰：'知之。'高帝曰：'夫猎，追杀兽兔者狗也，而发踪指示兽处者人也。今诸君徒能得走兽耳，功狗也。至如萧何，发踪指示，功人也。'……群臣皆莫敢言。"这是人们所熟悉的历史上著名的"人狗论"。

"人狗论"并非以狗之喻羞辱萧何以下的群臣，也没有抹杀他们的功劳；相反，"功狗"之喻乃是大大的赞词。刘邦的"人狗论"的本质是劳心劳力之别。孟子说："劳心者治人，劳力者治于人。"所以"劳心"的萧何自然高于"劳力"的诸将。但对于"人主"刘邦而言，萧何也不过是他与项羽逐鹿中原、猎取天下的"鹰犬"。这在刘邦那里说得很清楚："夫运筹帷幄之中，决胜千里之外，吾不如子房；镇国家，抚百姓，给馈饷，不绝粮道，吾不如萧何；连百万之众，战必胜，攻必取，吾不如韩信。三者皆人杰，吾能用之，此吾所以取天下者也。"既然"取天下"的是"我"，此三人甘为"吾用"，在我麾下擒获猎物，那么这三位"人杰"自然也是狗——"功狗"而已。

在皇权制度中，所有人都是为皇帝所用的子民，从理论上讲，也就是无条件忠于皇帝的狗，其情形如同基督教伦理下，所有信徒都是教会以上帝之名放牧的羔羊。不过，皇帝名义下的狗也有高低贵贱之别，要想成为皇权体制内的狗并不是一件容易事，故敢于自称"皇犬"者，无不是有头有脸的重要人物。所谓"食君俸禄，为君分忧"，在本质上就是吃皇粮的狗为皇帝的"家天下"看家护院。元曲《陈州粜米》中包拯的唱词："只说那权豪每是俺敌头。他便是那打家的强贼，俺便是那看家的恶狗。他待要些钱和物，怎当的这狗儿紧追逐。"包拯自称皇帝"看家的恶狗"，透出的那份充满底气的自豪感，绝非剧作者的向壁虚构，而具有坚实的历史情感基础。成为"皇犬"绝非易事，乃是天下绝大多数人所向往的理想，故自称"皇犬"非但算不得自污，而且是一份可以夸耀的荣誉。

针对这种现象，梁启超感慨喟叹："试观二十四史所载，名臣名将、功业懿铄、声名彪炳者，舍翊助朝廷一姓之外，有所事事乎？其为我国民增一分之利益、完一分之义务乎？而全国人民顾啧啧焉称之曰：此我国之英雄也。夫以一姓之家奴走狗，而冒一国英雄之名，国家之辱，莫此甚也！乃至舍家奴走狗之外，而数千年几无可称道之人，国民之耻，更何如也！而我国四万万同胞，顾未尝以为辱焉，以为耻焉，则以误认朝廷为国家之理想，深入膏肓而不自知也。"（《中国积弱溯源论》）不过，话说回来，在"普天之下，莫非王土；率土之滨，莫非王臣"的皇权时代，即使不想做"皇犬"，又如何可能呢？

如果说"猎狗"蒙受主人恩宠是靠了替主人追获猎物的功劳，那么哈巴狗受人宠爱却仅仅是天生的体态娇小、面目玲珑，动作伶俐、乖巧可爱，善于领会主人的意愿，模仿人的动作，讨主人欢心。哈巴狗不是中原的物产，其最初的出产地是地中海的马耳他。唐时由拜占庭帝国（东罗马帝国）经中亚传来以后，哈巴狗成为那些养尊处优的后宫嫔妃、贵妇小姐的宠物，也成为中国传统贵族文化的一个内容。宋代的宋白《宫词》诗句："春宵宫女着春绡，铃索无风自动摇。昼下珠口帘猧睡，红蕉窠下对芭蕉。"李至《桃花犬歌呈修史钱侍郎》诗云："宫中有犬桃花名，绛缯围颈悬金铃。先皇为爱驯且异，指顾之间知上意。珠帘未卷扇未开，桃花摇尾常先至。夜静不离香砌眠，朝饥只傍御床馋。"两首诗无不描写娇小而善解人意的哈巴狗的可人之态。

哈巴狗靠妖媚乖巧赢得主人的喜爱，与皇帝的嫔妃、达官贵人的情妇靠姿色风骚赢得宠幸，有着惊人的相似性。于是，哈巴狗与那些以色相矫情邀宠的怨妇，成为诗文讽喻的对象，如唐代女诗人薛涛《十离诗》之《犬离主》："驯扰朱门四五年，毛香足净主人怜；无端咬着亲情客，不得红丝毯上眠。"从这个意义上，后人更作发挥，引申出哈巴狗对人献媚邀宠、点头哈腰、缺乏脊梁的意涵。如鲁迅《论费厄泼赖应该缓行》文中写道："叭儿狗一名哈吧狗，南方却称为西洋狗了……狗和猫不是仇敌么？它却虽然是狗，又很像猫，折中，公允，调和，平正之状可掬，悠悠然摆出别个无不偏激，惟独自己得了'中庸之道'似的脸来。因此也就为阔人，太监，太太，小姐们所钟爱，种子绵绵不绝。它的事业，只是以伶俐的皮毛获得贵人豢养，或者中外的娘儿们上街的时候，脖子上拴了细链于跟在脚后跟。"[1]

狗之形象最突出、也最为人诟病的负面形象是狗仗人势、为非作歹。太监是皇帝身边的奴才，在人们眼中，那是一群低贱的

---

[1] 鲁迅:《鲁迅全集》，第1卷，人民文学出版社，2005年，第287—288页。

烂狗，但这样一群烂狗，一旦走出皇宫大院，却可以趾高气扬、神气十足，对普通百姓颐指气使、吆三喝四。

鲁迅曾经说过，中国人无论如何奋斗，其结果无非两个，一个是想做奴隶而不得，一个是暂时做稳了奴隶。同样，也可以说，在皇权制度下，中国人的理想无非有二：一是做"皇犬"而不得，一是暂时地做稳了"皇犬"。"皇犬"即"内犬"——体制内之犬。"皇犬"本身的威风，令多少英雄豪杰朝思暮想、愁肠百结；为皇帝"家天下"看家护院得到的丰厚油水，不知羡煞多少天下人。

做"皇犬"的种种好处，使人担心失去主人。主人的存在对于狗的意义是莫大的。失去主人意味着丧家，无所凭依，心无着落。一个体制内的人一旦失去体制的保护，失去主人的眷顾，自然产生丧家狗意识。对于"三日无君则惶惶如也"的孔子而言，丧家狗的情感是其一生难忘的经历。据说，孔子到郑国，与弟子们走失散了，孔子一个人站在外城的东门。有郑国人看见了，对子贡说：东门有个人，他的额头像唐尧，脖子像皋陶，肩膀像郑子产，可是从腰部以下比禹短三寸，一副狼狈不堪、没精打采的样子，真像一条丧家狗。子贡将原话告诉了孔子。孔子非但没有生气，反而高兴地说：他形容我的相貌，不一定对，但说我像条丧家狗，真是对极了！对极了！（《史记·孔子世家》："孔子适郑，与弟子相失，孔子独立郭东门。郑人或谓子贡曰：'东门有人，其颡似尧，其项类皋陶，其肩类子产，然自要以下不及禹三寸。累累若丧家之狗。'子贡以实告孔子。孔子欣然笑曰：'形状，末也。而谓似丧家之狗，然哉！然哉！'"）对于郑人奉送的"丧家狗"称谓，孔子不以为忤，反以为然，原因无他，乃是因为除了"丧家狗"这个称谓，没有其他字眼更能恰如其分地表达孔子此刻内心的漂泊无依感。

这种"丧家狗意识"，与战乱中丧失家园的流浪者在情感上是相通的。唐代大诗人杜甫在经历安史之乱后，不能北返长安，唯有南适吴、楚，离开蜀都时，茫然不知所往，留下了《将适吴楚留别章使君》诗，其中有云："昔如纵壑鱼，今如丧家狗。既无游方恋，行止复何有。"宁做和平犬，勿做离乱人，"丧家狗"之喻，体现的是人与狗之间的情感相同。

"丧家狗"所面临的种种不幸，决定了人们对"看家狗"角色的热衷。号称汉代"儒宗"的叔孙通"所事者且十主，皆面谀以得亲贵"，先是谄媚"暴秦"，转投刘邦后，为平定天下的刘邦制定帝王礼仪，活得有滋有味、有声有色，其原因无他，只是因为此公虽朝秦暮楚，不断改换门庭，侍换主子，但依凭他的"看家"本领，从未沦落为丧家之狗，失去"看家狗"地位。只要不"丧家"，在主人的庇荫与保护下，就能从主子的饭碗中分得一杯羹——哪怕是残羹剩汁，也不会饿肚子，足以让那些吃上顿无下顿的丧家狗羡慕不已。苏东坡"吠狗诗"有云："乌喙本海獒，幸我为之主。食余已瓠肥，终不忧鼎俎"，说的就是狗在主人庇护之下的幸福生活。

但是，凡事利弊互依。处在"看家狗"位置上的臣属，必须恪守"狗道"，对主子绝对忠诚。否则，便无可避免地遭到主子的无情处置。实际上，处在臣属位置上的人，即使恪守"狗道"，竭尽忠诚，也很难与天下已然到手的君主和平共处。这其中的道理并不复杂：权力对任何人都有天然的诱惑力，"普天之下，莫非王土；率土之滨，莫非王臣"的至上权力，决定了性欲、权欲、物欲的快意释放难以抗拒，其莫大的诱惑力使任何人——包括"功狗"在内——不可避免地对大位产生觊觎之心，处在"人狗"位置上的臣属也不可避免。这个人性法则，对于那些原为臣属、以暴力夺取天下、精于洞察人心的开国君主而言，可谓洞若观火、了然于心。赵匡胤夺取大位后，与拥戴他成事的石守信等部下饮酒，酒酣之际有一段对话，史载："（赵匡胤说）'我非尔曹不及此，然吾为天子，殊不若为节度使之乐，吾终夕未尝安枕而卧。'守信等顿首曰：'今天命已定，谁复敢有异心，陛下何为出言耶？'帝曰：'人孰不欲富贵，一旦有以黄袍加汝之身，虽欲不为，其可得乎。'……帝曰：'人生驹过隙尔，不如多积金、市田宅以遗子孙，歌儿舞女以终天年，君臣之间无所猜嫌，不亦善乎。'守信谢曰：'陛下念及此，所谓生死而骨肉也。'明日，皆称病，乞解兵权，帝从之。皆以散官就第，赏赍甚厚。"（《宋史·石守信传》）"功狗"很好地理解了主子的心意，顺坡下驴，免遭杀身之祸。"杯酒释兵权"是中国历史上绝无仅有的君臣和平分手的典例，大概是因为外患（如契丹）未除，这些武将还有潜在的利用价值。

　　然而，更多的情况下，"功狗"们就没有那么幸运了，往往是以血腥悲剧而告终。一旦位置转换，从"人狗"变成"人主"的君主，对"功狗"的防范每每成为必然；"功狗"越是能力高超，则主子越不放心，于是，夺取天下后的君主残忍地"屠狗"——屠戮功臣——几乎成为通例。纵观历史，此类实例可谓司空见惯、俯拾皆是。越王勾践在卧薪尝胆、复仇成功之后，最先想到的是算计最初为其谋划复仇大计的两个功臣。杀文种之时，勾践说："你教我灭吴七种方法，我用了其中三种就灭了吴国，你那里还有四种，把它带到先王那里去吧。"结果，文种遭到毒手。倒是范蠡洞察人性，技高一筹，深谙"飞鸟尽，良弓藏，狡兔死，走狗烹"法则，洞悉君主"可与共患难，不可与共乐"的道理，及早脱身，才免于文种同样的下场。相对于范蠡超凡脱俗的智慧，被刘邦誉为"三杰"之一的韩信未能免俗，只是在被刘邦以"人告公反"的口实下捕捉后，才恍然大悟："果若人言，'狡兔死，走狗烹；飞鸟尽，良弓藏；敌国破，谋臣亡。'天下已定，我固当烹！"越是底层出身的皇帝，屠戮功臣越是果敢残暴，朱元璋之流可为典型。作为中国几千年的政治规则之一，"兔死狗烹"是中国传统"狗意识"中最重要的内容。

中国人以"走狗"概念表达归属或党同情感，实在是一个非常微妙的问题。当人们以"走狗"自喻时，它透出自豪的认同感。郑板桥自负才华，诗、书、画堪称三绝，声名远扬，位列"扬州八怪"之一，但他对明代才子徐渭拜服无极。徐渭号清藤道士，绍兴人，以"青藤书屋"名其居处，诗、文、书、画、戏曲等方面成就卓越，鄙视权贵，名动京师，有"狂生"之名。郑板桥刻图章一枚，上书"青藤门下走狗"，以为书画作品签章。在郑板桥那里，"走狗"一词所表达的是无保留的景仰之意。近人齐白石崇拜徐渭、朱耷和吴昌硕，自作诗云："青藤雪个远凡胎，缶老衰年别有才；我愿九原为走狗，三家门下转轮来。"都是甘愿作走狗的显例。东海西海，其理攸同。与此类似的例证，是为进化论的创立做出巨大贡献的赫胥黎。他也是带着极大的热情，在这个意义上使用"走狗"一词的。1859年，赫胥黎收到达尔文刚出版的《物种起源》，很快认识到进化论的重要意义，预感到将遭遇保守势力攻击的风险，于是复信达尔文："我正在磨牙利爪，以备保卫这一崇高的著作。"甚至说，必要时"准备接受火刑"。他在许多场合公开并郑重地宣布"我是达尔文的斗犬"，以表达他对达尔文的服膺及捍卫进化论的决心。

1937年，日军入侵，山河破碎，亿万华夏儿女奋起抗争，马相伯以近百岁高龄不甘人后，为救亡奔走呼号，发表《为日祸告国人书》，主张"立息内争，共御外侮"。1939年，马相伯百岁诞辰，社会各界隆重祝贺，他百感交集，回想自己为国家奋斗却看不到民族强盛，不由悲从中来，喟叹："我是一条狗啊！一条叫了一百年都没有把国人叫醒的狗啊！"这以"狗"自喻的凄凉之叹透出的，是一位具有强烈民族气节的忠诚之士的无奈与心酸！

　　然而，一旦"走狗"称谓不是自己戴在头上，而是他人相赠，这个称谓的含义则大多变得不那么美妙，甚至有些糟糕。在近代历史上，最著名的"走狗"之喻莫过于鲁迅。出自他笔下的"走狗"令人厌恶："凡走狗，虽或为一个资本家所豢养，其实是属于所有的资本家的，所以它遇见所有的阔人都驯良，遇见所有的穷人都狂吠。不知道谁是它的主子，正是它遇见所有阔人都驯良的原因，也就是属于所有的资本家的证据。即使无人豢养，饿的精瘦，变成野狗了，但还是遇见所有的阔人都驯良，遇见所有的穷人都狂吠的，不过这时它就愈不明白谁是主子了。"[1]"走狗""落水狗""乏走狗"是鲁迅贡献给现代中国文化的特色名词。

　　狗是一个充满矛盾的形象，在中国传统思想中的负面形象可谓源远流长。在很多情况下，这种负面形象是高度伦理化的。齐国著名政治家晏婴出使楚国，楚人以晏子身材短小，欲以此加以羞辱，在大门旁开了一个小门延晏婴进入。晏婴拒绝，说："使狗国者，从狗门入。今臣使楚，不当从此门入。"楚国迎宾者不得不改变路线，从正门迎晏婴进入，谒见楚王。才华横溢的晏婴以"使狗国者，从狗门入"的巧妙逻辑，迫使楚国不敢自戴"狗国"的帽子，从而收起傲慢之态，报以正常的迎宾之礼。《荀子·荣

1　《丧家的资本家的乏走狗》，《鲁迅全集》第4卷，人民文学出版社，2005年，第251—252页。

辱篇》："人也，忧忘其身，内忘其亲，上忘其君，则是人也，而曾狗彘之不若也。"明代李贽《续焚书·三教归儒说》斥伪道学："阳为道家，阴为富贵，被服儒雅，行若狗鼠然"。但也不乏形象化的解释，如清代傅山《霜红龛集·杂记》解"窝囊"："俗骂龌龊不出气人曰窝囊。……人无光明远大之志，则言语行事，无所不窝囊也，而好衣好饭不过图饱暖之人，与猪狗无异。"1898年戊戌变法发动。9月18日深夜，变法运动的主角谭嗣同前往袁世凯的寓所，劝袁世凯举兵杀荣禄，包围颐和园。袁世凯慨然允诺："诛荣禄如杀一狗耳！"一代枭雄对荣禄以猪狗相喻，其轻鄙、不屑之情可以想见。

　　狗的负面形象所造成的一个结果是，与狗相关的成语多带贬义，如鼠窃狗盗、鸡鸣狗盗，狗急跳墙、狗尾续貂、狗仗人势、狐朋狗党、狼心狗肺、狗头军师、狗血淋头、狗眼看人、狗咬吕洞宾、死狗扶不上墙、狗嘴里吐不出象牙，等等，都是自古迄今非常活跃的词汇。由于这个原因，人一旦被与狗同喻，便视为不可容忍的侮辱。当年上海租界公园"华人与狗，不得入内"的牌子一直被作为近代中国人蒙受奇耻大辱的象征。尽管有学者研究，这块牌子其实并不存在；以1885年的《外滩公园游览须知》论，仅有第一条"狗及脚踏车切勿入内"，第五条"除西人佣仆外华人不准入内"，第六条"儿童无西人同伴不准入内"。"华人与狗，不得入内"可能是后来人的推演。但近代中国积贫积弱，为西方列强所轻侮，更被后起的日寇蔑视为"劣等民族"，却是不争的事实。外族在中国大地上的横行无忌，腐败政府在洋人面前的奴颜婢膝，整个国家民族在列强面前的自惭形秽，任何个体之人所受外族列强的情感伤害，都会上升到民族层面，变得难以忍受。也正是这种心态，可能出自拿破仑的那句"中国是睡狮"

的话，才在一个自尊心备受伤害的民族中受到异乎寻常的欢迎，给民族沉沦中试图力挽狂澜的仁人志士前赴后继的信心与勇气，尽管这句话是否出自拿破仑还存在很大疑问。

释心理

古代游牧族群的头颅饮器[1]

一

在横贯欧亚大陆的大草原上，自古活跃着众多游牧民族。在这个大舞台上，不同时期的各个游牧族群，其兴也勃焉，其亡也忽焉，攻伐融合，不断变迁。各族群与部落之间虽有习俗上的差异，但也有草原民族共同的习性。在族群部落战争中，战胜者处理敌人的手段在一段时期和范围内表现出高度的一致性，比如以敌人头颅制造饮器就是其中之一。

古希腊历史家希罗多德（公元前480—前425）记载斯基泰人的风俗：他们把杀死的所有敌人的头颅带到国王那里，沿着两个耳朵在头颅上割一圈，揪住头皮把它扯下来，然后用牛肋骨把头皮上的肉剔掉，并用手把头皮揉软，当作手巾来保存，还会将其吊在自己坐骑的马缰上作为夸耀。拥有这种头皮手巾最多的人，被认为是最勇武的人物。尤其是，希罗多德特别提到斯基泰人以敌人的头颅当饮器的风俗：对他们所最痛恨的敌人，把他的头颅内部弄干净，制成饮器，有重要的客人来访时，便用这种人头酒

1　本文发表于《中华读书报》2023年2月15日第15版，有改动。

杯来款待客人。[1]

这种风俗在东方也存在。公元前453年，晋国大夫赵襄子联合韩、魏两家共同攻灭智伯，瓜分其地，杀死智伯，把他的头制成饮器。《战国策·赵策》载："及三晋分智氏，赵襄子最怨智伯，而将其头以为饮器。"《淮南子·道应训》："襄子疏队而击之，大败智伯，破其头，以为饮器。"赵国位于北方，与北方草原的游牧民族为邻，赵襄子所为可能是仿效游牧民族。后来赵武灵王推行"胡服骑射"，说明赵国颇受北方胡人习俗的影响。

两百多年后，这种风俗依然在匈奴人中盛行。据司马迁《史记·大宛传》的记载，大月氏"本行国也，随畜移徙，与匈奴同俗。控弦十余万，故强轻匈奴"。匈奴强大以后攻击大月氏："及冒顿立，攻破月氏。至匈奴老上单于，杀月氏王，以其头为饮器。"汉武帝反击匈奴，从匈奴俘虏口中了解的情况与此是一致的。"是时，天子（汉武帝）问匈奴降者，皆言：匈奴破月氏王，以其头为饮器。"《汉书·西域传》也记载："老上单于杀月氏，以其头为饮器。"在后来的游牧民族中，这种风俗仍然在流行。《魏书》记载，柔然可汗丑奴战胜高车可汗弥俄突，对后者仍是如此处理："（北魏）肃宗初，（高车可汗）弥俄突与蠕蠕主丑奴战败被擒，丑奴系其两脚于弩马之上，顿曳杀之，漆其头为饮器。"（《魏书·列传》卷一百三，《北史·列传》卷八十六同）

在欧亚大陆的西端，入侵欧洲的各游牧族群也保留着这种风俗。阿尔博因（?—573）是意大利伦巴第王国的建立者，曾在战争中杀死潘诺尼亚（今匈牙利）日皮德人的首领库尼蒙德，并强占其女罗莎蒙德为妻，自立为潘诺尼亚王。出于习惯，他命人将

1 〔古希腊〕希罗多德：《历史》，王嘉隽译，商务印书馆，1962年，第456页。

库尼蒙德的头骨制成大杯用来饮酒，以纪念他的胜利。阿尔博因在意大利占领许多地方，在维罗纳大摆宴席，酒酣兴发之际，命人用头骨杯盛酒，献给坐在对面的妻子，并大声喊道：请与乃父一起痛饮！这句话激起了罗莎蒙德的仇恨，阿尔博因最终被自己的妻子与人合谋杀死。[1]

保加尔人本属于中亚游牧民族，西迁后成为拜占庭帝国北方多瑙河防线上的"蛮族"之一。对于拜占庭帝国而言，这个边境族群始终是一个严重的威胁。皇帝尼基弗鲁斯希望一劳永逸地解决保加尔人，多次拒绝保加尔可汗克鲁姆的和谈请求。公元811年，拜占庭帝国发动对保加尔人的讨伐，结果战败。保加尔可汗克鲁姆将战死的皇帝头骨制成一个碗，强迫所有的保加尔人贵族用它饮酒。[2]与此相类似的是，972年，基辅大公斯维亚托斯拉夫一世围攻君士坦丁堡，不克。在撤退到第聂伯河畔时，遭到了佩切涅格可汗库里亚的突袭，斯维亚托斯拉夫被杀。《往年纪事》记载，他的头颅被做成了镶金嵌银的酒杯，还刻上了"总想夺取别人的土地，而自己的国土任受蹂躏"之类的铭文。[3]

二

欧亚大陆的游牧或半游牧民族虽都有以敌人头颅制造饮器的习俗，但制造手法与意涵似有不同。

根据希罗多德的记载，斯基泰人制造人头饮器的方法是：把敌人头颅眉毛以下部分的皮肉割去，把内部弄干净。穷人制造头

1 〔意〕尼科洛·马基雅维里：《佛罗伦萨史》，李活译，商务印书馆，1982年，第12页。
2 〔美〕瓦西列夫：《拜占庭帝国史》，徐家玲译，商务印书馆，2019年，第437页。
3 〔俄〕拉夫连季编：《往年纪事》，朱寰译，商务印书馆，2011年，第62页。

颅饮器，是在头颅外面包上生牛皮；富人则更讲究一些，在外面包上牛皮之后，里面还要镀金。有贵客来访时，便用这种人头酒杯来款待客人。游牧部族多属食肉族，制造容器多以皮革，故以牛皮包制饮器，然后以贫富程度决定是否在内部镀金。

蒙古族说唱史诗《格萨尔王传》记载，草原英雄格萨尔砍下七个奴工的头颅，放进大锅中煮熟，然后锯开，包镶金银，盛七种美酒，祭过"圣祖"之后，把酒杯献给了契丹皇帝。可以想见，头颅煮过之后，皮肉分离干净，骨头更坚硬光滑。这种古老"工艺"在游牧民族中代代相传，蒙古时代已经比斯基泰时代更为娴熟。

而中原地区制造人头饮器有所不同。《史记·刺客传·豫让传》："赵襄子最怨智伯，漆其头以为饮器。"用漆是华夏发明之一。中原使用漆器很早，大约在7000年以前已经制造漆器。1978年发现的浙江余姚河姆渡遗址中就有木碗和朱漆筒。1973年河南成蒿成台西村商代遗址中出土的漆器残片，木胎之上有雕饰的饕餮纹，漆成朱、黑两色。战国时期的出土文物中也有不少漆器，湖北随州曾侯乙墓就曾出土过漆几。除了木、竹之器用漆，春秋至战国时期的皮甲表面也有髹漆。漆器所用之漆取自漆树，漆树的汁液制成的天然漆，涂在器物上可以大大增加物品的强度和寿命。漆在中国古代应用广泛，漆树很早就是重要的经济树种，漆与丝一样成为中原区别于外族的一个标志。《史记·大宛列传》记载中亚以西各族："自宛以西至安息国，……其地无丝漆。"柔然可汗丑奴杀死高车可汗弥俄突，"漆其头为饮器"，保留了游牧民族以敌人头颅制造饮器的风俗，也接受了中原制造漆器的工艺。

欧亚草原游牧民族活动在高纬度地区，气温低。由于生存环境恶劣，骑射尚武成为一种习惯，在食物得不到保障时，发动战争掠夺食物是最主要的选择，久之成为一种风俗。同时，由于游牧部族逐水草而居，以肉类为主食，"食肉寝皮"在他们是日常行为。在他们那里，以敌人头颅制造饮器，与使用动物骨架制造器具并无区别，使用起来也不会有心理上的不适。

而对于定居的农业民族来说，以敌人的头颅制造饮器，主要是出于泄愤的心理和情绪，表达一种胜利者的姿态。以农业为主的民族，杀戮动物属于不得已之事，故孔子主张"君子远庖厨"，尽量避免目睹残忍的杀戮行为。族群攻伐杀戮被视为血腥行为。秦代奖励军功政策，以杀人多寡计战功，在后代都被视为"暴秦"的野蛮象征。对固守入土为安理念的农业民族而言，使用人头做成的器皿，即使是敌人的头颅，也会引起严重的心理不适。

这种不适反映在历代学者对"饮器"二字的注解上。汉高诱注《淮南子·道应训》"大败知伯，破其首以为饮器"句："饮，溺器、椑榼也。"椑榼是古代的一种盛酒器。在高诱看来，饮器是溺器，或是盛酒之器，但不是酒具，这种解释排除了饮酒者之口与颅骨的直接接触，减低了以人头器皿喝酒带来的心理影响，在客观上降低了器皿本身所表现的野蛮与血腥。《史记·刺客传》的司马贞索隐中也沿用了这种说法："案：大宛列传曰'匈奴破月氏王，以其头为饮器'。裴氏注彼引韦昭云'饮器，椑榼也'。晋灼曰'饮器，虎子也'。皆非。椑榼所以盛酒耳，非用饮者。晋氏以为亵器者，以韩子、吕氏春秋并云襄子漆智伯头为溲杆，故云。正义刘云：'酒器也，每宾会设之，示恨深也。'案：诸先儒说恐非。"颜师古注《汉书·张骞传》之"以其头为饮器"一句："韦昭曰：'饮器，椑榼也。'晋灼曰：'饮器，虎子属也，或曰饮酒之器也。'……韦云椑榼，晋云兽子，皆非也。椑榼，即今之偏榼，所以盛酒耳，非用饮者也。"清代训诂学家庄逵吉仍主张：

"疑此酒字讹'溺'。"孙诒让《周礼正义》:"虎子,盛溺器,汉时俗语。"虎子,又称溲瓶、楲、兽子,背有提梁,一侧有小口向上,夜用盛尿,因其形似虎而得名。春秋晚期制造的铜虎子已有出土,汉代文物中已有陶瓷虎子出现,六朝以青瓷为主。但北方游牧民族不使用这种溺器,也就不可能以人头制造这种器物。以中原农耕文化风俗,人们显然难以接受以头颅作饮器的风俗,故试图解释为溺器,但难以凿通,最终解为盛酒器。不过,即使解释为盛酒之具,在中原人看来仍属于蛮夷族人的野蛮行为。

但是,无论是在游牧部族还是定居部族,用敌人的头颅制造饮器,都是表达一种仇恨情绪。它是古代社会动物丛林法则赤裸裸的展示,但比动物世界更具恶意:动物之间的弱肉强食是自然本能,猎食动物很少故意炫耀杀戮。以人头制造饮器的行为,其核心一是对敌人的深仇大恨,二是对武力的炫耀,三是昔日武功的张扬。在重要场合向尊贵的个人展示人头饮器,表达的是杀戮的快感与胜利者的自豪感。

据希罗多德记载,斯基泰人的风俗是以敌人的头骨作杯子用,"饮他在战场上杀死的第一个人的血,他把在战争中杀死的所有的人首级带到他的国王那里去……。至于首级本身,他们并不是完全这样处理,而只是对他们所最痛恨的敌人才是这样的"。斯基泰人不但如此处理敌对族人的头骨,也如此处理自己族人的头骨,"但对方必须是与他结过世仇,而且他必须是当着国王的面被他杀死的。如果那些受到他们敬重的客人来访,他们就用这些饮具来招待客人,主人还要给客人们讲述他的这些死去的族人是怎样向他挑战的,又是怎样被他打败的;在他们看来,所有这些都是他们勇武的证明。"希罗多德还提到:"每一地区的首脑,每年都要在自己的辖区之内的某个地方举行一次这样的活动:在一个混酒钵内把酒调好，所有曾杀死过敌人的那些斯基泰人，都有权饮用这里面的酒，但是没有杀过敌人的那些斯基泰人，却不许品尝这种酒，他们很不光彩地坐在一边。对他们来说，这是一种最大的耻辱了。他们当中那些杀死许多敌人的斯基泰人，每人有两杯而不是一杯，并且用两只杯同时畅饮。"（IV, 65）可见，头颅酒器成了强者炫耀武功的标志。

这种习惯同样见诸匈奴人中间。汉元帝时，南匈奴称臣于汉，汉庭派车骑都尉韩昌、光禄大夫张猛送呼韩邪单于侍子到南匈奴，与匈奴会盟，呼韩邪单于就用月氏王的头颅为饮器，与汉饮血结盟。《汉书·匈奴传》记载："昌、猛与单于及大臣俱登匈奴诺水东山，刑白马，单于以径路刀金留犁挠酒，以老上单于所破月氏王头为饮器者，共饮血盟。"在汉朝与南匈奴会盟这种重要场合，呼韩邪单于以老上单于所用的月氏王头颅饮器与汉使饮盟，是游牧民族款待重要客人的风俗，其目的是炫耀自己的武功。

三

以人头制造饮器这种风俗，在精神层面对遭人杀戮的民众而言，代表着失败的痛苦及遭受奴役的屈辱；对一个族群而言，其民众被敌人战败、杀戮，是一种耻辱，而作为族群代表的首领被杀，其象征性远较普通民众更甚，其头颅被敌人做成饮器把玩，对整个部族而言更是一种奇耻大辱。

就中原人而言，有两件"头颅饮器"事件具有持久影响。其一是大月氏王。大月氏原居住于敦煌、祁连间，战国末期到秦，月氏强盛，一度控制匈奴，迫使匈奴头曼单于降服，送儿子冒顿到月氏为质；及老上单于（冒顿之子）时期，匈奴强盛，杀月氏王，以其头为饮器。月氏迫于压力，无可奈何，只能远走中亚，最终落脚到希腊人建立的大夏（今阿富汗北部）。在蒙古征服中原、覆灭南宋以前，在中原文人笔下，匈奴以大月氏王头颅为饮器是流传颇广的主题之一。由于这个事件发生在两个草原蛮族之间，中原文人作壁上观，视之为豪迈的壮举。如王维《燕支行》赞扬卫青、霍去病的战功："拔剑已断天骄臂，归鞍共饮月支头。汉兵大呼一当百，虏骑相看哭且愁。"南宋诗人周紫芝《刘将军宝刀歌》："将军宝刀玉三尺，夜半有光如日赤。……不愿君持此刀日解三千牛，愿刳月支作饮器。"其豪迈之情堪比"壮志饥餐胡虏肉，笑谈渴饮匈奴血"之名句，充溢着上马击胡、守土保国的壮志豪情。

游牧文化崇尚武力上的强者。蒙古与匈奴同属游牧民族，对匈奴文化有认同感。所以元朝时期，文人对匈奴以月氏王头为饮器之风俗采取赞赏态度，出现了众多以《月支王头饮器歌》为题的诗作。如陈大欣诗："呼韩款塞称藩臣，已知绝漠无王庭。驰突犹夸汉使者，纵马夜出居延城。我有饮器非饮酒，开函视之万鬼走。世世无忘冒顿功，月支强王头在手。……酒酣剑吼浮云悲，使者辞欢归就馆。"祝蕃《即席和贯学士月氏王头饮器歌》也有："单于宝刀寒映雪，月氏髑髅饮冤血。……头颅如许当速朽，生擒误入仇家手。忍将鸣镝射头曼，吁嗟降王亦何有。后来汉使诺水东，犹待留犁浇盟酒。"杨维桢同名诗云："黑风吹瓠瓠不流，冒顿夜断强王头。……老上单于夸好手，棘门胡卢可盛酒。"其中看不到对战败被杀者的任何悲悯之情，充满了强食者的自豪感。

在蒙古统治者主导的"颂强"之风下，这一时期发生的另一件人头饮器事件，几乎被完全漠视了。宋理宗赵昀是宋室南渡后的第五位皇帝，晚年生活荒淫，醉生梦死，朝政不振，国势急衰；他死后15年，南宋亡于元朝。杨琏真迦本为西藏的藏传佛教僧人，元世祖忽必烈的宠臣，他出任江南释教总摄（即佛教总管）后，"悉掘徽宗以下诸陵，攫取金宝，哀帝后遗骨，瘗于杭之故宫，筑浮屠其上，名曰镇南，以示厌胜，又截理宗颅骨为饮器。""厌胜"即以法术避邪得吉。杨琏真迦后来被元朝廷治罪，"其资皆籍于官，颅骨亦入宣政院，以赐所谓帝师者。"元朝的"帝师"即藏传佛教的大师八思巴。藏僧制造的头骨饮器嘎巴拉碗又称内供颅器、人头器，是佛教密宗灌顶仪式的法器，多由修行有成的高僧头骨制成。以头骨制作饮器的习俗先在西藏传播，随着藏僧的活动进入中原，其制造手法虽与前述相似，但意义有所不同。但在元人手里，理宗头颅却含有炫耀武功之意。

元末，朱元璋以"驱除鞑虏，恢复中华"相号召，建立明朝，中原汉民族意识再次被激活。朱元璋从大臣危素口中获悉宋理宗颅骨（酒器）事件，不由心绪难平。《明史·危素传》记载："素在翰林，宴见，备言始末。帝叹息良久，命北平守将购得颅骨于西僧汝纳所，谕有司厝于高坐寺西北。其明年，绍兴以永穆陵园来献，遂敕葬故陵。"宋理宗颅骨经过近百年的流浪，归葬于宋陵，时在洪武二年（1369）。张岱《夜航船》记载这个事件："元妖僧杨琏真迦发诸陵，唐珏潜收陵骨，瘗于兰亭山之冬青树下，陵骨得以无恙，独理宗头大如斗，不敢更换，元人取作溺器。我太祖（朱元璋）得之沙漠，复归本陵，有石碑记其事。"如前所述，将敌人头颅作为"溺器"显示的是仇恨，用作"饮器"所表达的，除了仇恨，更多的是侮辱。故中原汉人宁愿释其为"溺器"而不愿视之为"饮器"，以此降低心理上遭受侮辱的程度。

明初以降的诗歌中，多有吟诵头颅饮器的诗篇，其神韵气质与前代已大为不同。元末明初诗人高启《穆陵行》："髡胡暗识宝

气尽，六陵松柏悲风来。玉颜深注驼酥酒，误比戎王月支首。百
年帝魄泣穹庐，醉骨饮冤愁不朽。幸逢中国真龙飞，一函雨露江
南归。……千秋谁解锢南山，世运兴亡覆掌间。""髡胡"，是明
代民众对杨琏真迦的骂称，诗中将宋理宗与月氏王相比，慨叹二
者的遭遇，歌咏朱元璋推翻蒙元，使理宗头颅回归，其中带有沉
郁悲壮之气，隐含着国家兴亡之叹。

明末清初张岱有《月氏王头饮器歌》："单于帐中夜击缶，脑骨
腥红捧在手。……脑中酒热骨自鸣，无人知是强王首。自恨生前错
用人，封疆既失头颅走。夜台安得范亚父，伸出老拳撞玉斗。君不
见六陵冢上理宗头，五国城边盛溺溲。"张诗沿袭头器为溺器之
说；以古喻今，借古事吟咏明亡之痛，假头器抒发感慨；以月氏王
的口气哀叹治国者失策的教训，希望招揽亚父范增那样的人才，在
鸿门宴上击碎刘邦所送玉斗以激谏项羽，匡正帝王之失，同时也提
醒人们汲取教训，避免重蹈宋朝疏于治国，皇帝头颅被人当溺器
的悲剧。清代文人王居琼游至宋理宗陵，写下《穆陵行》诗："黑
龙断首作饮器，风雨空山魂夜啼。……可怜持比月氏王，宁饲鸟
鸢及狐兔。百年枯骨却南返，雨花台下开幽宫。"其中"黑龙断首
作饮器"和"百年枯骨却南返"写头骨被窃与回归之事，将宋理
宗与月氏王相提并论，对月氏王头颅已有更深的解悟。

清兵入关后烧杀抢掠，激起汉人的义愤。书生夏完淳写下
《鱼服》诗，其中有"投笔新从定远侯，登坛誓饮月氏头"诗句，
发誓像汉代的定远侯班超一样投笔从戎，把清人敌首的头颅取来
装酒。诗中的"月氏"指清人。太平天国将领石达开在被迫退往
西南，进入四川时写过一首《入川题壁》诗歌："策马渡悬崖，弯
弓射胡月。人头作酒杯，饮尽仇雠血！"在用典上，也是以"人头
酒器"表达对清军不共戴天的仇恨。

⌇ 游动不居的女儿国¹

女儿国传说是华夏历史上流传最广的传说之一。《山海经·海外西经》云："女子国，在巫咸北，两女子居，水周之。""轩辕之国在此穷山之际，其不寿者八百岁。在女子国北。"晋代郭璞注《山海经》"水周之"条："有黄池，妇人入浴出，即怀妊矣。若生男子，三岁辄死。周犹绕也。"郭注表明，晋代以前浴水而孕之说早已流行。

在传说的早期版本中，女儿国是居于"域外"的国度，位于华夏之西。《淮南子·地形训》取《山海经》之说称，海外三十六国，西北至西南方诸国中，有"女子民，丈夫民"，东汉高诱注："女子民，其貌无有须，皆如女子也。丈夫民，其状皆如丈夫，衣黄衣冠，带剑。皆西方之国。"《山海经》记载多取东夷传说，即以泰山为中心的华夏东部族群中流行的传说。女儿国传说是东夷族人对西方"域外"的一些女性群体的认识。

在最初的女儿国传说中，核心元素有三：一是女儿国"居于水中"，与"男人国"并立；二是入池而孕，无性繁殖；三是生男婴会早早夭折，无法长大。在这三个特点中，无性繁殖之说尤

<hr>

1 本文发表于《中华读书报》2022年8月24日第9版，有改动。

为重要，是一以贯之的元素。

秦崛起于河西，初并力西向，与西戎争霸，及并吞六国，始勠力东向，东夷神仙传说，始皇渐为所迷。随着秦始皇的海上寻仙行动，东海虚无缥缈之传说逐渐风靡。但秦作为"西方"之国，对于东夷流行的有关西方女儿国传说并不熟悉，故该传说没有进入其"神仙"系列。

两汉及三国时期，朝鲜半岛北部处于中原政权控辖之下，成为"域内"之地，半岛以远的地区成为华夏族人关注的"域外"，逐渐与"女儿国"结缘。《三国志·魏志·东夷传》记载，"纯女无男"的女儿国位于沃沮国东界的海岛上：

> 毌丘俭讨句丽，句丽王宫奔沃沮，遂进师击之。……王颀别遣追讨宫，尽其东界。问其耆老：海东复有人不？耆老言国人尝乘船捕鱼，遭风见吹数十日，东得一岛，上有人，言语不相晓，其俗常以七月取童女沉海。又言有一国亦在海中，纯女无男。

毌丘俭是曹魏后期的重要将领，河东闻喜（今山西闻喜县）人。正始五年（244）至正始六年两次率兵征讨高句丽。《三国志·魏志》将"女儿国传说"与历史记载相混杂，一并镶入东海这一背景中，女儿国成为东方之国，完成了地理方位上的转移。对于东海女儿国如何做到"纯女无男"，《三国志·魏志》没有交代。《后汉书·东夷列传》做了说明："又有北沃沮，一名置沟娄……（其耆者）又说海中有女国，无男人。或传其国有神井，窥之辄生子云。……其域皆在沃沮东大海中。"所谓"窥井生子"虽与"浴水而孕"稍有不同，但均与"水"有联系，属于同一范畴。可以说这一时期"东大海"中"纯女无男"的女儿国，乃是《山海经》女儿国的翻版，只是背景舞台随地域上的变化发生了转移。

南北朝时期，女人国传说的内涵变得芜杂起来，一些似是而非的内容被纳入其中，表现出不同于前代的特点。《梁书·东夷传》记载：

> 慧深又云："扶桑东千余里，有女国，容貌端正，色甚洁白，身体有毛，发长委地。至二三月，竞入水则妊娠，六七月产子。女人胸前无乳，项后生毛，根白，毛中有汁，以乳子，一百日能行，三四年则成人矣。见人惊避，偏畏丈夫。食咸草如禽兽。咸草叶似邪蒿，而气香味咸。"

慧深是南朝梁人，《梁书》所载乃其499年前后的叙述。慧深所记"女国"并非传统上流传之"女人国"，因其国中亦有丈夫存焉；其"食咸草如禽兽"的所谓女人，也并非真实的女人，而是海狮，所食之"咸草"即海带。慧深所述扶桑究为何地，久有聚讼，但迄今未有定论，故其东千里的女人国究指何地，亦难以确知。但无可怀疑的是，慧深所记与传统女人国传说多不相符，唯一相符合者仅在所谓二三月间"入水则妊娠"一节，实际上是将殊方异域之奇说与中原流行已久的女人国传说联系起来，只是对女人国传说的牵强附会。此时的背景舞台仍在东海这个方向上。

东晋南迁以后，南朝各代仍以正统自居，但疆域局促，与外部交通不甚畅通，所获消息多属道听途说，本属于华夏边缘"故事"的女人国传说，与四面八方获得的消息附会结合，衍化出各种新的说法，其背景舞台不是确定于一个方向，而是呈现多样化分布。《梁四公记》记南梁杰公与诸儒论方域之事，所论女人国遍布华夏边缘地域，其方位更加复杂：

以今所知，女国有六，何者，北海之东，方夷之北，有
女国，天女下降为其君，国中有男女，如他恒俗。西南夷板
楯（四川东部）之西，有女国，其女悍而男恭，女为人君，
以贵男为夫，置男为妾媵，多者百人，少者匹夫。昆明东南，
绝徼之外，有女国，以猿为夫，生男类父，而入山谷，昼伏
夜游，生女则巢居穴处。南海东南有女国，举国惟以鬼为夫，
夫致饮食，禽兽以养之。勃律山之西，有女国，方百里，山
出台虺之水，女子浴之而有孕，其女举国无夫，并蛇六矣。
昔狗国之南有女国，当汉章帝时，其国王死，妻代知国，近
百年，时称女国，后子孙还为君。若犬夫猿夫鬼夫水之国，
博知者已知之矣，故略而不论。[1]

《梁四公记》为小说体裁，据信为唐代张说所作，所记"女人
国"大略有三类：一是以女子为君长，或女尊男卑的氏族、部落
或国家（如北海之东、方夷之北、板楯之西的女国）；二是以猿
猴、鬼、蛇为夫的群体（如昆明东南之绝徼、南海东南）；三是
纯女无夫的聚落（如勃律山之西浴水而孕）。说法虽变得五花八
门，光怪陆离，但有一点是恒定不变的：与女人国相关的族群都
是华夏族人眼中的"蛮夷"。

隋唐两代，典籍所记载的"女儿国"基本上是现实存在的国
家。《隋书·文帝纪》载，开皇四年（584），"是岁靺鞨及女国并
遣使朝贡"。隋唐时代，靺鞨居于我国东北之黑水白山间，此处
"女国"与靺鞨并列，其地显在东方。《旧唐书·太宗纪下》载，
贞观八年（634），"是岁，龟兹、吐蕃、高昌、女国、石国遣使

1　孙家洲主编：《中华野史》第1卷（先秦至隋唐卷），泰山出版社，2000年，第846页。

朝贡"。此"女国"与西域诸国相提并论，明显位于西方。由于隋唐时期中原王朝之疆域经营的重心在西域，西域女儿国的地位更为突出。

此一时期西域的女儿国有二，其一位于葱岭之南。隋炀帝经略西域，裴矩主其事，诱令至张掖经商的西域胡客，介绍其国俗山川险易，撰《西域图记》，其中记载通西域三道："发自敦煌，至于西海，凡为三道，各有襟带。……其三道诸国，亦各自有路，南北交通。其东女国、南婆罗门国等，并随其所往，诸处得达。"《隋书·西域传》称女国"在葱岭之南"，《于阗传》称于阗"南去女国三千里"。玄奘《大唐西域记》云："此国（婆罗吸摩补罗国）境北大雪山中……即东女国也。世以女为王，因以女称国。夫亦为王，不知政事。丈夫唯征伐、田种而已。土宜黍麦，多畜羊马。气候寒烈，人性躁暴。东接吐蕃国，北接于阗国，西接三波诃国。"以其地理位置论，女国位于喜马拉雅山以北，于阗以南，拉达克以东。另一女国位于川西。《旧唐书·南蛮西南蛮传》："东女国，西羌之别种，以西海中复有女国，故称东女焉。俗以女为王。东与茂州、党项接，东南与雅州接，界隔罗女蛮及白狼夷。其境东西九日行，南北二十日行。"此二"女国"位于中原之西，却被称为"东女国"，是因为唐人从中亚民族获知西方世界有"西女国"，故以方位区别，称之为"东女国"。

隋唐史册记载的"女国"，并非传统意义上的"女儿国"。这些国家只是母权制社会，盛行女子当政掌权，女子地位高于男子，不同于传统所说的浴水而孕、"纯男无女"的女儿国。《隋书·西域传》："其国代以女为王。……女王之夫，号曰金聚，不知政事。国内丈夫唯以征伐为务。……其俗贵妇人，轻丈夫，而性不妒忌。"《大唐西域记》："世以女为王，因以女称国。夫亦为王，不知政事。丈夫唯征伐田种而已。"将它们称作"女国"显然是僭用传说中的"女儿国"之名。

南宋以后，中国经济重心南移，中原华夏族人与南海的联系增多，目光转向南海。女儿国传说的背景舞台转移至南海。12世纪中后期，周去非《岭外代答》记"海外诸蕃国"条："三佛齐之南，南大洋海也。海中有屿万余，人莫居之，愈南不可通矣。阇婆之东，东大洋海也，水势渐低，女儿国在焉。""东南海上诸杂国"条："东南海上有沙华公国。其人多出大海劫夺，得人缚而卖之阇婆。又东南有近佛国，多野岛，蛮贼居之……又东南有女儿国，水常东流，数年水一泛涨，或流出莲肉长尺余，桃核长二尺，人得之则以献于女王。昔尝有舶舟飘落其国，群女携以归，数日无不死。有一智者，夜盗船亡命得去，遂传其事。其国女人，遇南风盛发，裸而感风，咸生女也。"赵汝适任福建路提举市舶使时作《诸蕃志》，材料多采周去非《岭外代答》，记载颇多相似，可与《岭外代答》对观。

南宋以后的女儿国故事，与此前颇为不同。三佛齐，唐代称"室利佛逝"，乃Srivijaya之对音，在今之苏门答腊东南部；阇婆即爪哇岛。沙华公国在加里曼丹岛，或即Sawaku岛之古名，或即Sembakurq之对音。如此，则其东的女儿国应在苏拉威西岛。依《岭外代答》和《诸蕃志》所记，女儿国有三点值得注意：一是感风而孕，不同于此前中国传统女子"浴水而孕"之说；二是外来船舶飘落其国的男子，被"群女携以归，数日无不死"，即女儿国女子对男子施行性压榨，造成男子死亡；三是落难于其国的智者盗船亡去，遂使女儿国之风俗传播于外。这些细节均非传统说法，但已见于阿拉伯与印度传说。如"男人至其岛辄死"一节，最典型地见于印度流行的"僧伽罗传说"中：古印度僧诃劫波城的商人僧伽罗，带领五百名随从来到名为"宝岛"的斯里兰卡。登岸后，被住在一座铁城中的女妖（罗刹女）所诱惑。他的同伴迷恋女色，被罗刹女全部吃掉，僧伽罗只身逃回僧诃劫波城。自唐代以来，海上交通之主导势力为波斯人，宋代则为阿拉伯人。南宋以后，陆上交通梗塞，阿拉伯人往来东西方从事贸易，规模空前。阿拉伯人循海路东来，印度、南海岛屿为必经之地，遂拾掇阿拉伯、印度传说而传播于中国，为《岭外代答》《诸蕃志》等中国典籍所记载。

　　元代以后，女儿国传说成为杂剧、小说等文学形式表现的重要主题之一。由于此传说多以唐僧取经、郑和下西洋为背景，故其舞台被分别置于西域与南洋。

　　元末明初杨讷（约1333—？）杂剧《西游记》所叙主题，是唐僧西天取经路经女儿国的故事。其中第五本第十七折《女王逼配》以女王本人口吻介绍女儿国情形："俺一国无男子，每月满时，照井而生。俺先国王命使，汉光武皇帝时入中国，拜曹大家为师，授经书一车来国中。至今国中妇人，知书知史。立成一国，非同容易也呵！"这种说法，一是沿袭了《后汉书·东夷列传》所谓东海女儿国"其国有神井，窥之则生子云"的传统；二是介绍了女儿国与中原王朝的历史渊源，上溯至汉代的班昭（曹大家），承认所受中原文明之影响。这是中原中心主义的叙事原则的体现，也是中原华夏族人族群意识的一种本能反应。

　　明代吴承恩著《西游记》第四十八回对女儿国的描述，首先突出女儿国的封闭性：大雪封河面之后，三藏一行人到了河边，勒马观看，见路口上有人行走。三藏从当地人那里知道，河那边乃是西梁女国，行人都是做买卖的。这边百钱之物，到对岸可值万钱；对岸百钱之物，到这边可值万钱。利重本轻，所以人们不顾生死而去。常年有五七人一船，或十数人一船，漂洋而过。河道冰冻后，更有人舍命步行。吴承恩笔下，去往女儿国需要"漂洋而过"的说法，实际上是《山海经》以来女儿国"水周之"之说的曲笔。

其次是把"浴水而孕"改造成"饮水而孕"。《西游记》第五十三、五十四回描述，唐僧师徒四人来到西梁女国，唐僧与八戒饮了子母河之水而怀孕。但在西梁女国，男人仍被视为繁育后代的"种子"之源，故唐僧师徒走在街道上，女人们看到后一齐欢呼："人种来了！人种来了！"西梁女国"阴阳配合，生子生孙"这条暗线已经脱离了传统女儿国传说的构架。

明代罗懋登《三宝太监西洋记通俗演义》基本上沿袭《西域记》的套路。其中第四十六回写郑和下西洋途中，船队经过女儿国，元帅郑和乔装打扮后，前往王宫讨要降书与降表、通关牒文，被女王看中欲行匹配，无奈郑和乃太监之身，难遂其愿，女王恼羞成怒，监禁郑和。郑和麾下刘先锋领兵五十人前往搜寻，路过一座大桥时，向桥下一泓清水观望，觉得肚疼，以为是中了瘴气，便舀了桥下清澈的流水来喝，肚子随之大了起来。当地的一位女人告诉明军，该国的民众都是女身，每年八月十五，都到这个桥上，照着桥下的影儿，便能怀孕。桥底下的河叫作子母河，凡有娠孕而子不能离母时，就到这桥下来，吃一瓢水，不出旬日之间，子母两分。明朝官员从百里外山中的"顶阳洞"取得圣母泉水，才摆脱了尴尬。

《西游记》中的"饮水而孕"乃转自传统"浴水而孕"和"窥井生子"说法，《三宝太监西洋记通俗演义》所谓"照泉怀胎，喝水生子"也是中原传统"窥井生子"与"饮水而孕"传说的结合。在《西游记》中，"照泉"这一因素只是辅助性的因素，在

《三宝太监西洋记通俗演义》中则被提高到主导地位，而喝水则被改造成辅助（助产）因素。

从起源上讲，女儿国传说的出现，乃是华夏文明圈内族众与边缘区部族社会交流互动的产物。它所反映的是华夏族人对边缘区部族社会的认识，是周边部族社会的信息传播到华夏文明中心区后，在华夏族人心中形成的带有想象性的知识图景。这种知识图景逐渐演化为一种族群符号，被华夏族人用来标识新认识的边缘部族，即与自身族群不同的"他者"。

女儿国最大的特点是封闭性的女性群体的存在；与这种女性群体并立的，还有独立的男性群体。《山海经·海外西经》云，有"女子国"与"丈夫国"；《山海经·大荒西经》云："大荒之中……有女子之国……有丈夫之国。"它所反映的是母系氏族社会形成的彼此隔离居住的男人群体与女人群体。如今中国有一些偏远的少数民族还处于母系状态，其男女分居群体，独立的女人群体仍被称作"女儿国"。在传统女儿国传说中，"丈夫国"始终是一个隐形的存在；随着时间的推移，"丈夫国"这个隐形元素逐渐消失。

浴水而孕、窥井而孕、感风而孕等相关传说，属于感生神话，是初民社会思维的产物。在初民社会的思维中，人与自然紧密交织在一起，人神互感、天人相感、物我相感，通过直接或间接、整体或局部的交感而孕育生命。生命对水的依赖，雨水如期而至之后的万物复苏，植物随雨水而成长，生物随雨水而出现，很容易让初民认为水中蕴藏着生命的种子。对于采摘草木果实的族群，春风带来的草木复苏，也必然使人产生风与生命关系的联想；对于农耕民族而言，农作物在春天发芽，夏天中成长，秋天中收获，冬天中储藏，都与时令变化、四季风向密切关联。季节变换下的风向变动与植物生长、成熟的密切联系，使人类产生联想，认为人类生命随风而来。将生命的孕育与水、风联系起来，是初民原始思维中的"生殖联想"。

这些感生神话显然也曾经存在于较早阶段的中原族人中，但由于中原文明发展较早，在父权制确立以后，在华夏族人自己生活的社会中，这些神话早已没有对应的实际存在，但对早已消逝的社会习俗的记忆仍然保留。华夏族人在其与域外的交往中，一旦发现边缘地区或域外的某个族群呈现出与女儿国传说相符合的某个元素时，存在于华夏族人记忆中的这种格式化的传说便被激活，被运用到他们身上，成为描述其社会特征的标识物。不同时期出现的女儿国传说在地域上的变迁，反映了中原王朝对域外族群关注点的变化。

华夏族人从很早就有强烈的"华夷"情感，"华夷之别"可谓华夏族人源远流长的强大意识之一。"华夏"与"蛮夷"的对照与对立，是华夏族人族群自我认同感的极重要的媒介元素；域外的女儿国所具有的纯男无女、感水而孕、感风而孕等生育方式属于与华夏迥然不同的奇风异俗，属于蛮夷族群的特征。女儿国传说所表达的异族特质，与华夏族特征形成鲜明的对照，华夏族人的自我认同在这种"内"与"外"的对照中得到强化。

对华夏族而言，女儿国的存在是一个异己性的"他者"的存在，这种"他者"存在的客观作用之一，是突出自身与之不同的华夏族群意识。只要华夏族人的自我认同感存在，作为参照物而与之相伴随外族的异质性就不可能消失。女儿国传说之所以不断见诸华夏典籍，是因为"华夷观念"支配下的华夏族人对域外异族的持续关注，适应了华夏族人自我认同的需要。明代以后女儿国传说被纳入杂剧、小说等，得以更为广泛地流播，可谓与时俱进，它使华夷之别的观念以一种虚幻的形式，更普遍地存在于民众意识之中。

韩信被杀后刘邦的心理活动[1]

——论历史心理书写的必要性与合理限度

《史记》被誉为"史家之绝唱，无韵之离骚"，司马迁作为史家的开创性贡献不仅体现在发凡起例的著史方法，而且也表现在独出心裁的史实取舍标准，将心理书写纳入《史记》内容即是显著的典例。此仅举一例以说明之：

高祖十年（前197）巨鹿郡守陈豨发动叛乱，刘邦御驾亲征期间，吕后用萧何之计，诱杀疑似陈豨内应的韩信。《史记·淮阴侯列传》记刘邦对韩信之死的心理活动：

高祖已从豨军来，至，见信死，且喜且怜之。

太史公以"喜"与"怜"两字记述高祖情感与心理，引出历史学上两个不可忽视的问题：心理书写是否可以成为历史书写的必要内容？心理书写如何才具有充分的合理性？这似乎需要从理论上加以认识。

从根本上，"历史不过是追求着自己的目的的人的活动而已"[2]。

1　本文发表于《中华读书报》2020年9月9日第13版，有改动。

2　〔德〕马克思、恩格斯：《神圣家族》，《马克思恩格斯全集》第2卷，人民出版社，1957年，第118页。

人是历史舞台上一以贯之的主角，人的活动是历史研究的永恒聚焦点，这一本质特性决定了，人出现以后在世界上所做或所想的事业及其痕迹，都应包括在历史范围之内；从民族的兴亡到一个最平凡的人物的习惯和感情，都是历史研究的对象。而人类从事任何活动，都必定伴随有相应的心理活动；人类的一切外在行动与内在的心理活动具有天然的联系，须臾不可分离。既然人的心理活动本来就是历史活动的天然组成部分，那么，以"人"为研究对象的历史书写理应涉及人的心理活动。

人是一个独特的物种，他既有动物的原始本性，又有动物所不具备的高级理性。动物的活动动机简单而公开，一览无余，毫无遮拦，几乎完全受制于本能欲望；人类则不同，其活动既受制于动物性的欲望，也受制于人类所特有的理性智慧。帕斯卡尔形象地指出，人是能思想的苇草。人优于动物之处在思想。人类思想及心理活动所具有的隐秘性，决定了历史心理书写具有极大的难度与特殊性。如果说历史学家对人的外在活动的研究，可以自信通过多重证据基本达到"客观性"的要求，那么，对于历史人物的心理活动的研究，则不免少了许多自信。

心理活动的隐秘性造成证据的特殊性：第一，证据的隐而不现。历史人物的心理活动虽是客观的存在，但许多情况下并不必然留下可供后世研究的痕迹，因此，在很多情况下，根本无法得到具体的证据，不得不根据个体经验对所研究的历史人物的心理活动进行揣度，主观性不可避免。第二，通常情况下，见诸史册的历史人物的言辞，多被后世作为当事者心理活动的凭据。但可以作为历史证据的"言"与心理活动存在张力，即"言与心"的不统一，造成语言证据的证明力不足。"言为心声"不是定则，需视"发声"的具体环境而定；相反，历史人物的"言不由衷"，乃至巧言虚饰，更是比比皆是、司空见惯。在社会活动，尤其是政治活动中，以见诸史册的历史人物的"言"追踪其心理活动未必有效。如以冠冕之词掩盖历史事实或兜售其私与奸者，史不绝书，不胜枚举。第三，"行"之表象与"心"之真实相违，史书所载的外在行动不足以洞察历史人物的内心活动。所谓"周公恐惧流言日，王莽谦恭未篡时。向使当初身便死，一生真伪复谁知"？这些因素决定了历史心理书写的难度，使历史书写中的所谓"心理真实"难免遭人质疑。

既然历史心理书写面临如此多的困难与局限，如何书写才能保证其不失合理性？合理性的限度又在哪里？太史公的历史心理书写似乎可以为我们提供一些启示。

对于韩信被杀这一事件，汉高祖心中必有所感，从而产生相应的心理活动，这是毫无疑问的。但他对此事的具体心理活动，是断不会明示于人的，更不太可能在公开场合向人表露。换言之，太史公不可能有机会获悉其心理活动直接而具体的证据。那么，太史公描述汉高祖"且喜且怜之"的依据何在？太史公难道不担心后人指责他主观臆造、生硬武断？我们看到的事实是，两千年来人们都熟悉这段著名文字，却无人认为太史公所记不是汉高祖的真实感受。何以如此？缘由固不止一端，但最根本的原因是它符合历史心理书写所要求的合理性。

那么，在哪些维度上完成的历史心理书写才具有合理性？

第一个维度是人性的维度。"人来源于动物界这一事实已经决定了人永远不能摆脱兽性。所以问题永远只在于摆脱得多些或少些，在于兽性与人性程度之间的差异。"（恩格斯《反杜林论》）历史上活动的个人，其行为的原动力是个人欲望，每个人对个人利益的追求构成人类的历史。在每个生命体所展现的动物性上，

人与其他动物是相同的，人所超乎动物之处在于思想。换言之，
人的一切行为都是思想支配下为动物性欲望所驱使完成的；动物
性的欲望即恩格斯所说的"兽性"，是所有人心理活动所共有的
底线。这就是"人同此心，心同此理"这一人性定则赖以成立的
根基。因此，从人性出发所做的刻画是历史心理书写合理性的最
大、最基本的维度。

　　在太史公的书写中，刘邦与韩信都具有"人"的爱好与情感。
作为人，刘邦对于韩信之死绝对不可能无动于衷，"心有所感"是
必然的心理反应，只是"所感"的内容却是因时因势而不同的。
但不管有何种心理感受，在以皇帝为中心的家天下格局中，其感
受必定是以自我利益为中心、以自我欲望为指向的。"惟天生民
有欲"，立足于人性欲望的历史人物心理书写，其有效性基于人性
欲望的客观存在，因此具有普遍的适用性。《史记》记载项羽、刘
邦目睹秦始皇出行的场面，反应各不相同，一曰："彼可取而代之
也！"一曰："嗟乎！大丈夫当如此也。"但不同的反应却改变不了
共同的欲望指向。正如鲁迅所说："羽要'取'什么呢？便是取邦
所说的'如此'。……何谓'如此'？说起来话长；简单地说，便
只是纯粹兽性方面的欲望的满足——威福，子女，玉帛——罢了。"[1]
很显然，鲁迅对刘、项心理状态的判断乃是基于一个原则，即客观
存在的人性欲望，即对"威福，子女，玉帛"——权欲、性欲、物
欲——的追求与满足。这就是太史公所秉持的心理书写原则。

　　人类心理活动虽为永恒的人性所支配，但从人性维度书写历
史人物心理，毕竟过于宽泛了，它难以充分说明个体的心理活动

1　鲁迅：《热风·随感录·五十九·"圣武"》，《鲁迅全集》第1卷，人民文学出版社，
　2005年，第372页。

内容。人的具体行动不能超越时代与社会赋予他的角色，心理活动从根本上总与其社会角色相关联，正如德国哲学家贾尔巴哈所云："皇宫之中的人所想的，不同于茅屋里的人所想的。"时代与社会角色应是历史心理书写的第二个维度。

对于韩信之死，刘邦麾下一同打天下的其他将领，彼此之间的态度与感受可能有所不同，但大致不出几种情况：或是兔死狐悲的凄凉与惊惧，或是幸免于难的庆幸与疑惑，抑或减少一个争宠对手的幸灾乐祸，但绝不会是"且喜且怜之"。"且喜且怜之"这种心理和情感只能属于刘邦，且属于君临天下的刘邦，而非此前的刘邦，是居"天子"位以后的刘邦的心理反应。如果在楚汉之争的关键时刻韩信意外死亡，则刘邦心中的感受恐怕是"且痛且怜之"，而非"且喜且怜之"；前者是他作为"沛公""汉王"的心理状态，而后者则是他在"天子"之位上的心理感受。

韩信的功高盖主使他担心自己的宝座，不免寝食难安。正如蒯通所言，以韩信功盖天下，略不世出之才，"戴震主之威，挟不赏之功，归楚，楚人不信；归汉，汉人震恐"。刘邦登大位之后，最需要的是立威以确立君臣秩序，韩信的存在是一大障碍。因此，当他听到吕后为自己除去了心头大患，心中如何不"喜"？

但"怜"的情感又从何而来？当然首先是因为韩信为他击败项羽，助他夺得大位，成就帝业，立下过汗马功劳；但这不是全部，还有事情的另一面。刘邦对韩信高度戒备，但韩信的所谓"造反"很大程度上是"有罪推定"，并无真凭实据，刘邦将他从"齐王"迁为"楚王"是防范，而从"楚王"贬为淮阴侯，其借口也不过是"人告公反"。在没有韩信发动叛乱确切证据的情况下将他杀死，刘邦不能不心有愧疚，产生怜悯之情。此其二。其三，楚汉之争以刘邦胜利而告终，刘邦登上皇帝宝座，君临天下，但在皇帝宝座上所面临的局面并不轻松，需要人才辅佐。刘邦衣锦还乡，与父老子弟纵酒，慷慨伤怀，自为歌曰："大风起兮云飞扬，威加海内兮归故乡，安得猛士兮守四方！"面对新的帝业对人才的需求，尤其是对卓越人才的需求，在其内心是戒备与渴求并存的，因此像韩信这样的人才命丧妇人之手，他又怎能不生出怜惜之情？

除了人性维度与时代角色维度，个性特征是历史心理书写的第三个维度。不同环境塑造出的不同个性，决定一个人行为方式与心性特征。"且喜且怜之"的复杂情感，体现了刘邦的个性。在传统社会，造反者在夺取大位后屠戮功臣是权力欲望所使然，是为实现家族权力垄断所采取的手段，可以说是皇权制度的"客观"需求。但同样是屠戮功臣，汉高祖刘邦与明太祖朱元璋恐怕又有所不同。对朱元璋而言，屠戮功臣带给他的感受，恐怕更多的是"喜"，是杀伐带来的快感，而不会是"怜"的情感。清代史学家赵翼有言："（明祖）籍天下人之功以取天下，及天下已定，则尽取天下之人而杀之，其残忍实千古未有。盖雄猜好杀，本其天性。""天性好杀"恐怕是过甚其词。朱元璋的好杀，部分原因是其早年遭受苦难太多，受人虐待太多，积郁仇恨太多，造成心理创伤，以致形成报复心理。

刘邦家境不算贫寒，至少温饱不成问题，他年轻时游手好闲，养成"不事家人生产作业""好酒及色"的习惯，以至于被其父骂作"无赖"，用现代话就是好吃懒做。在秦末天下大乱的背景下，他被推上反秦的道路，逐渐成为逐鹿中原的关键人物，但其骨子里是社会游民的性格：敢作敢为、不顾道德、精于算计、自我中心、唯利是图。逃跑途中为楚军追迫，将亲生子女推下车去；面对项羽欲烹刘父的威胁，他浑不介意，甚至要"幸分我一杯羹"；

楚汉约定以鸿沟为界而罢战，却背约而突袭。他羡慕秦始皇，认为"大丈夫当如此"，大半生都在追逐权力，生活的目标就是夺得皇位；待到君临天下，为了刘氏江山永固，他威迫群臣誓约"非刘氏而王者，天下共击之"。这一切都显示他的个性与信条是，为达目的不择手段。

对这样一个孜孜于权力的人，见到韩信这般下场，必定会将自己置于韩信的位置上做一番由己推人的设想。韩信被萧何誉为"国士无双"，刘邦对其军事才能亦自叹不如。他为刘邦谋划定三秦的战略，"率百万之众，战必胜，攻必取"，击灭魏、代、燕、赵、齐，最后与刘邦会师垓下，消灭项羽，最终成就刘邦帝业。尤其是在楚汉之争的决胜时刻，韩信以其雄厚的资本，"右投则汉王胜，左投则项王胜"，亦可自立为王，鼎足而三，然而他感念刘邦"解衣衣我，推食食我，言听计用"而不忍自举旗帜，自为霸业，犹豫再三后最终站在了刘邦一边。以刘邦不拘道德、精于算计、敢作敢为的个性看来，他岂不为韩信的"天与弗取，反受其咎"而遗憾惋惜？在霸业触手可及的关键时刻，韩信不从自身利益筹划，固守"乘人之车者载人之患，衣人之衣者怀人之忧，食人之食者死人之事"的道德信条，错失千载难逢的一手好牌，直到被吕氏所捕才想起古训"狡兔死，走狗烹；飞鸟尽，良弓藏；敌国破，谋臣亡"，最终落得身死妇人之手的下场。这一切如何不令刘邦心生感慨，由同情、惋惜而生怜悯之情？

太史公之典例说明，心理书写对于完整而生动的历史书写不仅必要，而且可为，关键是准确地把握心理书写的合理尺度。这是我们读《史记》获得的启发之一。

◎◎ 汉武帝与西王母信仰[1]

一

西汉武帝一朝，最重大的政策之一就是经营西域。张骞受汉武帝之命而进行西域探险，其直接目的是联合大月氏，共击匈奴，断其右臂，彻底解除匈奴对中原的威胁。但大月氏新迁中亚，环境安乐，已无报胡之心。张骞虽没有达到外交目的，但充分了解了西域风土人情，获得大量关于西域各国的知识。《史记·大宛列传》记录张骞的西域见闻，其中一则极为醒目：

> 条枝在安息西数千里，临西海。……安息长老传闻，条枝有弱水、西王母，而未尝见。

安息即波斯帕提亚帝国；西海即地中海；条枝指位于地中海之滨（现土耳其东南部）的安条克（Antioch），当时的塞琉古王国的都城。张骞对于域外世界相关知识的热心搜罗，令人称奇，但最令人称奇且讶异的是，西王母传说竟然出现于张骞的记录

1　本文发表于《中华读书报》2022年7月6日第13版，有改动。

中。所谓"条枝有弱水、西王母",实际上是将传说中的"西王母之邦"置于了新获知的"条枝"国的境内。

西王母传说本为华夏族的神话,很早就流传于华夏域内。在古代典籍中,《山海经》较早提到西王母,其中《西山经》称:"玉山,是西王母所居也。西王母其状如人,豹尾虎齿而擅啸,蓬发戴胜。"在《穆天子传》中,西王母形象演化为一位雍容华贵的得道妇人,半人半仙。西王母会见周穆王的情节最为鲜活:西王母宴请周穆王于瑶池,二人吟唱酬答,情意绵绵;西王母邀请穆天子再来,穆天子则以"比及三年,将复而野"作答。至汉代,西王母成了掌有"不死之药"的神仙。《淮南子·览冥训》有嫦娥奔月故事:"羿请不死之药于西王母,姮娥窃以奔月。"姮娥即嫦娥。大约成书于后汉时代的《汉武故事》称,七月七日夜,汉武帝接待过乘紫云车而至的西王母,西王母接受桃子,但向西王母求不死之药而未遂。后世的传说虽属附会,但汉武帝梦求长寿而持西王母信仰,是有事实依据的。

西汉初期的西王母崇拜之风已经染及皇室,汉武帝尤为严重。司马相如作《大人赋》,其中云:"低徊阴山翔以纡曲兮,吾乃今目睹西王母。暠然白首戴胜而穴处兮,亦幸有三足乌为之使。必长生若此而不死兮,虽济万世不足以喜。"司马相如写《大人赋》的用意是向汉武帝讽谏,婉劝他不要耽于神仙幻想。然而,他对仙境的华美描述竟使汉武帝对西王母的向往更为炽烈。《汉书·司马相如传》载:"相如既奏《大人赋》,天子大说,飘飘有陵云气游天地之间意。"《汉书·扬雄传》载:"往时武帝好神仙,相如上大人赋,欲以风,帝反缥缥有陵云之志。繇是言之,赋劝而不止,明矣。"西晋张华《博物志》载:"汉武帝好仙道,祭祀名山大泽,以求神仙之道。"武帝醉心仙道,广为人知。

上有所好，下必甚焉。汉武帝浓重的神仙情结，必定对汉朝廷上下官员及整个统治阶层有所影响。张骞西域探险已达此前华夏族人从未涉足的西方之地，他很快明白其亲履的西域不存在传说中所谓的"西王母之邦"；但更远的"西极"是否存在西王母之邦，则仍需求证；于是向中亚以远的安息国人质询。安息国人自然不会说自己的国土上存在一个子虚乌有的西王母，故以远国条枝"或许有"的模糊之词来回答汉使。因此，所谓"安息长老传闻"云云，显然不能理解为安息人的主动介绍；毋宁说，有关西王母在"条枝"的消息，是张骞及其副使节揣摩武帝"圣意"，主动征询的结果。

在汉代社会从宫廷到民间都弥漫的西王母崇拜的氛围中，尤其是在皇帝心心念念、醉心于仙道的情况下，西域探险的中原使节想必也将探察"西王母之邦"之真伪作为一个附带的任务与使命，并将有关信息带回中原，向朝廷交代。严肃、博学的太史公不得不在记载中写上一笔，一方面是为历史存真，另一方面恐怕也是迫于当时宫廷内外的浓厚的西王母信仰氛围，不得已而为之。但司马迁毕竟是具有求实精神的史家，对此不会轻易信以为真。"安息长老传闻"一语，显示出太史公的笔力，既避免令久怀成仙之念、西王母情结的武帝难堪，同时也借安息长老之口，暗喻武帝信奉神仙之说的无稽。

二

古代西王母神话包含信仰与地理两层意义。《尔雅·释地》："觚竹、北户、西土母、日下，谓之四荒。"所谓"四荒"亦作"四极"，即天地的四端。郭璞注曰："觚竹在北，北户在南，西

王母在西，日下在东，皆四方昏荒之国，次四极者。"反映出与西
王母信仰纠缠在一起的华夏族人的域外知识和地理观念，"西王
母"代表"天下四极"中的"西极"，即最西端。

在古代华夏族人的观念中，南蛮、北狄、东夷、西戎是很早
即有的方位认定。在西向方位上，华夏之西的"极""荒"是与
"戎"的地理观念相联系的。以现在眼光，最初包含在天下观念中
的"西戎"，在地理范围上并不遥远。吴晗认为，公元前3000—
前500年，中原观念中的"戎"在地理上不出陕西以西，这一带
又名为西荒，其范围在今天陕甘豫晋地区。[1]秦穆公得由余，西戎
八国服于秦，遂霸西戎，可证西戎与秦地（陕西）相邻。由于西
极、西戎与西王母联系在一起，其在地域范围上的变化，必然引
起"西王母之邦"在地域上的变化。随着中原华夏族人活动范围
向西方的扩展，对西方新地域了解的增多，"西极"向西更远处移
动，作为神仙之境的"西王母之邦"随之也渐次移向更远的未知
之地。与华夏族人的"西极""西荒"观念的不断拓展相辅相成
的，是"西王母之邦"地理方位的不断西移。

在西周的历史中，周穆王伐犬戎是重要事件之一，对华夏族
人的西方想象具有不可忽略的影响，故西王母与周穆王被联系在
一起。不过，这种联系经历了长时期的孕育，最终完成于战国时
代或更晚时候。西王母传说一旦与历史中真实的周穆王结合起
来，不仅其"西极"方位变得更为突出且明晰，而且也获得一种
历史感。《史记·赵世家》记载赵国之祖先造父为穆王驾车周游
事，称穆王"使造父御，西巡狩，见西王母，乐之忘归"。将祖

1　吴晗：《西王母与西戎》，《吴晗全集》第一卷，中国人民大学出版社，2009年，第
288—293页。

先与某种传说联系起来，在古代史书中并不稀见。

张骞凿空中亚，中原王朝打通并控制了河西走廊，这一地区从此为华夏族人所熟悉，不再是人们想象和传说中处于朦胧状态的"西荒"（"未知之地"）。由于这一地区已无神秘性可言，故再难与"西王母之邦"相联系，而只能以所谓"西王母遗迹"的形式存在。《汉书·地理志下》记金城郡临羌（即今青海省湟中县）："临羌。西北至塞外，有西王母石室，仙海、盐池。北侧湟水所出，东至允吾入河。西有须抵池，有弱水、昆仑山祠。"《晋书·张骏传》称："酒泉南山，即昆仑之体也。周穆王见西王母，乐而忘归，即谓此山。此山有石室、玉堂，珠玑镂饰，焕若神宫，宜立西王母祠。"这些都是旧记忆，是从前的中原人以这些地区为"西王母之邦"留下的印记。

张骞凿空之前，西域对中原人是未知之地。在河西走廊被纳入汉朝统辖之后，中原人在西王母信仰的驱动下，又在西域这方"西极"之地上开始寻求传说中的"西王母之邦"，想当然地在二者之间建立起了某种拟定的联系。受汉武帝本人以及宫廷上下充斥的西王母信仰的影响，张骞到达西域后自然要探寻一下"西王母之邦"的所在，结果发现中亚并不存在所谓的"西王母之邦"，于是又推论或者说臆想"西王母之邦"应在更远处的条枝，即张骞从安息长老那里了解到的"西极"之地。

然而，中原人与西部世界的交往仍在扩展，作为"西极"（或"西荒"）符号的"西王母之邦"向西的移动自然不会停止。东汉时期，罗马帝国与中国的交往增多，中国人所了解的西方世界的范围更为扩大，于是"西王母之邦"又迁徙到了中原族人新了解的比条枝更远的大秦（罗马帝国）以远地区。《后汉书·西域传》云："大秦国，一名犁鞬，以在海西，亦云海西国。……或云其

国西有弱水、流沙，近西王母所居处，几于日所入也。"大秦之
西的未知之地成为"西极"之后，自然又与"西王母之邦"结合
起来。

　　在消息来源上，《后汉书·西域传》强调的"或云"（指中国
人接触到的罗马人），与张骞强调的"安息长老传闻"一样，都
源于中原族人由固有天下观思维方式所做的附会，无论是安息
人，还是罗马人，都不会有西王母传说。作为"西极"符号的
"西王母之邦"，其不断向西迁移的过程所反映的，是中原华夏族
人活动范围的扩大，以及由此所形成的域外知识范围的扩展。正
是中原华夏族人活动范围的变化所造成的对"域外"边界知识
的变化，推动了传说中"西王母之邦"在地理方位上的不断向西
移动。

◎◎ 唐高宗与景教徒[1]

一

唐代传入中国的景教，原为流行于叙利亚和两河流域的基督教派别聂斯脱利派。其创立者聂斯脱利（约380—约451）因主张基督的神性和人性分离说而于431年被判为异端，其信徒逃入波斯境内活动，以其医学、天文等技术服务于波斯宫廷。唐贞观九年（635），景教由中亚进入长安，受到唐太宗的优礼相待；而入华景教徒亦极力施展其长技效力皇室，创造对己有利的传教环境，由此而形成双方的密切互动。据唐人刘肃《大唐新语》卷九记载：

> 高宗末年，苦风眩头重，目不能视。则天幸灾逞己志，潜遏绝医术，不欲其愈。及疾甚，召侍医张文仲、秦鸣鹤诊之。鸣鹤曰："风毒上攻，若刺头出少血，则愈矣。"则天帘中怒曰："此可斩！天子头上岂是试出血处耶？"鸣鹤叩头请命。高宗曰："医之议病，理不加罪。且我头重闷，殆不能

1　本文发表于《光明日报》2022年8月29日第14版，有改动。

忍，出血未必不佳。朕意决矣。"命刺之。鸣鹤刺百会及脑户
出血。高宗曰："吾眼明矣。"

此事在正史中也有记载，《旧唐书·高宗本纪》系于永淳二
年，《资治通鉴》系于弘道元年，实为同一年，即683年。

高宗病疾之治疗涉及两个问题，一是医者秦鸣鹤采用的医疗
技术的来源，二是秦鸣鹤本人的身份。秦鸣鹤治疗高宗眼疾采用
的是穿颅术。穿颅术在中国可以向前追溯到很久远的时代。《三
国志·魏志·华佗传》记载，神医华佗曾为曹操实施过穿颅术，
"太祖苦头风，每发，心乱目眩，佗针鬲，随手而差。"针鬲，即
以针刺横隔膜的穴位。但高宗所患疾病伴有失明症，不同于曹操
的头痛病。秦鸣鹤实施的穿颅术，其目标似在高宗之眼病即失明
症，有别于此前流行的医治头痛之术。这种治病方法不见于前代
典籍，说明它是一种新医术。

这种新医术从何而来？《新唐书·西域传》记拂菻国"有善医
能开脑取虫，以愈目眚"。《新唐书》所记取自《通典》，《通典》
所记来自杜环。唐玄宗天宝十载（751）唐将高仙芝所率军队于中
亚的怛逻斯与大食（阿拉伯）军队发生战争，遭受败绩，大量唐
军士兵被大食军队俘虏，杜环位列其中。他在地中海东部游历十
余年后返回中国，撰成《经行记》记载其游历见闻，其中明确记
载："大秦善医眼及痢，或未病先见，或开脑出虫。""大秦"一词
多见于汉魏史册，指罗马帝国，尤其是其地中海东部疆域，"拂
菻"多见于隋唐史册，指东罗马帝国，即拜占庭帝国。《经行记》
云"拂菻国……亦曰大秦"。8纪中叶以后，唐人已知"拂菻"与
"大秦"实为一国。

《经行记》所记载的"开脑取虫"医术即穿颅术（trepanning），

是希腊古代医学中的著名医术，在地中海东岸地区流行已久。出生于爱琴海科斯岛的希腊著名医生希波克拉底（Hippocrates，约前460—前375）在西方世界被誉为"医神"，早在公元前5世纪就在著作《论视觉》中记载眼睛失明的治疗方法："当眼睛毫无显著病症便失明时，应切开颅骨，将脑软组织分开，穿过颅骨使产生的液体全部流出。这是一种治疗方法。以这种方法治疗，病人便可治愈。"所谓"目眚"可能是由于脑部肿瘤或血栓所致，而"开脑"所取的"虫"则出乎杜环的想象。高宗治疗眼疾所采取的应是来自希腊罗马的穿颅术。

为高宗治病的关键人物秦鸣鹤是否为景教徒？学术界存在争议。以典籍记载而论，其为景教徒之可能性很大。除了杜环见闻并记载的"大秦善医"这个事实前提外，在华景教徒（即大秦医生）善医眼疾并非个例。《李文饶集》卷十二记载，太和四年（830），南诏攻入成都后撤走，任成都尹的李德裕清点户口，"蛮共掠九千人，成都郭下成都、华阳两县只有八十人，其中一人是子女锦锦，杂剧丈夫两人、医眼大秦僧一人，余并是寻常百姓，并非工巧。"在南诏所俘工匠中，"医眼大秦僧一人"之所以被特别提及，是因为他属于中国境内罕见的"工巧"。景教徒在中国境内常被称为"大秦僧"，"医眼大秦僧"说明他是以"医眼"为职业。此例说明从事医疗职业、精于眼疾治疗应是景教徒团体的专长技艺。

《大唐新语》和《新唐书》称为高宗医治者为侍医张文仲、秦鸣鹤二人，而《旧唐书》与《资治通鉴》独称秦鸣鹤一人，这种记载上的差异说明，秦鸣鹤乃高宗眼疾治疗的主导，医术不凡的一代名医。但怪异的是，秦鸣鹤之名除此一处得见外，再不见经传，事迹全无；而张文仲却是名留青史，与李虔纵、韦慈藏以医显名，《旧唐书》有传。原因何在？最大的可能是，会昌五年（845）武宗禁绝外夷各教以后，他的景教徒身份成为禁忌，其名随之归于沉寂。

另外，秦鸣鹤的"秦"姓也颇含意蕴。虽然历史上"秦"姓未必都是外族血统，但来自大秦的人多以"秦"为姓，却是不可否认的事实。孙权黄武五年（226），大秦国的一位商人自交趾（今越南）来到建康（今南京），在中国文献中留下了"秦论"的名字。中国历史上，归化中国的外国人多以其母邦为姓，这种习惯在唐代尤为盛行。汉魏的史书中，大秦被描述为制度完备、文章华美的理想国度，甚至称大秦人"皆长大平正，有类中国"，"似中国人而胡服，自云中国一别"，"衣服车旗，拟仪中国"，景教徒久居中国，获知此类对己传教活动有利的信息，必甚重视，以其为获得唐朝廷与民众认同的捷径，以母邦为其姓而善加利用，进行自我宣传。秦鸣鹤以"秦"为姓，显然有彰示其大秦国人身份的意涵，而"鸣鹤"一名则可能转自 Markus（马可）的叙利亚语读法，因 Markus 为基督教中的使徒之一，教徒中以此为名者不乏其人，大秦景教流行中国碑的叙利亚文字中也有此名。

景教入华之初，以"波斯经教"见称，一个多世纪后唐朝廷获悉"波斯经教"乃"出自大秦"，天宝四年（745）玄宗诏令全国各郡的"波斯寺"一律改称"大秦寺"，德宗建中二年（781）"大秦景教流行中国碑"建立。唐朝廷如此优渥景教，景教徒为皇家效劳而赢得皇室垂青，想必是重要原因。换言之，治疗高宗眼疾是景教徒在中国从事医疗活动的一次重大实践，是景教徒在中国境内以医术助力传教的例证，在传教策略上与明清时代的在华基督教团体可谓如出一辙。

二

高宗病疾医治过程似隐匿更多细节。

高宗自显庆年（656—660）以后即罹患病疾。《旧唐书》称："帝自显庆已后，多苦风疾，百司表奏，皆委天后详决。自此内辅国政数十年，威势与帝无异，当时称为二圣。"《新唐书》记载："高宗自显庆后，多苦风疾，百司奏事，时时令后决之，常称旨，由是参豫国政。"《资治通鉴》记载更详：显庆五年（660）"冬，十月，上初苦风眩头重，目不能视，百司奏事，上或使皇后决之。后性明敏，涉猎文史，处事皆称旨。"高宗之病至显庆五年已很明显，故由武则天协助处理政事，则天由此进入权力中枢。此后高宗的头风病未见好转，反有加重之势，考虑由则天摄政。《资治通鉴》记上元元年（674）："上苦风眩甚，议使天后摄知国政。"

自显庆至上元元年，高宗罹患头风病已有十几载。此间发生过两起重要事件。一是苏敬等药家撰成药典《新修本草》（一名《唐本草》）。书中对于"底野迦"加以详述云："底野迦，味辛、苦，平，无毒。主百病，中恶，客忤邪气，心腹积聚。出西戎。云用诸胆作之，状似久坏丸药，赤黑色。胡人时将至此，甚珍重之，试用有效。新附。"二是拜占庭帝国向中国遣使的外交行动。《旧唐书·西域传》："乾封二年，（拂菻国）遣使献底也伽。"乾封二年即667年。这是拂菻国继贞观十七年（643）后的第二次遣使。值得注意的是，不同于第一遣使所献的赤玻璃、绿金精等物，第二次遣使带来的是一种药物，叫"底也伽"。显然这两个事件中均涉及同一种药物，似与高宗病疾隐含某种关联。

底也伽是希腊罗马世界的传统药方，发明甚早。有人认为，公元前4世纪约旦城的希腊人、医生安德鲁马库斯（Andrumachus），在希腊马其顿亚历山大大帝东征波斯、印度之际创制此药，其目的是用于被毒蛇咬伤后的解毒；也有人认为是公元前1世纪黑海南岸本都国王密特拉达特的御医加耳透阿斯（Karteuas）所创。据罗马博物学家普林尼记载，这种药剂由六百种不同原料混合而成，但其主要成分是鸦片。罗马名医盖伦改进底也伽配方，又被称作"盖伦丸"。盖伦曾以此药为罗马著名的马可·奥勒略皇帝治疗头痛病。在罗马帝国时代，底也伽甚至被视为万用药方，用于治疗慢性头疼、眩晕、耳聋、中风、视力差、嘶哑、咳嗽等疾病。拂菻使节向唐朝皇帝贡献底也伽，不是寻常之举，最大的由头应是皇家所需。盖域外使节向皇帝进献奇珍异宝，稀见方物，乃属正常；若非皇家所需，贡献药物实为中国文化传统所忌。由此我们推测，其中隐秘的真相可能是，高宗患病多年求药医治，景教徒想到了古希腊的传统药方，认为底也伽可以医治皇帝病疾，建议高宗服用。高宗长期饱受头痛折磨之苦，在中医治疗不见效果的情况下，决定试用。这一消息由景教徒传回拜占庭帝国，遂有拜占庭使节贡献底也伽之事。与此同时，苏敬等医家奉敕编撰《新修本草》，对底也伽获得了更多新知识，并将这些知识写入了新药典。《新修本草》所谓"新附"即新加入的知识，应来自景教徒所做的介绍。

底也伽虽然可以减轻高宗的头痛之苦，但在根本上不能治愈其顽疾，故其病情仍在加重，以致发展到"目不能视"。《资治通鉴》记：高宗弘道元年（683）"十一月，丙戌，诏罢来年封嵩山。上疾甚故也。上苦头重，不能视，召侍医秦鸣鹤诊之"。秦鸣鹤的诊断是"风毒上攻"。所谓"风毒上攻"或"风上逆"，乃是中国传统医学的说法，可能是史官记载此事时借用的固有之词，其实应是脑瘤或脑血栓压迫视觉神经造成失明。秦鸣鹤采用希腊罗马世界流行的针刺法为高宗实施手术治疗，使脑瘤或血栓暂时消失，病情得以缓解，高宗短时间内产生"吾眼明矣"的感觉，但终因脑瘤或血栓病灶不能彻底清除，遂于当年十二月驾崩于洛阳贞观殿。来自希腊罗马世界的殊方药物底也伽，以及景教徒实施的医疗，虽没有治愈高宗的病疾，但显示了景教徒以行医助力传教，竭力接近皇室，以获取传教方便条件的努力。

◎◎ 颜回的悦人智慧

　　据《史记·孔子世家》，为了推行治国理想，孔子带领众弟子周游列国，曾受困于陈国与蔡国之间的荒野之中，困顿与疾病交加，十分狼狈。孔子知道弟子们心中有怨气，便想考验一下他们，了解他们对自己学说的看法。孔子问：我们不是犀牛也不是老虎，却要在旷野上疲于奔命，难道我们的学说不对吗？为何竟要沦落到如此地步？（诗云："匪兕匪虎，率彼旷野。"吾道非邪？吾何为于此？）

　　从逻辑角度，回答这个问题，有两个入口：一是孔子的学说本身，一是外在的社会；而弟子们的回答无非有三：一是孔子的学说不完美，这个社会是完美的，孔子的学术不适于这个社会，故不需要孔子学说；二是孔子学说是完美的，这个社会是邪恶的，孔子的学说不见容于这个邪恶的社会；三是孔子的学说不完美，这个社会是邪恶的，二者不相容。孔子及其弟子认为自身所处时代为"礼崩乐坏"，列国社会纲常失序，混乱不堪，需要孔子的主张来挽救各国败坏的社会，所以第一个选项可以直接排除，弟子们的回答只能在后两个回答中选出。

　　在孔子的弟子中，子路以刚勇正直、鲁莽粗犷而著称，有时不顾及孔子脸面，对孔子见南子一事都敢甩脸，表示不悦，是个直率而思考力不强的人。由于孔子所问"吾道非邪？吾何为于此"是针对自己的学说，子路的回答也很直接，说："大概是我们还没有达到仁吧！所以别人不信任我们。大概是我们还没有达到知吧！所以别人不实行我们的学说。"（子路曰："意者吾未仁邪？人之不我信也。意者吾未知邪？人之不我行也。"）子路的这个回答，将症结归于孔子的学说，自然令孔子不快，反驳说："这算什么缘由！仲由，我打比方给你听，假如仁者就必定受到信任，那怎么还会有伯夷、叔齐？假如知者就必定能行得通，那怎么还会有王子比干？"（孔子曰："有是乎！由，譬使仁者而必信，安有伯夷、叔齐？使知者而必行，安有王子比干？"）在孔子看来，是这个社会有病，而不是自己的学说与主张存在问题。但问题是，一种学说不能被社会接受，不能适应社会，如何算得上完善？但人之本性是喜欢听赞美之词而厌恶批评，即使聪慧如孔子也不例外，他不会认为自己的学说有问题。

子贡的回答比子路高明，他首先肯定老师的学说，说："老师的学说无比宏大，所以天下没有国家能容得下您。老师是否可以稍微降低一点标准呢？"（夫子之道至大也，故天下莫能容夫子。夫子盖少贬焉？）夸赞老师的学说自然让孔子开心，但要他把学说通融一下以适应这个卑下的社会，这显然也不合孔子的脾胃，他说："赐，优秀的农夫善于播种耕耘却不能保证获得好收成，优秀的工匠擅长工艺技巧却不能迎合所有人的要求。君子能够修明自己的学说，用法度来规范国家，用道统来治理臣民，但不能保证被世道所容，如今你不修明奉行的学说，却去追求被世人收容。赐，你的志向太局促了！"（孔子曰："赐，良农能稼而不能为穑，良工能巧而不能为顺。君子能修其道，纲而纪之，统而理之，而不能为容。今尔不修尔道而求为容。赐，而志不远矣！"）孔子以

"良农能稼"与"良工能巧"来比喻自己的学说，显示出对自己学说的自信；一个有心治理社会的人，却不考虑自己的学说被社会接受即社会实用性，而仅仅追求学说上的所谓"圆满"，这本身就是大问题，至少是缺乏政治智慧的表现。但孔子对自己的学说信心满满，不愿降低标准去适应社会，所以对子贡的回答也不满意。

颜回是孔子最喜欢的弟子，悟性极高，他的回答果然高于同侪。颜回说："老师的学说极为宏大，所以天下没有国家能够容纳。即使如此，老师推广而实行它，不被容纳怕什么？正是不被容纳，然后才显出君子本色！老师的学说不修明，这是我们的耻辱。老师的学说已经努力修明而不被采用，这是当权者的耻辱。不被容纳怕什么？不被容纳然后才显出君子本色。"（夫子之道至大，故天下莫能容。虽然，夫子推而行之，不容何病，不容然后见君子！夫道之不修也，是吾丑也。夫道既已大修而不用，是有国者之丑也。不容何病，不容然后见君子！）颜回的回答实在高妙，他在赞美孔子学说的同时，将各国的社会现状痛快淋漓地贬斥了一番，不露声色地道出孔子学说的伟大。孔子终于等到了自己希望的回答，动情地说："有道理啊，颜家的孩子！假使你饶有家财，我给你当管家。"（孔子欣然而笑曰："有是哉，颜氏之子！使尔多财，吾为尔宰。"）这哪里是老师对弟子说话的样子？！很显然，喜出望外之下，孔子有点激动，几乎忘记自己极力主张的尊卑长幼的秩序了。

颜回的回答，没有像子路的回答直接怀疑孔子的学说，而与子贡一模一样，都是夸赞老师的学说，但他比子贡高明的是，他没有像子贡一样，要求孔子稍微降低一点标准以求得诸侯接纳，而是接着夸赞说，老师的学说不被接纳，正说明是君子之道；如果老师的学说不修明，是我们的耻辱，不见容于君主们，是他们的耻辱。老师的学说不被接纳，才显现出君子本色。一言以蔽之，老师的学说不被接受，是因为博大精深，君主们不接受，是他们的耻辱，正说明老师学说的伟大。这回答简直就是孔子的自答，只是借颜回之口说出来而已。这样的回答，怎能不让孔子心花怒放，交口称赞"贤哉回也"呢？

人类的本性是喜欢赞美、厌恶批评，所谓"虚怀若谷""闻过则喜"之类的说法，从根本上不是人的本性，即使所谓的圣人、贤者、伟人也不例外。如果有人信以为真，那只能是 too young, too simple, sometimes naive（太年轻，大单纯，有时太天真）。

论旧题

中国人的面子与面子观[1]

一

中国传统文化塑造了中国人的许多精神特征。在这些精神特征中，"爱面子"居于极为重要的地位。鲁迅说："面子……是中国精神的纲领，只要抓住这个，就像二十四年前的拔住了辫子一样，全身都跟着走动了。"[2] 渴望别人给面子，保住自己的面子，给他人面子，这在中国人是必须具备的意识，也可以说是中国人的集体潜意识，最基本的心理组成部分。甚至可以说，保住已有的面子，进取更大的面子，这种意识支配着中国人的言行，差不多就是中国人生活意义的所在。项羽说："富贵不归故乡，如衣绣夜行，谁知之者!"（司马迁《史记·项羽本纪》）在中国人看来，人生的奋斗目标无非是锦衣玉食、光宗耀祖。在中国，一个人的成功不仅使个人获得成就感与满足感，更意味着整个家族获得荣耀与面子。

汉语中的许多词汇都与"面子"有关，如：卖面子，丢面子、有面子、没面子，给面子、留面子、要面子、看面子、体面、情

1　本文发表于《史学月刊》2019年第3期，第129—132页，有改动。

2　鲁迅：《说面子》，《鲁迅全集》第6卷，人民文学出版社，2005年，第130页。

面，等等，都在中国人日常生活和交际中十分常用。面子是一种强大的情感力量，支配着中国人的行为。林语堂说：面子能给男人或女人实质上的自豪感。它是空虚的，男人为它奋斗，许多女人为它而死。它是无形的，只有显示给大众才能存在。它在空气中生存，而人们却听不到它那备受尊敬，坚实可靠的声音。它不服从道理，却服从习惯。它使官司延长，家庭破产，导致谋杀和自尽，也能使一个不义之徒因同乡人的斥责而改邪归正。它比任何其他世俗的财产都宝贵。它比命运和恩惠还有力量，比宪法更受人尊敬。它常能决定兵家之胜负而毁坏整个政府机构。中国人正是靠这种虚荣的东西活着。[1]追求高官厚禄、光前裕后、封妻荫子，乃至青史留名，对许多无信仰而讲实用的同胞而言，庶几就是信仰；而这信仰，除了直接的物质享受，其最大的动力便是"面子"。

然而，何为面子？要下个定义却不容易。如果说它指一个人的尊严（honour），那么每个民族都有面子观念，但我们中国人的面子观念超乎对个人尊严的要求，有点异乎寻常，在与其他民族对照时，"爱面子"成为中国文化传统的一个突出、显著的特征。

作为一种普遍的心理和行为，爱面子最突出的表现是"装腔作势"。"装腔"与"作势"有联系，又有区别，前者多为穷人爱面子的表征，后者多为富人爱面子的方式。

爱面子的穷人往往喜欢"装腔"。《二十年目睹之怪现状》第六回《彻底寻根表明骗子穷形极相画出旗人》有一段颇传神的描述：一个穷书生到烧饼铺吃烧饼，本来肚子饿得咕咕叫，却要装作斯文的样子，买一个烧饼装作正餐之后的小吃，坐下来慢慢享

---

[1] 林语堂:《吾国与吾民》，北京联合出版公司，2013年，第178页。

用。烧饼吃完了,发现有些饼上的芝麻粒掉落在桌上,内心极想捡起来吃掉,但又怕别人看见笑话,于是假作写字状,用手指蘸了唾液在桌面上画来画去,把桌面上的芝麻一粒粒沾入口中。后又发现几粒芝麻掉到了桌缝里,眉头一皱计上心来:假装作诗而不得状,以手挠头良久,恍然悟出,猛拍桌面,将桌缝里的芝麻全数震出,再做手指蘸唾液书写状,将最后几粒芝麻摄取完毕。[1] 本来吃饭穿衣都是个人之事,吃什么饭,穿何种衣,没有必要在乎他人评论,但"面子"观念之下,如此简单的事情也不再简单了。在中国社会,有人活动的场所,就天然地存在一个"面子场",不容任何人无视它的存在。

"装腔"的背后往往是自欺欺人。有个笑话说,某个村落里有一户穷人家,日子过得很不宽裕,但却很要面子。为了显示自己不比富人家过得差,想到一个办法:花一点钱买一块肥猪肉挂在家里,每天饭后用它在嘴上擦一擦,村里人见他们嘴上泛着油光,以为他家饭菜的油水大,生活条件好,夸赞不已,于是这家人觉得很有面子。这是"打肿脸充胖子",是靠装腔赢得面子的极好的例证。

"装腔"造就了悖谬的虚荣。鲁迅讲过一个笑话:"一个绅士有钱有势,我假定他叫四大人罢,人们都以能够和他攀谈为荣。有一个专爱夸耀的小瘪三,一天高兴的告诉别人道:'四大人和我讲过话了!'人问他'说什么呢?'答道:'我站在他门口,四大人出来了,对我说:滚开去!'"与大人物沾一点边都觉得有了面子,顿生无限光彩,哪怕被骂也是得了荣耀。鲁迅评论说:"当然,这是笑话,是形容这人的'不要脸',但在他本人,是以为

---

[1] (清)吴趼人:《二十年目睹之怪现状》,浙江古籍出版社,2015年,第23—24页。

'有面子'的，如此的人一多，也就真成为'有面子'了。别的许多人，不是四大人连'滚开去'也不对他说么？"[1]的确，在现实生活中，此类事例颇为不少。如有的人遭了上司训斥，却不无得意地对同事说："今天又被老板骂了一顿！"自豪的神情写在脸上，分明在告诉别人，自己很得领导的赏识，是受重视、有面子的角色，否则为何许多人想挨骂都没有份儿呢。一个雇工在获悉雇主对自己不满意而有意解雇自己的时候，采取的行动便是早先一步提出辞呈，以免留下被人解雇的名声，落得没有面子。

穷人得意时最看重面子。一个穷光蛋苦心经营，吃尽苦头，终于时来运转，成了有权力的人，或者忽然交了好运，飞黄腾达起来，自然是春风得意，满脸透着满足的神情，这时对面子的渴望是最强烈的。刘邦击灭项羽，做了皇帝以后，原来那帮与他一起打天下的穷哥们，并不把他当作神圣的真龙天子，还是惯于在大殿上饮酒争功，拔剑击柱，大呼小叫，这让他自然觉得很没有面子。待到"事十主皆面谀得亲贵"的叔孙通"征鲁诸生，共起朝仪"，文武大臣在新建成的长乐宫依照礼仪齐刷刷向皇帝叩头，山呼万岁时，刘邦终于有了十足的威风与面子，不由自主地发出内心的感慨："吾乃今日知为皇帝之贵也。"（司马迁《史记·叔孙通传》）

历史上的皇帝对臣下的处置，很多是与面子相关的。明太祖朱元璋之所以大肆屠戮功臣，是因为他要确立皇帝的权威，而与他生死与共的伙伴过于熟悉他昔日的穷酸相，难以很快转过神来，以神圣视之。兔死狗烹的悲剧大多发生在穷人出身的皇帝登上宝座之后，多是皇帝急于立威，而部属不能及时给予面子的结

1　鲁迅：《说面子》，《鲁迅全集》第6卷，人民文学出版社，2005年，第132页。

果。相对而言，建立大唐王朝的李渊父子当上皇帝以后，之所以
没有大规模地杀戮功臣，是因为李渊称帝之前就已经确立了权威
与等级秩序，众人早已习惯于给他们足够的面子。

穷小子发达后，最怕碰到先前的熟人，翻出他的穷酸老底，
扯出他往昔的潦倒穷困，毁了来之不易的面子。旧相识前去攀旧
情，自以为是得了面子，其实是自讨苦吃。陈胜、吴广当年为人
佣耕时与人盟约"苟富贵，勿相忘"，昔日的佣伴听说他做了王，
前来投靠。由于少时交好，知根知底，自然少了些客套，缺乏官
场上须臾不可少的尊卑意识，使陈胜失了威风，扫了脸面，结果
被陈胜杀死。司马迁《史记·陈涉世家》对此有生动记载：

> 陈胜王凡六月。已为王，王陈。其故人尝与庸耕者闻之，
> 之陈，扣宫门曰："吾欲见涉。"宫门令欲缚之。自辩数，乃
> 置，不肯为通。陈王出，遮道而呼涉。陈王闻之，乃召见，
> 载与俱归。入宫，见殿屋帷帐，客曰："夥颐！涉之为王沈沈
> 者！"楚人谓多为夥，故天下传之，夥涉为王，由陈涉始。客
> 出入愈益发舒，言陈王故情。或说陈王曰："客愚无知，颛妄言，
> 轻威。"陈王斩之。诸陈王故人皆自引去，由是无亲陈王者。

对富人和强人而言，爱面子往往表现为喜欢"作势"。皇帝
的威势无出其右，所以是天下面子最大的人，也是最喜欢"作
势"的人。在皇帝而言，面子与威势是一回事。帝王们活着时享
受金碧辉煌的宫殿，死后的陵墓绵延百里。"皇家气派"也就是
皇家的面子。当年秦始皇出游，前呼后拥，威风凛凛，惹得刘邦
好生羡慕，喟叹道：大丈夫生当如此！何为"如此"？简单地说，
台前的"如此"就是皇帝的威风与面子，台后的"如此"则纯粹

是欲望——玉帛、女人、威福，即物欲、性欲、权欲——的满足。在中国社会，最豪华的建筑永远是官府衙门与官员的府邸，原因无他，都是维持官员"如此"脸面的需要，是支撑官位面子的需要。项羽的"富贵不归故乡，如衣绣夜行"之论，除了穷人的装腔，更多的是暴发之人的"作势"。

在处理与异族的关系上，作为"天朝上国"的中央王朝尤其要维持面子。所以，在等同于帝王将相家谱的所谓正史中，外族与中国的交往都被说成是"慕化"之下的"朝贡"，而天朝的回赠则是居高临下的"赐予"。隋炀帝为了让西域人相信天朝富庶，令商人盛饰市容，广积珍货，穿着华服，甚至连卖菜人都以龙须席铺地陈列蔬菜；令店家延西域人入酒肆醉饱，不取分文酬偿；又令市上树木以丝帛缠饰，以致胡人疑问，何以不丝帛给赤身露体之人，却用来缠树。明代郑和下西洋至今让许多人引以为豪，其实也是好大喜功积习作祟的面子工程，对外族的所谓"厚往薄来"的封赐，其目的即"示中国富强"。此种面子心理至清代更显示其畸形。鲁迅提到一件事：前清的时候，"洋人到总理衙门去要求利益，一通威吓，吓得大官们满口答应，但临走时，却被从边门送出去。不给他走正门，就是他没有面子；他既然没有面子，自然就是中国有了面子，也就是占了上风了"。[1]明明是吏治腐败无能之下的民穷国敝，丧权辱国，却硬端着天朝上国的架子，玩弄些小聪明，自欺欺人地维护在国民面前的"面子"，于是表面上的要面子就变成了内在的不要脸。

脸与面在外国语言里是同一个意思，但在中国文化里却不同。富贵之人爱面子而不要脸才能活得滋润，如果爱面子且要脸，则

---

[1]　鲁迅：《说面子》，《鲁迅全集》第6卷，人民文学出版社，2005年，第130页。

注定要走上绝路。当年项羽率领江东子弟八千人渡江而西，最后竟落得无一人生还；项羽自刎于乌江，临死之前想得最多的，不是如何卷土重来，东山再起，而是自己的面子："纵江东父兄怜而王我，我何面目见之！纵彼不言，籍独不愧于心乎？"项羽一生爱面子，从他坚持"富贵不归故乡，如衣绣夜行，谁知之者"，为面子而显摆，到他于山穷水尽之际仍一力维持面子，宁死而不知权变，显示出他是有底线的英雄，而不是为达目的不择手段的政客。这种英雄本色赢得了后人的赞赏。李清照诗曰："生当作人杰，死亦为鬼雄。至今思项羽，不肯过江东。"相较之下，刘邦是不要脸的典型。从年轻时的"好酒与色"；赴吕公贺宴，身无分文而厚颜谎称"贺钱万"，坐上首席；鸿门宴上受项羽百般羞辱，被迫低声下气应答而浑不在意；面对项羽执其父欲烹之的恫吓，嬉皮笑脸地以"吾翁即若翁，必欲烹尔翁，而幸分我一杯羹"的无赖做派应对，这一系列的行为说明他不仅是一个无赖，更是一个既不要面子也不要脸的政客。作为政客，此人明白一个道理：为夺取大位，忍要忍到无耻，狠要狠到无情；只有厚颜无耻方可无敌于天下，最终得到天下，得到梦寐以求的人生最大的面子，否则，在权力角逐中就会落得死无葬身之地。凭着这套"厚黑学"，他最终得到了天下，坐上了皇帝的宝座，并且坐稳了皇帝的宝座。

二

中国人的面子观念，涉及中国人的一种人生态度：无论何种身份的人，都有作为"人"所需要的基本的面子需要维护，尤其是在熟人的圈子里，这种面子观念就更显突出。在这个层次上，面子差不多与人的基本尊严是相同的。

英国传教士麦高温（？—1922）于1860年来华，先后在上海、厦门传教，在中国生活了50年，几乎与每个阶层的中国人都打过交道，对中国社会可谓了解至深。他以一种异质文化观对中国文化传统中好面子的习俗做过观察，对渗透于整个社会生活的面子观念有着深刻的洞察与理解。他认为，中国人的重要习惯是，总是把面子同人类生活之外的许多东西相联系，谨慎小心而不使有失尊严的事发生在自己身上，以致在众人面前丢了面子；中国人不单自己要面子，还讲究顾及他人的面子。他讲了自身经历的一个故事：某地的信徒要赶走一个语言无味面目可憎的传教士，悄悄地到他的上司那里去告状，而在他们得知这个传教士将被调到别处去以后，却又公开做出种种姿态挽留其人，从而给他一个面子，好让他体面地滚蛋。麦高温认为这体现了中国人"古怪奇妙的思想"；但他又说，热衷于面子也表现了中国人的幽默和善良，因为他们不仅要保全自己的面子，而且往往顾及他人的面子。因为每个人都有面子意识，所以珍视自己面子、顾及他人的面子，就成为一种约定俗成的人事准则。[1]这种人事准则在各民族的文化中或多或少都存在，是一种普世的人性观念。

然而，中国人的面子观所展现的是一种独特文化现象。中国人面子观念的特色是它的异乎寻常的普遍性与高强度，它几乎是人人、时时、处处具备的强烈意识。面子观念支配下的中国人的行为，呈现为一种非自然的游戏。20世纪初，一个美国人写到，要了解中国人"面子"的含义，就必须注意这样一个事实：

---

1 〔美〕麦高温：《中国人生活的明与暗》，朱涛、倪静译，中华书局，2006年，第289—292页。

作为一个民族，中国人具有一种强烈的做戏的本能，稍微遇到一些情况，他们便立即进入角色，完全模仿戏里的样子，打躬作揖，跪拜叩头，口中念念有词……中国人的问题永远不是事实问题，而是形式问题。总之，面子是理解中国人的一系列复杂问题的关键所在。如果说中国人特性中还有许多暗锁未被我们打开，那么"面子"便是打开这些暗锁的金钥匙。[1]

中国人的面子行为，在本质是"普遍的做戏"。但这种做戏行为，"却比真的做戏还要坏"，因为它具有普遍性与持久性，而"真的做戏，是只有一时，戏子做完戏，也就恢复为平常状态的"。[2]

中国人之所以普遍而持久地"做戏"，实在是因为中国社会就是一个大戏台。在这个"家国一体"的大戏台上，演戏的环境与氛围使每个人必须撇开本真的自我，充当社会伦理规范要求的角色。经过正统意识进行的长期的"规训"，每个人都被训练出一套行为规范，下意识地按照所谓"社会规范"进入角色表演。违背了角色意味着失去面子：高贵者不能如低贱者一样行事，而低贱者也不能冒充高贵者一样作为；行为不得体便意味着失去面子。皇帝行为不当，会被讥为"望之不似人君"，小人物模仿或冒充高贵者行事，轻者被讥为不知深浅，不懂规矩，重者则被视为心怀异志，犯上作乱，图谋不轨。对每个人而言，失了面子的结果便是"下不了台"。

在中国社会提供的人人无可逃避的大戏台上，构成其舞台背

1 〔美〕明恩溥：《中国人的文明与陋习》，李向晨、成江译，陕西人民出版社，2014年，第2—3页。
2 鲁迅：《宣传与做戏》，《鲁迅全集》第4卷，人民文学出版社，2005年，第345页。

景的是其传统社会结构。中国传统社会结构所具有的最大特点有二：一是礼法制度的持久不变；二是家族制度的牢不可破。礼法制度与家族制度的存在，是理解中国传统"面子文化"的关键：只要这两种制度存在，人们就要按照其要求行事，面子观念就不会消歇。

礼法制度是每个人必须遵守的行为规范。政治伦理中的君臣尊卑贵贱、人伦关系中的长幼秩序、职业分工中的士农工商，处处存在着等级划分，处在不同等级中的个人都有自己的身份地位与相应的行为方式。维护自己等级的基本行为方式，意味着维护自身的面子；向高等级递进或与之产生某种联系，是一种荣耀，意味着体面，即获得面子；反之，行为方式不符合自己的身份，或同化于下层等级，则意味着有失身份，丢了面子。所谓面子，其实质就是一种等级身份的象征，失了身份也就失了面子，因此面子才被人如此重视，被极力加以维护。

钱锺书论"吃饭"中的面子问题，说："把饭给有饭吃的人吃，那是请饭；自己有饭可吃而去吃人家的饭，那是赏面子。……反过来说，把饭给予没饭吃的人吃，那是施食；自己无饭可吃而去吃人家的饭，赏面子就一变而为丢脸。"[1]"吃饭"之事看似简单，但涉及的人际关系则相当复杂，它所涉及的问题在实质上是等级制度。请有饭吃的人吃饭，是希望吃者给予面子。有饭吃而去吃请，在吃请者一面，是赏了请吃者面子，在请吃者是得了吃请者的面子——这通常是社会等级中高等级对低等级的面子；有饭可吃者主动将饭给予无饭可吃者，显示的则是施予者的慷慨，得到

1　钱锺书：《吃饭》，《钱锺书作品集》，云南人民出版社，1999年，第484页。

的是随社会赞赏而来的面子——这是富贵者对低贱者的面子；无饭可吃而去吃人家的饭，在大多情况下都是丢面子，但这是穷人对富人的丢面子，对同类人却不见得都是丢面子，比如说，一个乞丐到一位权贵家乞食而得人赐饭，在乞丐而言，不仅不是丢脸行为，可能还成为炫耀的资本，在同类人眼里往往成为值得羡慕的有面子的事。请吃与吃请，有面子还是丢脸，其中的关键，是等级制度决定的身份地位。

从家族制度讲，传统社会中的个人始终割不断与家族的脐带，而只是作为家族中一员而存在，所以获得或丢失面子，都不仅仅是个人之事，毋宁说是整个家族的大事。中国人的面子观念里，个人的面子往往与家族不可分割地纠缠在一起。一个人仕途上的成功与失败，事业上的繁荣与衰颓，不仅事关个人的面子，也关乎家族的全体成员的面子。这种观念即使在核心家庭占据主导地位的当今社会，仍然有其余响。一个人购买何种汽车，本来是一件与他人无关的事，但对一些人来说，则还有一个面子问题。他至少要考虑，何种品牌、款式和颜色，不能太过廉价，否则不仅开回家中家人觉得寒碜，脸面无光，即使开到幼儿园接孩子，孩子也觉得没有面子，被小朋友嘲笑。

礼法制度与家族制度是建立现代国家的绝大障碍，面子观念既与此两种制度相关联，则必与现代国家各种制度相抵牾。林语堂说："在每个人失掉他的面子以前，中国将难以成其为真正的民主国家。平民无论怎么样，总没有多大面子。问题是到什么时候官僚阶级才肯放弃他们的面子？等到街巷闹市之间消失了面子，我们才有安全的交通；等到法庭上消失了面子，我们才有公平的裁判。等到内阁各部之间消失了面子，而以面子统治的政府让给了法治政府，我们才能有一个真正的民国。"[1] 同样，我们可以说，在法律面前，强人与富人没有了面子，没有了抖威风的习惯与机会，国家与民族的法律才会获得名副其实的尊严，否则，法治之声喊得再高，也只是一种虚假的姿态，也只能是有其名而无其实，一幅不能充饥的画饼。

1　林语堂:《吾国与吾民》，北京联合出版公司，2013年，第180页。

◎◎ 国耻之由来

一

对中华民族而言，几千年漫长的历史画卷上，的确有许多令人自豪的光辉业绩，但也有众多充满血泪的灾难。尤其是一部近代中国史，几乎每一页上都写满不堪回首的国耻，洒满了国人的血泪。仅以日本对我国犯下的罪行而言，这些日期都可视为国耻日：1月14日（1895年日本窃取钓鱼岛列屿）、4月17日（1895年中日签订《马关条约》）、5月9日（我国被迫接受"二十一条"）、9月18日（九一八事变）、7月7日（七七事变）、12月13日（南京大屠杀开始）等。

众多国耻每每让人有锥心之痛。悲哀、愤懑与迷惘之余，一个严肃的问题萦绕在脑中挥之不去：这令人难以容忍的国耻从何而来？毫无疑问，国耻来自列强的凶暴与侵凌。对此，国人有十万分理由加以谴责。然而，谴责之余我们不能忘记一个事实：人类几千年的文明史，尽管"和平""正义"这些字眼不绝于耳，令人无限向往，但人与人之间，人群与人群之间，国家与国家之间的争斗何时消停过？近代出现的社会达尔文主义所主张的弱肉强食进化观，固然有将人类等同于动物的偏颇，但毕竟在很大程度上反映了人类与生俱来的动物本性，以及由此决定的世界秩序的现实。

这种教训曾经多次出现。19世纪60年代，清帝国的大学士倭仁，面对西方的坚船利炮，大兵压境，认为"立国之道，尚礼仪不尚权谋；根本之图，在人心不在技艺"，只要"以忠信为甲胄、礼仪为干橹"，祭出这件法宝，气势汹汹的西洋人就会像小鬼见到如来佛，纳头拜倒在我们"礼仪之邦"的文明人面前。然而，满清王朝在西洋人面前一败涂地，得到的是更多的凌辱。对西方列强是如此，对狼性的日本就更是如此。

"落后就要挨打"，这个道理告诉我们，"挨打"的原因是"落后"。然而，仅仅接受"落后就要挨打"这样的认识是远远不够的；如果就此止步，历史研究者的研究活动就未免太肤浅了。在自然与社会竞争中，弱者失败而强者取胜是一基本道理。病弱者如不查明病弱原因，又如何恢复健康，成为强健者？很显然，研究"国耻"问题的关键是要弄清楚，是什么造成中国的落后？

实际上，中国之遭受外族入侵并非仅见于近代。从匈奴入侵以来，中原王朝曾多次覆亡于外族入侵，如南北朝时期的五胡、以及后来的金、蒙古、清。但近代以前的入侵者，在文化上都远远落后于中原王朝，所以，凭借着文化优势，外族入侵中原造成的生灵涂炭，都以入侵者的最终被同化得到补偿。这大概就是倭仁之辈所持"以夏变夷"理念的历史依据。然而，近代西方列强的入侵与此前外族入侵完全不同。在西方列强面前，中国已全面丧失其优势。中国的落后，不仅是器物与技术的落后，更是文化与制度上的落后，李鸿章所谓"三千年未有之变局"，已经隐隐感觉到了这场冲突的独特性——中国对于西方，已是全面的落后。

与近代列强的图强变革相比，晚清朝廷的守旧与顽固，以及由此造成的"内政不修"已经非常明显。如果在近代以前的世界各国的封闭状态下，其后果还不甚严重，那么，在与近代西方列强的冲突中，则影响可谓至为显然。晚清中国社会已是积贫积弱、沉疴难除。吏治腐败已经不可救药：官府欺压百姓肆无忌惮，社会正义荡然无存；百姓穷困潦倒，社会两极分化；清廷之官员目光短浅、贪婪昏聩，无知无能集于一身；而虎视眈眈之列强，其超迈中夏之优势已不可以道里计，"天朝上国"迷梦中的晚清朝廷对外部大势茫然无知，对即将降临的危机毫无知觉，更谈不上根本的应对之策。

孟子说："夫人必自侮，然后人侮之；家必自毁，而后人毁之；国必自伐，而后人伐之。"（《孟子·离娄章句上》）中国社会的内政不修，已经造就了家国蒙辱的条件，一旦外族觊觎并发动战争，绝无幸免之可能。外族入侵与内政不修互为关联，外族入侵之发生，外族势力在华夏大地之横行无忌，其根源则在中国内政之腐败、朽烂。

二

孙中山先生曾讲过："世界潮流，浩浩荡荡，顺之者昌，逆之者亡。"近代中国之所以沦落到几乎亡国灭种的地步，最直接的原因是权力集团罔顾世界大势潮流，不能及时实现现代性转变。

晚清朝廷对于世界潮流的麻木与无知，由一事可见。魏源的《海国图志》是中国先进知识分子开眼望世界的先驱之作，梁启超称之为"不龟手之药"。1851年《海国图志》传入日本，被翻译成日文，被日本人惊为天书，成为日本人了解西方优长、奋发图强的指南之一，对吉田松荫等明治时期的政治改革家产生了重要影响，推动了明治维新运动。然而，在朝廷及士人中，其影响却微乎其微，十分有限。清廷对"国之重宝"呕心沥血的警世之作所表现出的漠然，让日本人感到困惑，盐谷世弘在《翻刊海国图志序》中哀叹："呜呼！忠智之士，忧国著书，其君不用，反而资之他邦，吾固不独为默深（魏源字默深——引者）悲，抑且为清主悲也夫！"

近代世界大势潮流是民族国家的建立，体现出三个重要特点：首先，在经济层面上，实现由封闭的小农经济向开放的商品市场经济的转变；其次，在政治制度层面上，与商品市场经济相适应，实现由封闭垄断权力体系向开放权力体系的转变，即民主政治的建立；最后，在思想层面上，与商品市场经济与民主政治相适应，实现由封闭思维向开放思维的转变，即理性科学思维的建立。后两个层面就是五四新文化运动时期中国先进知识分子提出的"民主"与"科学"。一个民族与国家如果不想灭亡，就不能无视、拒绝这三个方面的转变。然而，我们看到的是，当时中国的权力集团一直昧于世界潮流，拒绝实现这种转变。

一向以"天朝上国"自视的中华帝国是从来不愿承认外族的优点的。明末清初杨光先厌恶洋人，留下了"宁可使中夏无好历法，不可使中夏有西洋人"的传世"名言"。鸦片战争以后，在洋人的坚船利炮面前，承认器物的落后已是无可避免，"师夷长技以制夷"似乎成了无可奈何的选择，然而清廷的大学士倭仁竟然以学习西洋蛮夷为耻，声言"闻以夏变夷，未闻以夷变夏"。洋务运动在重重阻力中以"中学为体，西学为用"为号召，艰难地推行改革，取得一点可喜成就，然而中日甲午战争，中国一败涂地，终于认识到制度也不如人，于是再探索制度改革，百日维新，预备立宪，最终以推翻帝制，建立共和而告终。但随之而来的军阀混战，使人认识到制度运转不灵的背后，是中国传统文化存在问题，于是才有了新文化运动提出的响亮口号"伦理之改造"，"民主"与"科学"才在思想上获得足够的认识。

近代以来中国走向现代社会的改造过程让人看到的，是权力当局对世界潮流感知的迟钝与被动。康有为《上皇帝书》说："若使地球未辟，泰西不来，虽后此千年率由不变可也。"可以说，以"天朝上国"自诩的帝制中国，即使面临世界潮流的激荡，也是得过且过，苟且偷安，只要不直接危及自身的欲望享受，就会今朝有酒今朝醉，继续维持其醉生梦死的生活；如果不是列强兵临城下，则定然还会继续耽于威福，躺在帝制特权建造的骄奢淫逸的安乐窝里继续享受下去。

一部中国近代历史，让人们看到，即使是外族兵临城下形势下的维新改革，一旦损害个人与集团利益，妨碍他们继续享受威福，则必然陷于困境，或者半途而废，或者被引向对自身利益损害最小的方向，即使以损害国家、民族利益为代价，也在所不惜。洋务运动的最终破产，当下商品市场经济与权力结合形成的权贵商品经济怪胎，都是近代以来中国社会无法实现对权力的有效制约所产生的必然结果。

鲁迅说："中国太难改变了，即使搬动一张桌子，改装一个火炉，几乎也要血；而且即使有了血，也未必一定能搬动，能改装。不是很大的鞭子打在背上，中国自己是不肯动弹的。"（《娜拉走后怎样》）在中国历史上，变革维新在根本上意味着触动利益集团的既得私利，这使得任何改革都变得万分艰难。

1904年，陈独秀作《亡国篇》，把"只知道有家，不知道有国"列为亡国的首因："我们中国，家族的制度，在各国之中算完备的了。所以中国人最重的是家，每家有家谱，有族长，有户尊，有房长，有祠堂。……个个人一生的希望，不外成家立业，讨老婆，生儿子，发财，做官这几件事。做官原来是办国家的事体，但是现在中国的官，无非是想弄几文钱，回家去阔气。至于国家怎样才能够兴旺，怎样才可以比世界各国还要强盛，怎样才可以为民除害，怎样才可以为国兴利，这些事他们做梦也想不到的。"[1]

与中国的家族制度相适应的，是以"家天下"为特征的皇权制度。皇权制度所展现的是赤裸裸的人性之私：皇帝享有权欲、物欲、性欲，享受至上垄断权；皇室家族享有锦衣玉食、世卿世禄的家族特权；权力集团享有荣华富贵、刑不上身的特权。这种以特权享受为特征的制度，是天下最符合人性之私的制度。其结果是，控制权力者无不以专权制度乃天下最美妙的制度而极力捍卫之。皇权制度"家天下"的权力垄断，造成当权者反对任何妨碍其欲望享受的改革，同时也造成国民对国家事务的冷漠。道理很简单：无权享受国民权利的国民，如何指望他们与享受特权、作威作福的权力集团同心同德？如何能让他们去拼了命捍卫特权阶级享受荣华富贵的国家？

---

1 《陈独秀文章选编》（上），生活·读书·新知三联书店，1984年，第53页。

﹋﹋ 论以史为鉴有效性的限度[1]

"以史为鉴"是中国人最执着的古老传统观念之一。它承载着国人对社会进步，尤其是对良善政治的期待而世代相传，至今仍生机勃勃、遒劲强健，占据政治意识的重要位置。对中国人而言，"以史为鉴"是一个当然的命题，其有效性是无可怀疑的。然而，中外历史上的不胜枚举的悲剧如出一辙地频繁上演，令人对它的有效性不得不产生怀疑。从正反两方面的事实看，"以史为鉴"在实践层面的落实是概率性的，仅具有或然性而并非必然性。这使我们不得不思考几个问题："以史为鉴"有效性的内在依据是什么？为何其有效性仅是或然性的？如何解释处于或然性概率之外的"有史而不鉴"的事实？澄清诸如此类的问题，将有助于我们更深刻地认识"以史为鉴"这个命题乃至整个历史学的功用。

一、中国传统"以史为鉴"信念与近代西方的异见

中国史学编纂的系统与连贯独步天下，史籍的丰富与详备举

1　本文发表于《清华大学学报　哲学社会科学版》2022年第3期，有改动。

世无双，历史意识与历史理性之发达世所罕匹。相对于历史意识之强大，中国社会宗教意识的淡薄是十分显然的，乃至可以说没有严格意义上的宗教信仰。中国人没有天堂地狱的玄想，但对俗世的立德、立功、立言等"不朽之名"却有着异常强烈的精神追求。[1] 这种精神追求的目标是一种终极关怀、一种精神寄托、一种道德信仰准则，在本质上是历史定位。故历史庶几可视之为中国人的信仰。正是对"青史留名"的俗世信仰的追求，使仁人志士将生死置之度外，"杀身成仁""舍生取义"。"人生自古谁无死，留取丹心照汗青"（文天祥《过零丁洋》）；"浩气还太虚，丹心照千古"（杨继盛《就义诗》），历史的正义与不朽成为蒙难者心中最终的诉求。刘少奇在蒙冤受屈、面临死亡之际，盘旋于他心中的是一个信念："好在历史是人民写的！"于右任《题民元照片》诗句"不信青春唤不回，不容青史尽成灰"，传达出历史不灭的信念。这种信念对其心灵的安慰，绝不逊色于"上帝的正义"之类的信念对于弥留之际的基督教徒的慰藉。"以史为鉴"观念源于对历史的信仰，是国人对"历史"执着信念的重要组成部分。

正如世所公认，一部二十四史不过是一部帝王将相的家谱，[2] 记载的是帝王将相的荣辱浮沉，映出的是统治者的所作所为的遗迹，故"以史为鉴"在整体上所关涉的，是后代统治者借鉴他们留下的经验与教训，实现当政者追求的长治久安，一言以蔽之，

1 《左传·襄公二十四年》："大上有立德，其次有立功，其次有立言，虽久不废，此之谓不朽。"

2 梁启超："二十四史非史也，二十四姓之家谱而已。其言似稍过当，然按之作史者之精神，其实际固不诬也。"见《新史学》第一章《中国之旧史学》，《新民丛报》第十二期（1902年）；鲁迅："所谓'正史'""等于为帝王将相作家谱"。见鲁迅《中国人失掉自信力了吗》，《鲁迅全集》第6卷，人民文学出版社，2005年，第122页。

"以史为鉴"的目的在"资治"：借鉴往古的成功经验而恪守之、发扬之；记取历史的教训，深思之，明辨之，采取措施避免同样或类似的悲剧发生，而在这二者之间，接受历史教训尤为核心要旨。

"以史为鉴"的自觉意识在周代已经出现。貌似雄壮的"大邦殷"被后起的弱小的周所取代，一向自称"我小国"的周人（武王、周公）认为殷人应该吸取夏朝倾覆的教训，因为"皇天无亲，惟德是辅。"（《尚书·蔡仲之命》"天视自我民视，天听自我民听"（《尚书·泰誓中》），唯有"敬德""爱民"，小心行使统治，才能达到长治久安的目的；所谓"殷鉴不远，在夏后之世"（《诗经·大雅·荡》）就是这种思想的凝练。[1]秦朝"兴也勃焉，亡也忽焉"的惊涛骇浪，令汉朝建立者心有余悸，不得不思考历史教训。贾谊《过秦论》说："野谚曰：'前事之不忘，后之师也。'是以君子为国，观之上古，验之当世，参以人事，察盛衰之理，审权势之宜，去就有序，变化应时，故旷日长久而社稷安矣。"司马迁说："居今之世，志古之道，所以自镜也。"在他"究天人之际，通古今之变，成一家之言"的人生目标中，总结历史教训是其主要内容之一。隋炀帝的横暴胡为带来的民众反抗以及隋朝的速亡，让唐朝统治者看到了亡秦覆辙的再现，故在隋唐鼎革转换的大氛围中，以"亡隋"为鉴的意识成为君臣的共识。魏徵对唐太宗说："臣愿当今之动静，以隋为鉴，则存亡治乱可得而知。思所以危则安矣，思所以乱则治矣，思所以亡则存矣。"（《新唐书·魏徵传》）唐太宗也是从这个角度理解魏徵的苦谏，以致在

1　详论参见刘家和：《论历史理性在古代中国的发生》《对于中国古典史学形成过程的思考》《史苑学步》，北京大学出版社，2019年，第277—305、318—341页。

失去魏徵的哀叹中总结出千古流传的名言："夫以铜为镜，可以正衣冠；以古为镜，可以知兴替；以人为镜，可以明得失。朕常保此三镜，以防己过。今魏徵殂逝，遂亡一镜矣。"（《旧唐书·魏徵传》）杜牧则在《阿房宫赋》中以亡秦的教训警示当政者："秦人不暇自哀，而后人哀之。后人哀之而不鉴之，亦使后人而复哀后人也。"在唐代的儒士看来，以史资治乃是"治国平天下"的关键环节之一。刘知几说："史之为用，其利甚博，乃生人（民）之急务，为国家之要道。"他虽然提出"历史"之用的两个方面，即人生之"急务"与国家之"要道"，但重点显然在后者。司马光编纂《通鉴》，辑录战国以来之史实，以"鉴于往事，资于治道"为宗旨，"专取关国家盛衰，系生民休戚，善可为法，恶可为戒者，为编年一书"。宋神宗赐名"资治通鉴"，史鉴资治的意旨可谓明显至极。在中华民族的习惯思维中，"以史为鉴"是一个不言而喻、不证自明的命题。"前车之覆，后车之鉴""鉴古知今""鉴往知来""观今宜鉴古，无古不成今""明镜可以照影，古事可以知今"，诸如此类妇孺皆知的隽语格言，似乎都在显示这个命题的有效性。

然而，这类训诫演化成信条式的格言，在各代反复出现，以致连绵不断、此起彼伏，充斥史册，从根本上昭示出一个不可忽略的事实：以史为鉴并没有能够真正落到实处，或者说，落实到实处的情况并不多见。道理很简单：智者经常提醒人们防范某种错误，说明这种错误很容易在人们身上显现；医者不断警告人们注意防范某种疾病，说明这种疾病很容易为人所染。"以史为鉴"之呼吁史不绝书，这个事实颇让人怀疑历史是否可以"为鉴"；即使可以为鉴，人们是否愿意、能否做到以史为鉴。

在欧洲古代传统中，历史著作也被寄托着"以史为鉴"的希望。这种实用主义特点在罗马史学传统中尤为明显。[1]对罗马史学家而言，历史之于个人的功用，是树立生活与处世的榜样。如普鲁塔克说："我把历史当作镜子来使用（ἐν ἐσόπτρῳ），努力以某种方式安排我的人生，使之与其中描述的各类美德相适应。"（235.I）[2]塔西佗则强调历史的扬善罚恶的功能："历史之最高的职能就在于赏善罚恶，不要让任何一项嘉言懿行湮没不彰，而把千秋万世的唾骂，作为对奸言逆行的一种惩罚"。[3]同样，李维也认为："研究过去的事，可以得到非常有用的教益。在历史真相的光芒下，你可以清楚地看到各种各样的事例。你应当把这些事例作为借鉴，如果那是好的，那么你就模仿着去做；如果那是罪恶昭彰而最后身败名裂的，那么你就要引为大戒，竭力避免。"[4]换言之，古代史家写作历史，"目的是用历史上的伟大人物和非常事件来激起读者的兴趣，或是通过描述和分析过去政治家和军事家的政策，给读者进行政治教育，作为他们担任政治任务的准备；或是通过讲述古人所遭遇的灾祸，来教育读者忍受逆境，维护尊严。"[5]

对历史功用的这种认识，在基督教统治欧洲文化以后受到压

1　见王晴佳:《西方的历史观念》，华东师范大学出版社，2002年，第28—34页。

2　Plutarchs, *Lives*, (The Loeb Classical Library), VI (Dion and Brutus. Timoleon and Aemilius Paulus), Bernadotte Perrin (trans.), Cambridge, Massachusetts: Harvard University Press, 1954, p. 261.

3　王晴佳:《西方的历史观念》，华东师范大学出版社，2002年，第33—34页。

4　王晴佳:《西方的历史观念》，华东师范大学出版社，2002年，第33页。

5　〔美〕詹姆斯·哈威·鲁滨孙:《新史学》，齐思和等译，商务印书馆，2009年，第23—24页。波里比阿指出："历史的特殊领域是……弄明白某一特定政策为什么失败或成功了。因为单单陈述一个事件的发生，当然是有趣的，但没有教育意义，而当这种叙述再以事件发生的原因加以补充说明时，历史研究才能有益。因为只有以类似的历史情况和我们自己的处境对比，才能从中取得推断未来的方法和基础。因为只有学习过去，才能学会在现在的情况下，什么时候行动应当更谨慎些，什么时候行动应当更勇敢些。"见〔美〕J. W.汤普森:《历史著作史》（上卷）第1分册，谢德风译，商务印书馆，1988年，第79—80页。

抑而消失。在基督教史观中，历史被看成了神命的体现，人类历史被认为是隐藏着神的秘密，神主导了人类的全部活动，人类的一切活动不过是神意的体现而已。近代初期，随着文艺复兴运动的兴起，人类历史的世俗本质才得到恢复；古典时期形成的历史教育功能逐渐复兴，历史研究被认为是以过去的道德上的成败扬善抑恶，培养公民的私德与公德。同时，由于坚信人是自然的一部分，认为人类活动遵循自然法则的观念也成为欧洲历史观念的一部分。马基雅维利的著作"浸透着对谈判和阴谋的激情，浸透着一种确信：当一个政治家面临国内外敌人危险的、无法预言的反对而企图寻求对策时，有条理地思考历史教训会使他获得启示"。[1] 在他看来，"人类的行为完全像行星的运动一样，受自然法则的支配。因此，靠周密地注意罗马人的制度的粘结力，就会发现永恒的政治规律"。他认为政治家应该把时事的经验与古代的知识结合起来，用于提取过去反复出现的政治教训的精华；政治才智应当是对古代实例缜密周详地思虑的结果。[2]

不过，近代以来的欧洲人很快意识到，人类的活动自始至终贯穿着人的自由意志，与自然界不同，依据历史所总结的所谓"历史法则"——无论经验或教训——并不可靠。第一次世界大战带来的巨大冲击，以及20世纪20—40年代世界各国的暴力冲突，让人对进步观念与历史教训的热忱信仰受到巨大打击。尤其是，弗洛伊德的理论使人们认识到，尽管人们在理智上展现出良好的意图、合理的愿望，但在灵魂深处仍然隐藏着不受理智约束的巨大力量。这些本能的力量冲击以理智为基础的人类活动，使得"以史为鉴"的原则在众多场合下失去效力，于是"以史为

1 〔英〕哈多克：《历史思想导论》，王加半译，华夏出版社，1989年，第11页。
2 〔英〕哈多克：《历史思想导论》，王加半译，华夏出版社，1989年，第14—15页。

鉴"观念受到普遍怀疑。英国政治家、史学家费歇尔在1935年出版的《欧洲史》自序中写道:"有一种理智的激动……我没有体验过。比我更有智慧、更有学问的人,曾经在历史中辨别出某种计划、某种节奏、某种预定的模式。这些谐和对于我是隐蔽的。我只能看到意外的事变一件接着一件,犹如大海里的波涛一浪推着一浪;我只能看到一个个独一无二的不能法则化的事实;只能看到一条对历史学家说来可靠的法则:他应该承认偶然事件和不可预知的事件在人类命运的演化中所发生的作用。"[1] 美国"新史学派"的代表人物鲁滨孙则指出:"长期以来,人们一直认为:人们可以从过去的事情中汲取教训,如政治家和军事家的先例,道德的指导以及使一般人得到安慰的那种天道的干预。但是,现在一般的历史学家都日益怀疑这些功用,认为这纯粹是一种幻想。我本人就很不愿意被认为是主张历史研究是具有这些功用的人。"[2] 又说:"古代许多历史学家著书的理由就在于希望以过去道德上的成败来扬善抑恶。但是,到了现在,几乎难得有一个历史学者还敢去劝导政治家、军事家和道德家去相信历史上的前例和教训;因为所谓前例,仔细研究一下,原来都是幻想;所谓教训,原来就是毫不相关的东西。"[3]

鉴于各国君主与政治家一而再、再而三地重蹈覆辙,历史学家似乎已经不愿再坚持"以史为鉴"在政治家身上的有效性,而是解释其何以无效。理查德·艾文斯写道:"尽管有许多人,特别是政客,都试图从历史中获得教训,但是回顾历史本身,可以发现这些教训中很少是真正对症下药的。我们一再地看到,历史原

1　H. A. L. Fisher, *A History of Europe*, vol. I, Boston: Houghton Mifflin Company, 1935, p. vii.

2　〔美〕鲁滨孙:《新史学》,齐思和等译,商务印书馆,2009年,第15页。

3　〔美〕鲁滨孙:《新史学》,齐思和等译,商务印书馆,2009年,第29页。

来是这样一个差劲的预言家。这是因为历史本身从来不重复；在历史学家最为关心的人类社会中，没有任何一桩事情以完全相同的条件或方式重现过。而当人们试图利用历史的时候，往往不是要去适应那些必然发生的事情，而恰恰是要规避它们。"他举例说，1939年英国首相张伯伦对希特勒采取绥靖政策带来了灾难性后果，有鉴于此，1956年英国首相艾登为了避免重蹈覆辙，在埃及总统纳赛尔宣布收回英法共有的苏伊士运河自主权时，发动了一场鲁莽的军事行动，遭受了军事与政治上的失败；还有，历史的教训也没有使历史学家预料到1989年柏林墙的倒塌与1991年苏联的解体。他认为不能相信历史对未来的指导意义，历史学家万万不可预言未来，其原因是，生活里面充满了太多不可预知的东西。[1]

西方现代学者对"以史为鉴"的怀疑思潮，或多或少受到了黑格尔历史观念的影响。黑格尔在他著名的《历史哲学》中做过一段堪称经典的论述：

> 人们惯以历史经验的教训，特别介绍给各君主、各政治家、各民族国家。但是经验和历史所昭示我们的，却是各民族和各政府没有从历史方面学到什么，也没有依据历史上演绎出来的法则行事。[2]

---

1 〔英〕理查德·艾文斯：《捍卫历史》，张仲民等译，广西师范大学出版社，2009年，第58—61页。

2 〔德〕黑格尔：《历史哲学》，王造时译，上海三联书店，1999年，第6页。刘家和教授从德文原文考察黑格尔这段话的意思，发现英译本译文不尽准确。刘先生认为，黑格尔的本意是说，"即使有从历史中抽绎出来的教训（在他看来其实是没有），人们也不会按照它来行事；而英译者忽略了黑氏所用的虚拟语气，把从历史中抽绎出来的教训坐实了，所以译文不准了。"见刘家和：《关于"以史为鉴"的对话》，载《史范学步：史学与理论探研》，北京大学出版社，2019年，第248—251页。不过，黑格尔的观点总体上没有受到影响。

对于"以史为鉴"的有效性，或者说历史是否可以"为鉴"，现代西方历史学家大多都服膺黑格尔的观点。[1]

二、史可为鉴的内在依据是什么？

在以史为鉴这个命题上，黑格尔以来西方学术界的异见，对于中国传统的信念形成最直接的挑战。中国学者认为这种观念上的歧异乃出乎中西历史观念的不同，长期未有回应。刘家和教授近年来对这个问题做出的阐述，是我们目前见到的全面、深刻的正面回应。[2]

黑格尔主张历史不可以为鉴的原因是："每个时代都有它特殊的环境，都具有一种个别的情况，使它的举动行事，不得不全由自己来考虑、自己来解决。当重大事件纷乘交迫的时候，一般笼统的法则，毫无裨益。回忆过去的同样情形，也是徒劳无功的。一个灰色的回忆不能抗衡'现在'的生动和自由。"[3]

刘家和先生认为，对于历史教训，人们有自己的选择自由，这话的确不错；有人面对历史教训采取不接受的态度，这样的事

1　例如，余英时虽为华裔学者，但终身身处西方学界，对西学思潮可谓了然于心。他认为，大到社会演变，小到个人生活，都由许多无法预见的偶然因素决定。"历史是偶然加成的，不像有什么必然的规律之类。人生也有许多偶然，你根本没有办法预料，自己也控制不住自己。""现在西方史学家百分之九十九没有在找规律了。"见余英时：《在开放与公平中寻求进步》，《时代周报》2013年11月14日。

2　2007年在西安召开的一次学术会议上刘家和先生正式提出了这一问题。他在《北京师范大学学报》2010年第1期发表《关于"以史为鉴"的对话》（收入《史苑学步：史学与理论探研》）。2016年他在《中国史研究动态》第3期上发表《再谈挑战》。2018年4月9日，又在国家图书馆中国记忆项目中心谈"以史为鉴何以可能"。中国学者关涉"以史为鉴"的论述可谓不可胜计，但迄今为止基本上没有跳出传统意义。

3　〔德〕黑格尔：《历史哲学》，王造时译，上海三联书店，1999年，第6页。

例在中外历史上确实太多了。但是，既然承认人们有接受与否的自由，那么人们选择接受历史经验教训在逻辑上就是不能被排除的。在历史实践中，以史为鉴也有具体的实例。如中国人从很早就坚信：以民为本从而得民心者得天下，残民以逞从而失民心者失天下。这就是一条很重要的历史教训。在商、秦、隋三朝的末世，统治者都拒不接受这个教训，但周、汉、唐等王朝就采取了乐于接受的态度。

刘先生认为，商、秦、隋之所以亡而周、汉、唐之所以兴的事例，恰好证明了这样的道理：人们对于历史经验教训的取舍是有选择的自由的；可是，人们对于自由选择的结果，就不再有选择的自由了。商、秦、隋拒不接受历史教训而"无可奈何花落去"，而周、汉、唐等王朝却因为接受历史教训而勃然兴起，并在中国历史长河中熠熠生辉。因此，可以承认人们对历史经验教训是有取舍选择的自由，但是不能因此就看轻历史经验教训的存在与意义。换言之，他认为中国传统上的以史为鉴的命题仍是有效的。

不过，我认为，如果承认政治家对历史经验教训的取舍选择是自由的，即拒绝或接受历史教训都出乎统治者的意愿，那么以史为鉴的有效性就不是必然性的，而是或然性（概率性）的。于是，就有一个不可回避的问题：这种或然性何以能够存在？或然性能够转化为现实性的依据是什么？

以史为鉴在本质上是人类——且只有人类——才具有的属性，在动物界几乎是不存在的。虽然动物也有基本的推理能力，如老鼠、狼或狐狸等动物受到一次伤害后，都会有记忆，避免受到再次同样的伤害，但这种"记忆之鉴"属于动物本能，是与某种生死攸关的疼痛经历造成的深刻感受相联系的，是一种生物性的反应，不是严格推理的结果；而且，动物所具有的这种"记忆之鉴"只是在它亲身经历以后才会发生作用，别的动物的经历（即"记忆之鉴"）对它没有作用。一言以蔽之，以史为鉴是人类特有的现象。

马克·布洛赫认为，人类之所以能做到"由古知今"，是因为"在人类本质和人类社会中必然存在着某种永恒的根本性东西，否则，人或社会这类名称就毫无意义可言了"。[1] 以史为鉴既是人类特有的现象，则其有效性所赖以存在的条件，当然也就是人类所仅有、所有人所共同具备且永恒存在的独特性。

人类的这种独特性有二：一是人类作为理性动物的特性，二是人性的万世不变。假若人类一如野兽无理性，则无以深刻认识客观世界与人类自身；假若人性变化莫测，毫无定则，则个体之智慧无论何等卓绝，皆不可能认识不同时代不同人群的思想与行为。

人类理性的运用不外乎两个方面，一是自然世界，一是人类自身。

人类是能够思考的动物，理性的存在和发达是人类得天独厚的条件，它使人类的活动不像动物活动仅受本能驱使，是人类区别于动物的基本特征之一。西塞罗曾说："人与动物之间最明显的差别是这样的：禽兽在很大程度上为感官所驱动，很少考虑过去或未来，只是为眼前而活着。但是人因为天生具有理性，他凭借理性可以知道事物的关系，看到万物的原因，理解原因和结果的相互性质，做出类推，因而很容易审视其一生的整个过程，为生

---

[1] Marc Bloch, *Apologie pour l'histoire, ou Métier d'historien*, Armand Colin, Paris, 1997, p. 63;〔法〕马克·布洛赫：《为历史学辩护》，张和声、程郁译，中国人民大学出版社，2006年，第36页。

活的行动做必要的准备。"（西塞罗《论义务》）卢梭指出："一切动物的行为都要受大自然的支配，它们必须服从大自然。人虽然也受大自然的支配，但他认为自己是自由的，可以接受也可以拒绝自然的支配。正是由于他认识到他有这种自由，所以才显示出他心灵的灵性。"[1]

在认识与改造自然方面，人类善于"借鉴"前人经验，推动了自然知识与技术文明的进步，改造客观世界的能力不断提高。蜜蜂为自己建造的蜂穴在结构上的完美，甚至连高明的建筑师都赞叹不已；蜘蛛为自己织造的捕食网络之复杂精妙，令人叹为观止；然而，它们的作品在成千上万年间没有发生根本性改变，既没有进步，也没有退化。人类则不同，最初的人类绝对制造不出蜂巢或蛛网那样精致的作品，但人类的理性是学习前人经验教训的资本，靠着这种本领，尤其是靠着文字记载，后人学会前人积累的经验与教训，然后再传播给后人，后人再借鉴前人，从而推动着文明的进步。我们看到，农业、手工业、冶金锻造、工具制造等行业，举凡涉及技术进步的一切领域——政府以外的其他领域——大多可以做到"以史为鉴"：避开以往的失败，接受成功的经验。17世纪以后，对世界的观察研究与人类的福祉结合起来，取得的技术进步与观念的突破，超越了以往几千年。当然，在前现代社会，由于政治与宗教权威掌握与垄断解说自然现象的权力，人们对自然世界的新认识一旦与传统理念不符，就会冲击传统权威与权威所代表的阶级的利益，因而往往受到阻挠，使以史为鉴难以落实。这方面最典型的实例，莫过于近代初期哥白尼

1　〔法〕卢梭:《论人与人之间不平等的起因和基础》，李平沤译，商务印书馆，2007年，第57页。

"日心说"与"地心说"的冲突，以及近代中国晚清朝廷对现代铁路建设的拒斥。但相对而言，人们在研究自然现象上借鉴前人的经验与教训，较少遭遇阻力。

人类社会迥然不同于自然世界。将理性运用于人类社会，达到以史为鉴的目的，情况要复杂得多。虽然理性使人类具备分辨善恶的能力，具备权衡利弊的能动性，使人类具备研究历史、推此及彼、汲取历史经验、总结历史教训的条件，具备实现"以史为鉴"的可能性，但以史为鉴之下的"资治"，在本质上涉及统治者与利益集团的欲望享受。因此，掌握权力者即使面临历史悲剧带来的严酷教训，借鉴历史教训的可能性也大打折扣，乃至在欲望支配下完全置教训于不顾而一意孤行，不由自主地重蹈覆辙。以史为鉴有效性在人事社会中的有限性，是下文所要论述的核心问题。

自然科学的研究对象是自然之物，历史学与自然科学的根本区别在于，人既是认识的主体，又是认识的对象。作为认识对象，古今历史中的人如果没有一种贯通一致的特性，或者说，如果其本性是变动不居、不可理喻，那么，人类的理性无论多么发达，对于人性支配之下的人类行动，则必然是无力认识的。

人类的本性在本质上是万世不变的，不管是古人还是今人，其人性在根本上具有同一性。人性的同一性决定了古今之人的人性并无差异。公元前5世纪的古希腊史家修昔底德就认识到，过去发生的事件将来也会发生，原因在于"人性总是人性"（κατὰ τὸ ἀνθρώπινον τοιούτων）。(I. 22)[1]历史上的人类，不管生活环境

---

1 Thucydides, *History of the Peloponnesian War* (Loeb Classical Librarary), trans. by C. F. Smith, Fletcher & Son Ltd, Norwich, 1980。中译文参见〔古希腊〕修昔底德:《伯罗奔尼撒战争史》，谢德风译，商务印书馆，1978年，第18页。

如何迥异，风俗文化、价值观念与行为方式如何不同，其人性总是相同的，知识的增长影响了人类的行为能力，改变了人类对于自然乃至人类本身的技能，但并没有改变人性本身，故历史上的人类行为在善恶性上并无根本的差异。善行出乎人性，恶行也是人性的组成部分。人性之善有形形色色的表现，人性之恶也同样是千姿百态，但不管为善与为恶，都是人性的表现。古今之人的思想虽受时代条件差异而呈现肤浅与深刻之别，但本质并无不同；古人的社会是善恶共存，今人的世界也必然脱不开这个定则。了解古人的善，今人可以视之为榜样，并鼓励人们仿效之；同样，了解古人的恶，可以引以为戒，想方设法采取措施以制度防范之。

人性亘古不变，不因时代变化而变异，这是历史变动之异中的"常"，即恒定因素。正是存在这个恒定之"常"，今人才可以理解古人，而古人的活动也有助于理解现实；古人之"鉴"可以用来观察当下现实，而当下的现实也可以用作理解古人作为的凭借。古人的经验可为今用，古人的教训可以为戒。理解人性是理解古今人类行为的基础，也是理解历史——无论是经验还是教训——的基础；理解人性也就掌握了理解古今人类行为的钥匙。古今之鉴互为参证、彼此贯通的道理正在于此。理解人性是史学家解读与诠释历史的最重要的使命之一，也是以史为鉴最重要的前提之一。[1]

---

1 何兆武先生的一段话可谓其一生研究历史最重要的心得之一，值得抄录于此。他说："对历史的理解是以历史学者对人生的理解为其基础的。或者说对人生的理解，乃是对历史理解的前提。对人生有多少理解，就有可能对历史有多少理解。对于人生一无所知的人，对于历史也会一无所知。"《对历史学的若干反思》，《历史理性批判论集》，清华大学出版社，2001年，第9页。此处他所说的"人生"庶几可以理解为"人性"。

三、"以史为鉴"有效性的限度

黑格尔认为，所谓经验和历史给了我们的教训是，就算是从历史抽绎出教训，各民族和各政府也没有汲取教训。对于这一观点，刘家和先生认为，黑格尔这一段话虽然说得机警锋利，但实际上是一个悖论：如果肯定前面的主句，那就是说历史经验是给了我们教训的，而且黑格尔也承认学到了；这样，断言从来就没有人从中学到任何教训的后一句就不能成立了。反过来说，如果后一句可以成立，即没有人接受历史教训，那么主句就又不能成立了。[1] 将黑格尔的观点视为"悖论"，可能源于人们对黑格尔这段名言的简化处理，我们看到有的文献在引用这句话时常常将它简化为："人们从历史学到的教训是人们从不学习历史教训。（People learn from history that people never learn from history.）"在这种简化处理中，主句与从句都使用全称"人们"，由此造成黑格尔观点的悖论困境：承认主句是成立的，则从句不成立，承认从句成立，则主句不成立。

但我们注意到，黑格尔的原始表述中有一个预备性前提，即"人们惯以历史经验的教训，特别介绍给各君主、各政治家、各民族国家"。换句话说，接受"教训"与否的主体，是"各君主、各政治家、各民族国家"。在这个前提下，后一句话"经验和历史给了我们的教训却是，各民族和各政府没有从历史学到任何东西"，实际上应该理解为：我们从"经验和历史"中所知道的是，历史上"各民族的政治人物"（即预备前提中的"各君主、各政治家、各民族国家"）不接受历史教训。在逻辑上，"我们"是一个

1　刘家和：《关于"以史为鉴"的对话》，《史苑学步：史学与理论探研》，北京大学出版社，2019年，第255—257页。

部分概念，而"各君主、各政治家、各民族国家"也是一个部分概念，这样就不存在简化处理中存在的两个全称概念（"人们"）的互相否定了。换言之，黑格尔所要表达的思想是，我们从历史中获得的教训是，各国各族的权力控制者是不接受历史教训的。对于中国传统的"以史为鉴"信念而言，政治家是否接受教训，正是"以史为鉴"的核心；"鉴史"的目的在"资治"，其对象是君主与统治集团，而不是普通百姓。老百姓是否接受历史的经验与教训，其实并不包括在传统的"以史为鉴"的观念中。

真正说来，"以史为鉴"涉及两个方面，一是被作为"鉴"（即镜子）的历史，二是鉴史者，即欲从历史之"鉴"中寻求教益（教训）的人。这两个因素在人们借鉴历史的过程中彼此互相影响，其互动关系涉及三个问题：第一，历史之"鉴"的有效性有多大？换句话问就是："史鉴"能否提供足够充分的现成方案，用于解决现实问题，它是否像前代医家留下的百试不爽的药方，后人只要照方抓药即可医治现实中的疾病？第二，鉴史者能否轻而易举、随心所愿地从历史中获得足够清晰而有效的"史鉴"？第三，更重要的是，如果真有历史之"鉴"摆在眼前，当权者是否就必然选择接受？

我们先讨论前两个问题，第三个问题留待后面讨论。

先说作为"鉴"的历史。确切说来，人类从历史中获得的教训（即"史鉴"）可分为两类，一类是贯穿古今历史的普遍性教训；另一类是具体人物与事件提供的个别性教训。前一类教训所涉及的大多是不变的人性，多为关涉整个人类利益的普遍性原则问题。"一般历史哲学理论这一把万能钥匙……最大长处就在于它是超历史的。"[1]而历史的教训一旦成为"超历史的"普遍性的

---

1 《马克思恩格斯全集》第19卷，人民出版社，1963年，第131页。

法则，则不能提供解决具体问题的具体方案。如英国学者阿克顿所作的"权力倾向腐败，绝对权力绝对腐败"的论断[1]被公认为是不易之真理，是对古今各族政权之本质特性的经典概括，一切政权概莫能外，是从人类历史中抽绎出来的最经典、最深刻的教训之一。许多国家与民族承认它是真理，但并不能落实惩治腐败之道，原因是：在人的自由意志面前，政治家可以选择接受，也可以选择不接受——政治家本身有自己的私欲与私利，他不可能决绝地完全无牵挂地选择接受历史教训；他不可能不受党派集团利益的掣肘——当强大的集团利益与历史教训对立时，利益集团的整体力量往往千方百计地阻止落实历史教训，或者使之变得无足轻重，或者将之挤压到很微末的位置；政治家落实教训，不能不面对国情之下的现实环境。因此，明白诸如此类的普遍性的教训，并不意味着找到切实可行的解决办法。

后一类"史鉴"所反映的是历史上的个别人物与事件的活动轨迹，提供的个别性、局部性教训更加具体，能为后人在处理类似行动与事件时提供足够生动的参考方案；但问题是，历史上发生的任何事件，都是在一定环境条件下发生的。历史长河奔流不息，人不能两次踏进同一条河流，即使在河流的同一地点渡河，也可能因河道的变化而遭遇不测，更何况历史上的人事从来不可能完全相同。历史发展并不符合机械律。坚持历史发展符合机械律的观念乃是基于一个假设，即"认为自古至今人类的情况是始终一致不变的，因而它就能提供永久先例的价值"。[2]历史中的教训都是历史的、具体的，其有效性也是历史的、具体的，历史过

---

1 〔英〕阿克顿:《自由与权力》，侯健、范亚峰译，商务印书馆，2001年，第342页。
2 〔美〕鲁滨孙:《新史学》，齐思和等译，商务印书馆，2009年，第15页。

程中的每一个具体历史事件都是唯一的、不可复制的。[1] 从这个角度，黑格尔说得不错："每个时代都有它特殊的环境，都具有一种个别的情况，使它的举动行事，不得不全由自己来考虑、自己来解决。"换言之，借鉴历史上的具体经验与教训以求解决现实中的具体问题，不是依葫芦画瓢可以济事，医治新病不能机械地照搬旧药方。所谓"老皇历看不得"的古谚所表达的正是这个意思。在治理巴蜀问题上，诸葛亮与刘邦面对的是相同地区的族群，但时移世易下的政治形势与民众心理已完全改观，诸葛亮拒绝照搬刘邦之现成"经验"，良有以也。[2]

更重要的是，人们欲从历史中获取镜鉴时不得不面临许多困难。史册记载过往的人类活动，但这些活动所能提供的信息，对于读史者而言是完全被动的。即使是在后人看来明显属于非常典型的悲剧性历史事件，也不会主动告诉人们哪些是关键性的经验与教训。历史事件的生成过程乃出乎各种原因，本身具有复杂性，历史教训能否总结出来，能否从"历史之鉴"里映照出来，

[1] "在人类行为和历史中一些特点条件是不可能孤立出来或重复出现的，也不能重复给定的条件复杂的人类行为不可能复制，不可能蓄意地发动，也不可能像自然现象一样可以期待它一定出现。太阳每天升起，潮汐和火车时刻表一样准时，前者更准时。……你指望月亮，月亮是可靠的；但你要指望人，就不可靠了。"〔美〕巴巴拉·W.塔奇曼：《历史能指导未来吗？》，《历史的技艺：塔奇曼论历史》，张孝铎译，中信出版社，2016年，第235页。

[2] 《资治通鉴》："诸葛亮佐备治蜀，颇尚严峻，人多怨叹者"。法正功其效法刘邦入关之先例，"约法三章"，"缓刑弛禁"。诸葛亮认为，治理国家须审时度势，不可胶柱鼓瑟，机械照搬，他批评法正只知其一，不知其二："秦以无道，政苛民怨，匹夫大呼，天下土崩；高祖因之，可以弘济。刘璋暗弱，自焉已来，有累世之恩，文法羁縻，互相承奉，德政不举，威刑不肃。蜀土人士，专权自恣，君臣之道，渐以陵替。宠之以位，位极则贱；顺之以恩，恩竭则慢。所以致敝，实由于此。吾今威之以法，法行则知恩；限之以爵，爵加则知荣。荣恩并济，上下有节，为治之要，于斯而著矣。"（宋）司马光《资治通鉴》，中华书局，1956年，第2131—2132页。

受制于多种因素，其中最重要的因素是历史的真实性。没有真实性的历史，不可能让人获得真实的"历史之鉴"。从虚假、歪曲的历史中抽绎出来的"鉴"，较之无历史教训之可"鉴"，可能造成更大的恶果。盖无"鉴"尚可依凭理性行事，而一旦固执地迷信虚假之"鉴"，则往往导致借鉴者自以为真理在握，有恃无恐，误入歧途。

然而，复原历史真相（尤其是细节）谈何容易？即使对于高明的历史学家，也是一件极为困难的事情。从古典时代开始，"忠于历史真实"就是古希腊历史家所坚持的压倒一切的目标，[1] 但他们也很清楚实现这一目标极为困难。修昔底德是伯罗奔尼撒战争的亲历者，他在记载这段亲历的历史时说："在研究过去的历史而得到我的结论时，我认为我们不能相信传说中的每个细节。普通人常常容易不用批判的方式去接受所有古代的故事——就是对于那些和他们本国有关的故事，他们也是这样。"（I. 20）基于这样的认识，他对这段历史的处理方法是："对于战争中所发生的事情，对于碰巧知情的人提供的消息，与看似可能之事，我并非必记之；我所记载的事情，是我亲身经历的，以及从他人那里获悉的但确凿性尽可能逐一核实过的。但要确证这些事实很不容易，因为见证同样事件的人并非就事论事，而是各有偏好，各有记忆。"（I. 22）[2] 可以说，在大多数情况下，即使是无愧"良史之才"称号的历史家，其笔下的所谓的真相也仅具有相对的真实性。

---

1 〔美〕J. W. 汤普森：《历史著作史 上卷》第1分册，谢德风译，商务印书馆，1988年，第31页。

2 修昔底德各版本的译文不尽相同，此据罗卜（Loeb）译本的希腊语翻译。Thucydides, *History of the Peloponnesian War* (Loeb Classical Librarary), trans. by C. F. Smith, Fletcher & Son Ltd, Norwich, 1980.

　　对于后世之人而言，获取真实历史之鉴的困难主要有三：一是构建历史之"鉴"的材料在性质上存在的局限：复原历史所依据的材料，如历史记载、档案文件、碑铭、传说等，都是人为的东西，无法摆脱主观性。历史学家所依凭的一切史料，在其可靠性上都远不如自然科学各个部门的材料。二是，"历史学家对于他所描述的许多现象，几乎是难以有直接的经验。历史学家所知道的历史事实，只能根据当时所遗留下来的不完全的遗迹。如书籍、文件、碑文、残存的建筑物以及其他考古遗迹。书籍里面的事实，历史学家惯于信赖的往往是别人写的报告，并不是写报告者自己的直接经验，而且写报告者并不向我们说明他们自以为是的材料究竟来自何处。上古与中古的一切历史学家和编年史家几乎都是如此。所以向历史学家所提供的一切材料，其中供其推想的奇人异事，不是事实的本身，而只是心理活动的遗迹。"[1] 换言之，历史学家面对的所谓"历史事实"，其本身所具有的客观性其实是不充分的；对"历史事实"的选择、诠释与解读，在很大程度上取决于历史学家预设的立场。[2] 此外，同样严重的问题是，可供历史学家所使用的关键性史料，对于古代史研究而言，永远存在数量上的不充分性，达不到历史学家研究所希望的需求；而考古证据所发挥的作用，则取决于研究者所提问题是否为真问题——假问题前提下，无论论证如何详尽，都得不到真结论——以及真问题的质量高低，其本身并不能回答任何问题。所以，即

---

[1]〔美〕鲁滨孙：《新史学》，齐思和等译，商务印书馆，2009年，第34—35页。

[2] 在历史研究过程中，史学家很难摆脱预设。正如有的史家指出："过去常说，让事实本身说话。当然，这话是不确切的。只有当历史学家要事实说话的时候，事实才会说话：由那些事实说话、按照什么秩序说话或者在什么样的背景下说话，这一切都是由历史学家决定的。"参见〔英〕E.H.卡尔：《历史是什么？》，陈恒译，商务印书馆，2007年，第93页。

使对于同一些"历史事实"，不同的史学家也不一定必然得出相同的结论。[1] 而现代史与当代史面临的困境则是史料太多，浩如烟海、真伪混杂，难以厘清；何况还有"为尊者讳"的回避与歪曲，对许多关键史料（如档案等）的严格封锁。自然科学研究所需要的证据可以根据需要设计出来，由实验加以验证，但历史研究做不到这一点。

至于以史为鉴过程中"鉴史者"的角色，则必须考虑"人"本身的局限。西方谚语说："人类一思考，上帝就发笑。"人类无法克服自身与生俱来的局限性，无论多么出类拔萃、绝伦超群的杰出人物，其本身除了带有人类自身普遍的局限，还带有历史条件造成的局限。人是具有"不可知变量"的动物。对于同一些现象，每个人的判断结论可能因其性格、才华、知识、个人经验的不同而出现差异。就军事家而言，"兵不厌诈""有备无患"之类的原则，恐怕是最基本而简单的经验与教训。但第二次世界大战中，美国人虽然熟知日本民族有发动偷袭战的习性，1904年突袭旅顺俄国舰队而发动日俄战争的教训历历在目，但仍然没有预见到日本会在与美国谈判期间同样突袭珍珠港；同样，1944年德国人也不愿意相信盟军会在诺曼底登陆。原因何在？在人本身。即使存在历史之"鉴"，但做出判断的是人。只要是人，就有自身的局限，如知识与经验的片面性、个人癖好、固执、自负、偏见、一厢情愿等等。更可注意的是，人类的局限在各民族那里往

1　胡适一生提倡治学遵守"大胆假设，小心求证"方法，认为这是"科学方法"，但他也意识到这个方法存在的固有缺陷：不能摆脱既定的预设。他在1933年承认："这个方法是很有危险性的，是不能免除主观的成见的，是一把两面的剑可以两面割的。你的成见偏向东，这个方法可以帮你向东，你的成见向西，这个方法可以帮你向西。"见胡适：《评论近人考据老子年代的方法》，《胡适全集》第4卷，安徽教育出版社，2003年，第117页。

往以文化传统的形式固化为集体心态，以"自古宜然"的态度对待历史教训，从而影响对历史教训的接受。如"尊古崇圣"是中华民族的悠久传统，这一传统积淀为"祖宗之法不可变"的积习，在历史上几度演化为改革变法的障碍，尤其是近代以来更演化为学习外来先进文化的重大阻力。

而在另一方面，一个统治者或一个统治集团处心积虑地借鉴历史教训，却从一条错路走向另一条错路。秦始皇并吞六国，鉴于周朝分封制造成的王国割据状态，改为郡县制，皇帝直接委派官员治理；严刑峻法；收缴和销毁民间所有武器；对六国的旧统治者或杀灭或强迫迁徙到首都，实施直接监视；以焚书坑儒扼杀潜在反抗思想；再以精兵强将北御匈奴，似乎一切不利于统治的因素均被消除，精心设计这一切的始皇帝毫不怀疑秦的统治将千秋永固、万世罔替。然而，被秦政逼入绝境的陈胜、吴广在大泽乡奋臂一呼，苦秦已久的黔首斩木为兵，揭竿为旗，云集响应，强大的秦帝国的丧钟竟由此敲响。"一夫作难而七庙隳，身死人手，为天下笑"，如此结局绝对不是始皇帝所能逆料的。赵宋一朝的政权源于赵匡胤自导自演的"陈桥兵变，黄袍加身"，武人自身的夺权经验，加上唐朝覆亡于武人藩镇割据的前车之鉴，使赵宋君主对武人控权怀有高度戒心，于是反唐朝之治道而行之，以"守内虚外"取代唐朝"守外虚内"；重文轻武的国策虽然避开了唐朝武人擅权带来的祸端，消弭了藩镇割据的威胁，但边患兴起时却无力抵御，最终亡于外敌。正如俗语说的"人算不如天算"，关好了屋门，盗贼却穿窗而入。"历史的狡黠"（the cunning of history）似乎总是与人类捉迷藏，以难以捉摸的玄机嘲笑人类的智慧。

鉴史的前提是洞察历史，而洞察历史对读史者的能力与素养有极高的要求，除了具备渊博的学识，还必须具备敏锐的领悟力、丰富的同情心和高超而灵动的想象力。饶是如此，其研究活动也永远无法摆脱一个难题：一个人从史册中所能看到的无一不是他人的活动，他人的影像，一种异己的事物；"历史之鉴"中映出的不是自己，不是自己经历的活动，没有亲身体验所得到的感受。对历史活动的所谓"感同身受"只是出于想象。由于时移世易，对"鉴中之像"所在时代与环境的隔膜，再加上自身个人阅历与见识的局限，缺乏亲身感受，对于"史鉴"中的异己之物，通常难以获得通透的理解。欲窥伺历史事件之中隐藏的玄机，洞明其中蕴含的潜在意义，从中归纳出经验与教训，即使对于资深的历史学家，亦非易事。读史者本身的能力与素养固不可少，但个人经历与体验，亦绝非无关紧要，有时甚至是更为关键的因素，因为只有某种与被观察者类似的个人经历与体验，才能引起心理与感情的共鸣，触动灵机，最终打通理解历史之鉴中时常出现的模糊不清的关键环节。历史的细节如果不引起读史者的思索，不能与现实相对照，不能在读史者的思想活动中复苏，就不能转化为有用的现实的经验与教训。[1]

在领悟历史教训这个难题上，较之历史学家，传统上的君主、政治家的局限性更为明显。

首先，钟鸣鼎食、养尊处优的先天环境养成的对社会民生感知的缺乏，家族与集团特权带来的唯我独尊与狂妄傲慢，以及仕

---

[1] 现举一例。1941年末香港陷落，1942年，陈寅恪从香港逃亡回到内地，途中作《陈述辽史补注序》，其中有段文字提到："寅恪侨居香港，值太平洋之战，扶疾入国，归正首丘。……回忆前在绝岛，苍黄逃死之际，取一巾箱坊本《建炎以来系年要录》，抱持诵读。其汴京围困屈降诸卷，所述人事利害之回环、国论是非之纷错，殆极世态诡变之至奇；然其中颇复有不甚可解者，乃取当日身历目睹之事，以相印证，则忽豁然心通意会。平生读史凡四十年，从无似此亲切有味之快感，而死亡饥饿之苦，遂亦置诸度量之外矣。"陈寅恪：《金明馆丛稿二编》，生活·读书·新知三联书店，2001年，第264页。

途坦荡带来的予取予夺的性格，在世袭制与世卿世禄制度下的君主与政治家身上是常见的通病，而在掌握了绝对权力的统治者的子孙后代身上，则几乎是难以避免的宿命。畏惧因追求智慧而付出辛劳与痛苦，所以养成不学无术的习惯，加上掌握权力以后，对逸乐的追求成为日常生活常态，君主、政治家难有深入思考的机会，很难做到与时俱进，故其智力高度、知识结构、政治判断力和价值选择，都会停留在对于精神世界塑型至关重要的青少年时期。如果这个时期不能获得足够多的知识素养，形成勤于思索的习惯，培育出察人观世的本领，养成乐于咨诹善道的习惯，其智力活动很快就会囿于固定范围，趋于固化，以僵化的思维处理新出现的问题。

其次，由于大权在握，所到之处听到的都是称颂阿谀之词，掌权者会变得极度自信、偏执、自以为是，坚信自己超凡脱俗，天纵其才，以致陷于愚蠢的刚愎自用，自认为算无遗策，天真幼稚地自以为时时、事事掌握制胜法宝。如果政策失败，不但不会反躬自省，寻求纠正之道，相反会变本加厉地拒谏饰非，推诿责任，苛责乃至惩罚他人，形成众人噤声、万马齐喑的局面。这种人犹如古墓里走出来的幽灵，虽然穿上了他所生活时代的服装，但灵魂并不活在现实世界里，更不可能开创新局面。具有这些缺陷的统治者如果也想"以史为鉴"的话，那么，他从历史借到的"史鉴"一定是固化僵死且数量极为有限的旧货，实际举措则往往不知随机应变、因地因时而制宜。不懂变通的宋襄公是如此，只懂得纸上谈兵的赵括也是如此；至于马谡式的政治家，更是代不乏人，其典型行为就是胶柱鼓瑟、不知权变地固执古人信条而将自己置于绝境。这样的政治家人多难以避开政治操作中的具体事务上的错误，在重大国策的制定上则更难以避免重蹈历史覆辙。

最后，也最为重要的是，除了上述不利条件，政治家鉴史还面临一个永恒的障碍：即使是惨烈无比的血和火的教训，那也是发生在别人身上，他并不能感受到切肤之痛，其情形正如同没有生活经验的稚子，无论父母如何训诫他避开水火，他从父母之"鉴"里所得到的充其量不过是对于"水与火"的肤浅意识，不被水烫过或火灼过，他断不会对父母"远离水火"的告诫获得刻骨铭心的体会，更不会每临"水火"而惊惧防范。普通民众个人获得此类"教训"，不管严重与否，其影响只限于个体自身。然而，对于决定国家命运的统治者而言，待到"教训"真实临身才有切身感受，则一个群体、一个民族、一个国家注定付出惨重代价，轻则沉沦，重则覆亡。勾践失国而复国，靠的是"卧薪尝胆""十年生聚，十年教训"，而夫差要效仿勾践的榜样时，却已经没有机会了。南唐后主李煜待到成为臣虏之后，才真切感受到亡国之痛，懊恼自己昔日不识干戈的虚浮，后悔昔日琼楼玉宇、繁华逸乐、纸醉金迷的荒诞，但为时已晚矣。

在中国历代王朝中，主动接受教训的王朝只是少数，而不是多数；即使是这些少数王朝，如备受史家称颂的周、汉、唐，也没有将"以史为鉴"贯彻始终；真正称得上主动接受前王朝覆亡教训的，也仅限于一个王朝的前两代统治者。他们在争夺天下的过程中，见证了平日里温顺如羔羊的民众如何揭竿而起，掀起反抗的滔天巨浪，亲眼目睹前王朝"忽喇喇似大厦倾"的覆亡过程，其心灵遭受巨大冲击与震撼，故惊悚惶恐之下对"民可载舟，亦可覆舟"的教训有着真切感受，犹如小孩子被水火烫灼的感受，刻骨铭心，难以拂去。他们的统治理念与实践榜样，或许可以借助于所谓"祖训"的力量，而为后代统治者所接受，使后代统治者与整个统治家族获益。然而，即使是有所谓"祖制"与规矩，后代统治者"生于深宫之中"的既定环境，锦衣玉食、宝马貂裘的优裕生活，决定了他们再无"高祖""太宗"那样的磨难经历，对历史教训的深切感受力便不复存在。因此，即使周、汉、唐这些所谓接受了历史教训的王朝，"以史为鉴"这个命题也只具有极为有限的效力。皇子皇孙们对基本社会现实与民众真实生活感受能力的衰颓乃至消失，是一个不可避免的过程，在民众饿殍遍地之际竟然发问"何不食肉糜"，遑论对历史教训的认识。更何况，有些王朝开创者本身之所以得天下，并非都经历艰难困厄，而是缘于某种幸运的机会，从一开始便对历史教训感受甚少，其子孙则更无论矣。

四、有史而不鉴的根本原因

在世界各族史册中，文人强调"以史为鉴"与政治家"有史而不鉴"的史例不胜枚举。这种"鉴"与"不鉴"之间的张力在我国历史上尤为突出："以史为鉴"的警告虽不绝于史册，但"有史而不鉴"的王朝不在少数，"有史而不鉴"的统治者更是比比皆是。清代学者汤谐《史记半解》说，司马迁《秦始皇本纪》昭示后人的，是暴秦"残民以逞自取灭亡"的道理："秦以智力并兼天下，志得意满，自谓功高前代，把持万世而有余，于是灭古乱常，淫昏贪戾之政，杂然并作。许多罪过本只一个病根，然就事论之，则民为邦本，而残民尤速亡之道，此史公所以特加详写而深切著明此理，为千秋炯戒也。"[1]但是大多数王朝的统治者，尤其是每一个王朝后期的统治者，并未汲取"残民以逞自取灭亡"这

1　杨燕起、陈可青、赖长扬编：《历代名家评〈史记〉》，北京师范大学出版社，1986年，第342页。

一普遍性的教训。

司马光编纂《资治通鉴》的目的，是希望皇帝"鉴前世之兴衰，考当今之得失，嘉善矜恶，取是舍非，足以懋稽古之盛德，跻无前之至治，俾四海群生，咸蒙其福"。胡三省作注序："为人君而不知《通鉴》，则欲治而不知自治之源，恶乱而不知防乱之术；为人臣而不知《通鉴》，则上无以事君，下无以治民；为人子而不知《通鉴》，则谋身必至于辱先，做事不足以垂后。"以胡三省的话，好似一本《通鉴》在手，就可以开创千年盛世、万代太平了。然而，神宗之后的哲宗与徽宗似乎并没有从《通鉴》中吸取历史教训，励精图治，开创盛世伟业。相反，《通鉴》编成几十年后，金人兵临开封，赵宋王朝失去半壁江山，徽宗与钦宗成了金人的俘虏；南渡偏安以后，赵宋皇帝亦未从危机中幡然醒悟，接受教训，收复失地，振兴祖业，却仍然歌舞升平，醉生梦死，苟且偷安，得过且过。无论是现实中迫在眉睫的危机，还是《资治通鉴》提供的历史教训，似乎都没有触动南宋皇帝的灵魂。

一部中国历史所展示的一个无可辩驳的事实是，中国社会始终走不出政权兴亡、王朝更迭的循环圈，而且每次变动所展示的都是后来者重蹈覆辙，与前王朝的覆灭表现出惊人的相似。近世文化名人黄炎培慨叹："我生六十余年，耳闻的不说，所亲眼见到的，真所谓'其兴也勃焉，其亡也忽焉'，一人，一家，一团体，一地方，乃至一国，不少单位都没有能跳出这周期率的支配力。……一部历史，'政怠宦成'的也有，'人亡政息'的也有，'求荣取辱'的也有。总之没有能跳出这周期率。"[1]黄炎培所说的"历史周期律"指的是历史悲剧的一再循环上演。在反复重演的

---

1 金冲及:《毛泽东》(下)，中央文献出版社，1996年，第719—720页。

历史悲剧中，历历可见的惨痛教训可谓一以贯之，触目惊心，各朝代的统治者定然不会一无所知，然而，他们并没有按照历史的"应然性"去选择接受教训，而是视若无睹地选择了拒绝接受历史教训。

"有史而不鉴"的原因何在？黑格尔认为，人类活动的具体性与历史性，决定了人们无法获得真实而准确的历史之"鉴"；即使能从历史中总结出一般性法则，获得了教训即"历史之鉴"，当权者也有拒绝接受的自由，故有史而不鉴的可能性永远存在。但正如前文所论，人性的同一性与永恒性决定了历史可以提供某种可资利用的"鉴"，人类理性的存在赋予人们借鉴教训的能力，而人的自由意志也不能决定人们必定拒绝"以史为鉴"。很显然，在黑格尔的见解中，"有史而不鉴"的现象并未得到解释。

既然"以史为鉴"与"有史而不鉴"均为人之行为，则二者必出乎人性且为人性之表现。故要回答"有史而不鉴"之现象，则必须回到"人之本性"这个争讼已久的主题。不解决这个问题，谈"有史而不鉴"现象就意味着无的放矢，难得正鹄。

但要谈"人之本性"，需先讨论"人是什么"；而要讨论"人是什么"，则需先明了人在世界中的位置。按照基督教带有宗教色彩的"世界秩序论"，世界的序列是：无生命—植物—动物—人—天使—上帝。基督教"世界秩序论"是从宗教观出发，但其中存在合理成分。在这个序列中，"人"之前的无生命、植物、动物序列大致符合现代科学的认知；如果对"人"之上的"天使"与"上帝"不作学术意义上的探究，而仅视为文化心理意义上的存在物，将其权作高于人类的"完美灵性"的代名词来理解的话，则这种"世界秩序论"是可以接受的。

在这个世界序列中，"人"的位置是介于动物（野兽）与天使之间的。人不是动物（野兽），动物只凭本能行事，不存在以史为鉴之可能，故不必谈以史为鉴；人不是天使，天使只会为善、不会为恶，在天使组成的社会中，不仅"以史为鉴"所要求的"扬善"没有必要，"惩恶"更没有必要，故"以史为鉴"完全无必要谈起。作为介于动物与天使之间的物种，人兼有动物与天使两种天性，故"人半是天使，半是野兽"这种认识应当是我们思考"史难为鉴"命题的出发点。

人具有理性，具备思考的能力，是其区别于动物且高于动物的地方，也是其接近天使、具备神性的特征。但人并非只有理性，在生物层面上它仍是动物，故孟子说"人之异于禽兽者几希"。与孟子同时代的亚里士多德更明确指出："人类由于志趋善良而有所成就，成为最优良的动物，如果不讲礼法、违背正义，他就堕落为最恶劣的动物。悖德（不义）而又武装起来，势必引致世间莫大的祸害；人类恰正生而具备他所持有的武装（例如言语机能），这些装备本来应由人类的智虑和善德加以运用，却也未尝不可被运用来逞其狂妄或济其罪恶。于是失德的人就会淫凶纵肆，贪婪无度，下流而为最肮脏最残暴的野兽。"[1]基督教以人类始祖亚当、夏娃的堕落带来的"原罪"说明人性恶之根源。恩格斯则从人类起源论的角度指出人性中"兽性"成分的存在："人来源于动物界这一事实已经决定了人永远不能完全摆脱兽性。所以问题永远只在于摆脱得多些或少些，在于兽性与人性程度上的差异。"[2]汤因比以史学家的眼光看待人性，说："人类本性（Nature）

---

1 〔古希腊〕亚里士多德：《政治学》，吴寿彭译，商务印书馆，2017年，第9页。
2 〔德〕恩格斯：《反杜林论》，《马克思恩格斯选集》第3卷，人民出版社，1974年，第140页。

中有一种与生俱来的、深入血液的令人厌恶的邪恶；但同时也有
与生俱来和深入骨髓的善良。每一个人类灵魂都是一个战场，两
种不相容的精神力量在这个战场上永恒地争夺着统治权。"[1]人性中
存在兽性这种观念现在差不多已成为西方思想家的共识。[2]在人类
的话语体系中，邪恶之人之所以被视为"禽兽"，是因为人之邪
恶行为通常与野兽行为完全雷同。故人之邪恶主要指那些不顾人
类社会道德、赤裸裸暴露出来的与动物无异的本能欲望。

作为自然的一部分，人类与动物一样，其最基本的、最高层
次的欲望是生存欲。保证人类生存、延续的条件，从个体而言，
乃是饮食的本能；而保证一个种族延续的条件，乃是男女（性）
的本能。[3]与前者相联系的是人获取物质的欲望，与后者联系的是
占有异性的欲望，而与这两种欲望并存的是第三种欲望：权欲。
在人类的社会活动中，至少这三种与生俱来的本能欲望，无时无
刻不在干扰、冲击乃至支配人的行动；这些干扰力量一旦发动，
在许多情况下是理性力量左右不了的。

在这些欲望中，生存欲居于最高层次，它可以制约其他三种
欲望（物欲、性欲、权欲），在存在生命危险的前提下，其他三

1　Arnold J. Toynbee, *Acquaintances*, London：Oxford University Press, 1967, p. 242.

2　普罗提诺（公元205—270）："我们肯定被要求把人类作为宇宙的精选成员，最智慧
　　的存在！但是事实上人类处于神与禽兽之间，时而倾向一类，时而倾向另一类；有
　　些人日益神圣，有些人变成野兽，大部分人保持中庸。"（〔古希腊〕普罗提诺《九章
　　集·第六》）近代哲学家叔本华也有相同的见解："从本性上讲，人是一种野蛮、可怕
　　的动物。我们所认识的人，只是我们经过驯化和教育、我们叫做文明的东西；因而人
　　的真正本性偶然爆发出来，会使我们惊恐不安。但是一旦去掉法律和秩序的枷锁，无
　　政府状态来临时，人便会露出自己的真实面目。"（〔德〕叔本华《附录和补遗》）

3　罗素："动物的各种活动，是由生存与生殖两个基本需要所引起的，而且也不出乎这两
　　个需求所迫切要求的范围。"〔法〕罗素：《权力论》，吴友三译，商务印书馆，2012年，
　　第1页。

种欲望如果不是绝对被抑制，也被降低到很低的程度，但是一旦生命安全得到保障，其他三种欲望就会不可遏制地展露出来。造反者夺取政权后迅速走向腐败几乎成为历代王朝摆脱不掉的魔咒，其原因在此；其造反之时，之所以不敢肆意释放三种欲望，形成全面的腐败，并不是因为其最初的理想多么高尚，而是因为生存环境的险恶对其他三种欲望形成严酷的抑制。

对物欲享受的追求不仅影响中枢权力控制者，更影响整个权力集团拒绝借鉴历史教训。商鞅变法也好，王安石变法、张居正改革也罢，其最终的失败都是因为当政的利益集团维护私利，置国家长远利益于不顾的明证。马基雅维利忠告改革者："再没有比着手率先采取新的制度更困难的了，再没有比此事的成败更加不确定，执行起来更加危险的了。这是因为革新者使所有在旧制度之下顺利的人们都成为敌人了。"[1] "旧制度之下顺利的人们"之所以反对改革，是因为改革损害了他们的物质享受。在戊戌维新之前，慈禧太后曾告诉光绪皇帝："变法乃素志，同治初即纳曾国藩议，派子弟出洋留学，造船制械，凡以图富强者也。若师日人之更衣冠、易正朔，则是得罪祖宗，断不可行。"（费行简《慈禧太后传信录》）慈禧的话从字面上理解，好像是告诉人们，学洋人机械制造，图国强、扬国威，她是推动者，并非反对者，但不主张改变大清制度，得罪祖宗。表面上，好像她只是守旧。其实，这都是堂皇的欺人之谈，骨子里的关键问题是特权享受。在物欲享受面前，所谓的"克己奉公""大公无私"之类冠冕堂皇的口号，都不过是欺人的幌子而已。当她挪用国库银两大修颐和园之时，她心中不会完全没有鸦片战争以来对外遭受的败绩与屈辱吧？然

---

1 〔意〕马基雅维利:《君主论》，潘汉典译，商务印书馆，1985年，第26页。

而，此时占据其心灵的定然是逸乐享受的欲望！当享受欲望统治了其灵魂时，哪里还有历史教训的位置？！人类社会史所显示的事实告诉我们，任何改革一旦触及统治阶级的物质享受，都会受到阻止。"民主"与"共和"思想在晚清以来的遭遇，都说明在集团物欲面前，"以史为鉴"是何等的苍白无力。

性欲是人类最根本的欲望之一，对当权者的影响最为直接。中国传统儒教宣扬"万恶淫为首""存天理，灭人欲"，但皇帝却是三宫六院，视妻妾成群为理所当然的特权。历代皇帝庞大的后宫所导致的朝纲紊乱，政权倾覆，其症结是皇帝淫欲泛滥。传统上所谓的"红颜祸水"是在让女人为皇帝的淫邪背黑锅。范晔曰："自古丧大业绝宗禋者，其所渐有由矣。三代以嬖色取祸。"（《后汉书·宦者列传》）其实，帝王淫乱又岂止夏商周三代？孔子相鲁，鲁国大治。齐国惧鲁国强大，送女乐好马，季桓子受之，三日不听政，从此沉迷于美色，不理朝政。孔子莫可奈何，不得不灰头土脸地离开鲁国，作《去鲁歌》哀叹："彼妇之口，可以出走；彼妇之谒，可以死败。"（《史记·孔子世家》）《新唐书》总结有唐一代历代皇帝好色带来的灾难："呜呼，女子之祸于人者甚矣！自高祖至于中宗，数十年间，再罹女祸，唐祚既绝而复续，中宗不免其身，韦氏遂以灭族。玄宗亲平其乱，可以鉴矣，而又败以女子。方其励精政事，开元之际，几致太平，何其盛也！及侈心一动，穷天下之欲不足为其乐，而溺其所甚爱，忘其所可戒，至于窜身失国而不悔。考其始终之异，其性习之相远也至于如此。可不慎哉！可不慎哉！"（《新唐书》卷五《本纪第五》）明清时期封建帝王的腐败和糜烂，并不是因为他们对"以史为鉴"这一古训茫然无知。何以如此？非不欲也，实不能也。孔子曰："未闻好德如好色者也。"因为"好德"是靠后天培养，"好色"则出乎天然本能。人类并非意识不到好逸恶劳、趋于淫乐的坏处,而是无法克服这种天性。故生死危亡关头,仍醉生梦死、荒淫无道的统治者并不鲜见。统治者一旦色欲勃发,理智即被完全抑制,整个人呈现为动物状态,理智无所附丽,哪有可能去借鉴历史教训?[1]此时任何可怕的后果,包括政权覆亡这种"不自由"的后果,在"自由"的欲望面前也失去了制约力。历代文人喜欢吟唱"商女不知亡国恨,隔江犹唱后庭花",将悲剧的主因算到女人身上。如果皇帝的"淫欲"发动与泛滥是亡国的主因,那么最应考虑的是建立制度,遏制皇帝的淫欲,而不是消灭女人。

权欲对政治行为的腐蚀与干扰,始终是历代思想家思考的最重要的主题之一。古希腊思想家柏拉图主张哲学家当国王,但最终却怀疑并否定了这一点,认为法律才是维护公平正义的唯一屏障。在他看来,没有人能够在灵魂深处抵御专制权力的诱惑,在专制权力下,任何人都会做出愚蠢荒唐的行为,呈现严重的病态,因为人的权欲一旦从潜伏状态被激活,就会以不可遏制的状态膨胀起来。这是一个千古不易的真理。英国思想家托马斯·霍布斯指出:"全人类共有的普遍倾向……便是,得其一思其二、死而后已、永无休止的权势欲。"[2]孟德斯鸠告诉人们:"自古以来的经验表明,一切拥有权力的人,都倾向于滥用权力,而且不用到

1 余英时说:"司马光写《资治通鉴》,就是要给皇帝找教训的,皇帝真的能得到教训吗?皇帝也有七情六欲,等到七情六欲做主的时候,什么教训也忘了,他明明知道女色有害,突然爱起哪个女的来就不顾一切了。他还管教训不教训呢?他把皇帝的责任感给丢掉了。有人说,读历史是要从中得到经验,那是很陈旧的观念。"余英时:《在开放与公平中寻求进步》,载《时代周报》,2013年11月14日。
2 〔英〕托马斯·霍布斯:《利维坦》,黎思复、黎廷弼译,商务印书馆,2017年(第一版),第72页。

极限绝不罢休。"[1]权力虽非人人可得，但其诱惑力却无处不在，使人心向往之，趋之若鹜；它犹如使人上瘾的鸦片，一朝得而吸食之，便极难再割舍，除非外力所迫，绝难自动放弃。权力带给掌权者最明显的感觉是飘飘然自我膨胀，自认为无所不能、完美无缺、至高无上，在这种错觉之下往往变得予取予夺，贪婪无度，滥用权力，最终走向绝境。

权欲造成情感与思维的悖谬。中国传统文化鼓吹"中庸之道"至少两千余年，但政治运作中从来没有做到"中庸"。一个不争的事实是，人们都感受到专制制度的暴虐与可恶，都痛恨暴君与专制制度，然而，几乎不可避免的情形是，一旦掌握了权力，立场马上改变，迅即擎起先前暴君的大旗。新掌权者首先想到的不是如何减少自己的欲望享受，让民众获得更多权利，而是想方设法维护家族与统治集团的特权，挖空心思为垄断家族特权设计，千方百计消灭一切潜在的反抗力量，乃至无所不用其极。对于任何胆敢觊觎者，则必欲灭其九族而后快，镇压手段更加残酷而血腥。从以史为鉴的角度，新的统治者最应做的是以前朝覆辙为鉴，在新的起点上通过放松权力的绳索，缓解社会矛盾，达到长治久安，但享受欲与权力欲使他们难以做出这种选择，其结果是，家族与集团欲望享受的扩张一如前朝不知收敛，最终将社会矛盾再次推向危机边缘。面对危机，此时的统治者也如前朝一样死守权力，本能地选择以暴力对付反抗力量，无可避免地如同以往政权一样被反抗力量彻底倾覆。以暴易暴的政权更迭方式成为常态，每一朝夺权者毫无例外地重蹈了前代的覆辙。

从根本上，人的活动都具有目的性，一切行动都受到欲望的

---

1 〔法〕孟德斯鸠：《论法的精神》（上卷），许明龙译，商务印书馆，2009年，第166页。

驱使。项羽和刘邦目睹秦始皇出行途中气派非凡的场景，下意识地做出反应，一个脱口而出："彼可取而代也！"一个由衷地喟叹："嗟乎！大丈夫当如此也。"二人身份不同，一个出身贵族，一个是市井小吏，看似志向不同，实则指向为一。鲁迅说："羽要'取'什么呢？便是取邦所说的'如此'。……何谓'如此'？说起来话长；简单地说，便只是纯粹兽性方面的欲望的满足——威福，子女，玉帛——罢了。然而在一切大小丈夫，却要算最高理想了。"[1]"一代天骄"成吉思汗流传最广的豪言壮语是："人生最大的乐事莫过于战胜和杀尽敌人，夺取他们所拥有的一切，乘其骏马，纳其妻妾。"[2]这位草原霸主以其特有的狂放不羁将许多君主与政治家花言巧饰的心底欲念全盘托出，将人性中"纯粹兽性方面的欲望"赤裸裸地袒露在世人面前，未免让人生厌，但不可否认那就是人性欲望的底色，是一种客观存在。一人之心，天下人之心也。在人性欲望上，普通百姓与帝王将相没有不同，只不过帝王将相由于权势在握，欲望的流露一览无余，更强烈更露骨而已。对"威福，子女，玉帛"——权欲、性欲、物欲——满足与享受的追求，是人性中难以抗拒的力量，当这些与生俱来的天然存在的难以抗拒的自然欲望主导其身心时，理智必退于很微弱的地位，人成为欲望的仆人，退化到"野兽"状态，只能"自由地"随着欲望行动，拒绝与理性为伴的"以史为鉴"；至于由此而来的"不自由"的惨烈后果，早已置之脑后，不在计议思量之中。

1 鲁迅：《热风·随感录·五十九·"圣武"：》，《鲁迅全集》第1卷，人民文学出版社，2005年，第372页。
2 〔波斯〕拉施特：《史集 第一卷第二分册》，商务印书馆，1997年，第68页。

就中国历史而言，秦朝以后的历代王朝，不外在分封制与郡县制之间选取其统治方式，但不管采用哪种形式，以家族之私为根本特征的"家天下"是不变的。"普天之下，莫非王土；率土之滨，莫非王臣"的原则所展现的是当权者不受羁绊的欲望：对百姓生命的生杀予夺，对美色享受的贪婪攫取，对物质财富的肆意支配。直白淋漓的欲望释放与满足，对所有人都具有莫大的诱惑；在这种难以抗拒的无上诱惑面前，任何一个对权力怀有觊觎之心的人，都会认为值得用一己之命乃至全家族之生命为之一搏，其情形恰如赌场上瞬间万利的前景诱使赌徒孤注一掷。权力垄断制度造就的具有无上诱惑力的垄断的欲望享受，必然使权位控制者成为他人时刻觊觎的目标。由此形成周而复始的历史悲剧的程式化：虽然历代开国皇帝无不"以史为鉴"，为自己的"江山永固"挖空心思、绞尽脑汁，但其子孙仍难以逃脱最终被人赶下台来，以屈辱与悲惨收场的命运。一部王朝更迭史从头至尾上演的都是"为人剃头者，人亦剃其头"的悲喜剧："剃人头"的喜剧无不千篇一律地以"被人剃头"的悲剧告终。所以，在"天下为私"这个前提之下，不管历史舞台上的演员如何变换，也不管台上的演员如何表演，最终下场都是如出一辙，一模一样，绝无二致。这就是历史内在的逻辑，也是"权力为私"制度的共同结局；只要不破除"权力为私"这个前提，人类就走不出这个死结。

"惟天生民有欲"，但平民的欲望无论大小，其欲望的释放都受到统治者设置的法规的重重制约，甚至完全没有条件释放，对社会不会造成大的危害；而人类始终面临的难题是当权者的欲望扩张。在没有制度约束的情况下，统治者的行为时常呈现出非理性的"自由"状态，其肆意释放的欲望所形成的巨大冲击力，根本不是理性所能制约的。历史上相同或相似的悲剧之所以反复重演，后人一再重蹈前人的覆辙，是因为古今人类有着同样的欲望，欲望的释放与爆发亦无不同。魏徵谏唐太宗说："殷鉴不远，在夏后之世。……存亡之所在，在节嗜欲，省游畋，息靡丽，罢不急，慎偏听，近忠厚，远便佞而已。"（《新唐书·魏徵传》）但问题是，皇帝本人能做到吗？即使他的理性使他意识到了，仅靠他的意志力能做到吗？如果为势所迫而一时做到了，他能坚持到底吗？答案显然是否定的。如何遏制帝王欲望的肆意蔓延？历史留下的最大的教训是，如果不能"把权力关进制度的笼子"，用制度锁住当权者的欲望，而仅仅呼吁统治者"以史为鉴"，全社会得到的最终结局只有一个：眼睁睁看着掌权者肆无忌惮，任性妄为，有史而不鉴。这就是我们纵观历史，考察不变的人性之"常"而得出的基本结论。

⟳ 关于爱因斯坦一封信的翻译与理解[1]

爱因斯坦有一封写给斯威策（J. S. Switzer）的著名信件，涉及近代科学何以产生于西方而非中国的问题，历来受到中国科学技术史研究者的关注。斯威策是一位美国陆军上校，退休后到斯坦福大学历史系攻读硕士学位。他在选修了汉学家赖特（Arthur F. Wright）开设的阅读课，对课堂讨论的"中国有无科学的问题"产生浓厚兴趣。斯威策想知道爱因斯坦对此问题的看法，于是自作主张，将课上讨论的主要问题记下来寄给了爱因斯坦，爱因斯坦于1953年4月23日回复了一封短函，精练地表达了自己的见解。信中写道：

> The development of Western science has been based on two great achievements：the invention of the formal logical system （in Euclidean geometry）by the Greek philosophers，and the discovery of the possibility of finding out causal relationships by systematic experiment （at the Renaissance）.
>
> In my opinion one has not to be astonished that the Chinese

1　本文发表于《民主与科学》2023年第3期，第76—78页，有改动。

sages have not made those steps. The astonishing thing is that those discoveries were made at all.

这两段文字对于了解爱因斯坦如何看待近代西方科学的勃兴，以及他对中国为何未产生近代科学的见解，具有重要意义。

在我国学界，对于这封信的翻译与理解经历了曲折的过程。最早将它译出的是许良英先生。在1976年出版的《爱因斯坦文集》中，他的译文是：

> 西方科学的发展是以两个伟大的成就为基础，那就是：希腊哲学家发明的形式逻辑体系（在欧几里得几何学中）以及（在文艺复兴时期）发现的通过系统的实验可以找出因果关系的思想。在我看来，中国的贤哲没有走上这两步，那是用不着惊奇的。令人惊奇的倒是这些发现【在中国】全都做出来了。[1]

爱因斯坦的见解分为三部分，第一部分涉及近代西方科学勃兴的两大基础，第二部分涉及中国传统中这两个基础的阙如，且认为这种阙如是正常的，不必惊异，第三部分指出完成这两大成就是不平凡、可惊异的。遗憾的是，许先生对于第三部分即最后一句话的理解出现了偏差，造成了译文上的逻辑矛盾：前面指出西方科学赖以产生的两大成就，后一部分说中国的贤哲没有迈出走向这两大成就的步子，不必惊讶；但又说中国贤哲做出了这两

---

1 〔美〕爱因斯坦：《爱因斯坦文集》（第1卷），许良英等译，商务印书馆，1976年，第574页。

大成就，是令人惊异的事情。许先生对爱因斯坦的本意显然没有充分的把握，故在"这些发现"与"全都做出来了"之间增加了原文没有的"在中国"，且以【】标示出来。

许先生意识到译文存在问题，故在1983年《爱因斯坦文集》第一卷第三次印刷时，改译为"要是这些发现果然都做出了，那倒是令人惊奇的事"。不过，将它译作虚拟句，仍然是误译，因为 The astonishing thing is that those discoveries were made at all 一句并非虚拟式，而是陈述句，直译出来就是"令人惊异的是，这些发现全都做出来了"。

做过翻译的人大多有相似的经历：对于晦涩且容易产生歧义的段落字句，一旦理解出现偏差，要想加以纠正，往往非常吃力。许先生在90年代后期接触到了爱因斯坦信件的原文，并与相关学者讨论过这封信的译文问题，但仍然未能从原来的错误理解中跳出来。直到2005年重新审读译文时才将译文改译为：[1]

> 西方科学的发展是以两个伟大的成就为基础：希腊哲学家发明形式逻辑体系（在欧几里得几何中），以及（在文艺复兴时期）发现通过系统的实验可能找出因果关系。
>
> 在我看来，中国的贤哲没有走上这两步，那是用不着惊奇的。做出这些发现是令人惊奇的。

2005年的译文基本是直译，译文本身已经没有前两次译文中存在的问题了。但是，普通读者要准确理解最后一句话的意涵，

---

1 见许良英：《关于爱因斯坦致斯威策信的翻译问题》，《自然辩证法通讯》2005年第5期，第100—101页。

即"这些发现"究竟是由谁"全都做出来了",恐怕还是有些困难的,以致现在的网络媒体上还有很多人认为,近代科学赖以为基础的两大发现由中国人全部做出来了。

如果仔细琢磨整段文字,其中的逻辑不难明白:前两句已表明西方近代科学的产生基于西方人做出的两个成就,且又说中国贤哲没有迈出通向这两种成就的步子,并不令人惊奇——不仅中国没有,世界其他文明(如中世纪文明水准高于欧洲的阿拉伯)也没有。换言之,没有迈出这两步是普遍性,没有可惊异的。于是,最后一句就不难理解了:这些发现能够做出来,这才是令人惊奇的,因为这是一种特殊性——很显然,爱因斯坦的本意是说,西方人做出了这两个成就,才是值得惊异的。

许先生最初两次的译文之所以出现问题,可能是因为他作为中国人的情感使他倾向于认为,爱因斯坦主张中国贤哲是迈出了这两步的。但这样理解爱因斯坦的见解,就陷入了逻辑上的不自洽:针对斯威策"近代科学为何产生于西方"的问题,爱因斯坦的回答是:近代科学的产生不是一件必然发生的事情(这是潜在的预设),决定近代科学产生于西方的关键,是因为西方恰巧有两个成就(形式逻辑体系与实验思想)构成其基础。换言之,爱因斯坦认为,近代科学的勃兴离不开这两个成就(发现)。如果认为爱因斯坦主张中国贤哲也令人惊异地完成了西方的两个成就(发现),那么他所做的回答就应是对"中国为何产生了近代科学"这个问题的解释了。这显然与斯威策所提的"中国为何没有产生近代科学"之问是南辕北辙的。

对于爱因斯坦信函的理解,研究科学史的西方学者显然比我们更贴近实际,因为他们无论是在语言上还是在情感上,都没有我们需要面对的问题。

　　汉学家葛瑞汉（A. C. Graham，1919—1991）针对这段文字指出："爱因斯坦并不是要谈论中国的任何局限，而是在告诉斯威泽不要因为一个发现现在看来是很熟悉的，就认为它总是这么明显的，而应以全新的目光来看待问题，即这些发现是在没有多少可能的环境中凭借几乎可称为奇迹的机缘而做出的。"[1] 我认为，这是对"做出这些发现是令人惊奇的"一句话的确切理解。

　　这种理解还有一个反证：如果承认近代科学勃兴的基础是形式逻辑体系与实验思想，如果承认这两大成就的出现近乎一种"奇迹"，那么就应该承认事物的另一面：中国、阿拉伯与印度等文明按照常规发展，不可能产生近代科学。这涉及对于中国文明成就的评价。正是这一点，令费尽心力研究中国科学与文明的李约瑟大为不满。1961年7月，他在一个科学史讨论会上发表题为《中国科学传统的贫困与成就》的讲演，针对爱因斯坦的这封信表达反对意见："非常遗憾，这封萧伯纳式的书信及其一切轻率笔触现在却被用来帮助贬低非欧文明的科学成就。爱因斯坦本人本来应该是第一个承认他对于中国的、梵语的和阿拉伯的文化的科学发展（除了对于它们并没有发展出近代科学这一点外）几乎是毫无所知的，因而在这个法庭上，他的崇高名声不应该被提出来作为证人。我觉得，我自己是完全不能同意所有这些评价的。"[2] 李约瑟显然不会误解爱因斯坦书信的确切含义。正因为他完全明白爱因斯坦信中最后一句"做出这些发现是令人惊奇的"并非指向中

1　〔英〕葛瑞汉：《中国、欧洲和近代科学的起源：李约瑟的〈大滴定〉》，刘钝、王扬宗编：《中国科学与科学革命：李约瑟难题及其相关问题研究论著选》，辽宁教育出版社，2002年，第142页。

2　〔英〕李约瑟：《中国科学的不足与成就》，《文明的滴定》，张卜天译，商务印书馆，2016年，第32页。

国贤哲，所以他才批评爱因斯坦的信是"萧伯纳式的"——意指其笔触是尖酸刻薄、玩世不恭的。如果爱因斯坦的原意是说中国贤哲"做出这些发现是令人惊奇的"，那么李约瑟还会指责爱因斯坦是以一种"轻率笔触""贬低非欧文明的科学成就"吗？

∽∽ "李约瑟难题"有效性之质疑

一、"李约瑟难题"的形成

李约瑟（Joseph Needham，1900—1995）是英国剑桥大学生物化学家，中年以后致力于中国文明研究，倾几十年心力发掘中国文明成就，写成皇皇巨著《中国的科学与文明》（*Science and Civilization in China*），将中国文明遗产的发掘与研究推进到空前的高度。"李约瑟难题"（Needham Puzzle）是随着他的研究而特意表出的重大问题之一。

实际上，"李约瑟难题"不是一个新问题，并非李约瑟所首创，早在明朝末年就已受到入华耶稣会士的关注。这个时期初入中华的耶稣会士，多半赞赏中国古老的文化传统，尤其是完整的道德伦理体系，发达的哲学、文学，以及天文计算、历法方面的成就，但很快发现中国在自然研究方面的落伍。如西班牙人庞迪我（Diego de Pantoja，1571—1618）在报告中说："他们（中国人）不知道，也不学习任何科学，也不学习数学和哲学。除修辞学以外，他们没有任何真正的科学知识。"[1] 18世纪中叶法国王家科学院

---

1 刘钝：《李约瑟的世界和世界的李约瑟》，刘钝、王扬宗编：《中国科学与科学革命：李约瑟难题及其相关问题研究论著选》，辽宁教育出版社，2002年，第7—8页。

秘书德梅朗（Jean-Jacques de Dortous de Mairan，1678—1771）曾向在北京传教的巴多明（Dominique Parrenin，1663—1741）神父征询有关中国社会的各问题，问题之一是中国人比其他任何地方的人对发展科学更有条件，而且几千年一直致力于学问研究，为何在思辨科学方面较欧洲落后许多？其历法还需要利玛窦、汤若望、南怀仁等人去编就呢？[1] 而启蒙运动时期的思想家伏尔泰则好奇地提问："既然在如此遥远的古代，中国人便已如此先进，为什么他们又一直停留在这个阶段，为什么在中国，天文学如此古老，但其成就却又如此有限；为什么在音乐方面他们还不知道半音？这些与我们迥然不同的人，似乎大自然赋予他们的器官可以轻而易举地发现他们所需的一切，却无法有所前进。我们则相反，获得知识很晚，但却迅速使一切臻于完善。"[2] 伏尔泰提出的古代中国"先进"与近代"无法有所前进"，被西方后来居上、迅速超越的问题，可视之为"李约瑟难题"的原型。[3]

近代海通以来，中国传统社会遭遇西方势力的冲击，蒙受巨

1　韩琦：《十七、十八世纪欧洲人对中国科学停滞原因的分析》，刘钝、王扬宗编，《中国科学与科学革命：李约瑟难题及其相关问题研究论著选》，辽宁教育出版社，2002年，第69—73页。

2　〔法〕伏尔泰：《风俗论》上卷，蒋守锵译，商务印书馆，2000年，第248页。

3　古代中国"先进"与近代"无法有所前进"的认识，在黑格尔那里也是很清楚的。他指出："中国人对于数学、物理学和天文学，以前虽然享有盛名，但是现在却落后得很远。有许多的事物，当欧洲人还没有发现的时候，中国人早已知道了，但是他们不知道怎样加以利用：例如磁石和印刷术。……至于数学，他们虽然很懂得怎样计算，但是这门科学最高的形态，他们却不知道。中国又有很久被认为是大天文家……几百年来，中国的日历都是由欧洲人编著的。欧洲人赠送中国的望远镜，被悬挂当作装饰品，而不知道怎样加以利用。医药也为中国人所研究，但是仅仅是纯粹经验，而且对于治病用药，有极大的迷信。中国人有一种普通的民族性，就是模仿的技术极为高明，这种模仿不但行使于日常生活中，而且用在艺术中。"见〔德〕黑格尔：《历史哲学》，王造时译，上海书店出版社，1999年，第141—142页。

大挫折，不得不从天朝上国的梦幻中醒来，放下天朝上国的架子，认真面对从未见过的"外夷"文化，由"师夷长技以制夷"起步，转到学习制度改良，最后落脚到新文化运动的"伦理之改造"，终于发现西方赖以富强的两大法宝，即民主与科学。在对传统文化的反思中，中国传统社会有无"科学"的讨论开始浮出台面。1915年，任鸿隽在《科学》杂志创刊号上，发表《说中国无科学的原因》，认为"吾国学术思想之历史，一退化之历史也。秦汉以后，人心梏于时学。其察物也，知其当然而不求其所以然；其择术也，骛于空虚而引避乎实际，此之不能有科学不待言矣！……一言以蔽之曰：未得研究科学之方法而已。"[1] 任说固然为事实，但未能深究"未得研究科学之方法"之根本原因，是一大遗憾。

1922年冯友兰以英文发表《为什么中国没有科学——对中国哲学的历史及其后果的一种解释》，认为中国没有发展出科学，是"因为据其自身的价值标准，她无须任何科学……中国的哲学家们不需要科学的肯定性，因为他们想要了解的是他们自己；因此他们同样不需要科学的力量，因为他们想要征服的是他们自己"。他特别强调，自汉代以后，中国就失去了征服自然的理想，并完全从外部世界撤退了。中华民族的传统思想重人伦实用，在人心之内善于寻找幸福，而不善于到外部世界去寻找确定性；只寻求对人的理想，而不寻求对自然的征服。[2]

李约瑟的同代人贝尔纳（J. D. Bernal）于1939年在思考一个问题："有史以来，在大部分期间，中国一直是世界三四个伟大

1　任鸿隽：《说中国无科学之原因》，樊洪业、张久春编：《科学救国之梦》，上海科技教育出版社，2002年，第19页。

2　Yu-lan Fung，"Why China has no science: An interpretation of the history and consequences of Chinese philosophy"，*International Journal of Ethics*, vol.XXXII, no. 3 (1922), pp. 237-263.

文明中心之一，而且在这一期间的大部分时间中，它还是一个政治和技术都最为发达的中心。研究一下为什么现代科学和技术革命不发生在中国而发生在西方，是饶有趣味的。"[1] 这是"李约瑟难题"的正面陈述。20世纪30—40年代，有关"中国古代无科学"的问题已经成为中外学界关注的问题，包括陈立、钱宝琮、张荫麟、竺可桢等人在内的许多中国学者都加入了讨论。[2] 1943年李约瑟来华，与中国科学界、思想界的学者进行了广泛接触与交流，对中国文明获得了更深刻的认识。1944年10月24—25日，在贵州湄潭浙江大学举行的中国科学社成立30周年纪念活动上，李约瑟做了题为"中国之科学与文化"的演讲，表示不赞同"中国自来无科学"的观点，以及冯友兰关于"中国无科学"原因的见解，他认为"古代之中国哲学颇合科学之理解，而后世继续发扬之技术上发明与创获亦予举世文化以深切有力之影响。问题之症结乃为现代实验科学与科学之理论体系，何以发生于西方而不于中国也。"此后他对中国文明的深入挖掘逐渐展开，最终使这个问题以"李约瑟难题"（或"李约瑟命题"）闻名于国际学术界。时至今日，已有众多学者试图做出解答，其成果之多可谓汗牛充栋，但总体上仍是众说纷纭，莫衷一是。

李约瑟从1937年接触三位中国留学生开始就关注"李约瑟难题"。[3] 据李约瑟自述，大约在1938年他准备写一部系统的中国文

---

1 〔英〕贝尔纳：《科学的社会功能》，陈体芳译，商务印书馆，1982年，第297页。

2 刘钝：《李约瑟的世界和世界的李约瑟》，刘钝、王扬宗编：《中国科学与科学革命：李约瑟难题及其相关问题研究论著选》，第1—28页；范岱年：《关于中国近代科学落后原因的讨论》，刘钝、王扬宗编：《中国科学与科学革命：李约瑟难题及其相关问题研究论著选》，第625—643页。

3 何丙郁：《李约瑟与"李约瑟之谜"》，刘钝、王扬宗编：《中国科学与科学革命：李约瑟难题及其相关问题研究论著选》，第124—125页。

明史时，注意到一个问题："为什么近代科学只在欧洲文明中发展，而未在中国（或印度）文明中成长？""为什么近代科学，即有关自然界假说的数学化及其所包含的一切先进技术，只是辉煌而短暂地兴起于伽利略时代的欧洲？"后来随着研究的深入，他注意到中国古代文明对于欧洲文明的优越性。1964年他在《东西方的科学与社会》一文中，提出两个问题："为什么现代科学没有在中国（或印度）文明中发展，而只在欧洲发展起来？""为什么从公元前1世纪至公元15世纪，在把人类的自然知识应用于人的实际需要方面，中国文明要比西方文明有效得多？"[1]但人们通常将后一个问题以肯定性陈述表达出来，作为前一个问题的条件，将"李约瑟难题"完整地表述为：

> 从公元前1世纪至公元15世纪，在把人类的自然知识应用于人的实际需要方面，中国文明要比西方文明有效得多，为什么现代科学产生在欧洲而不是中国？

"李约瑟难题"虽有不同表述，但差别甚微，以这个版本最流行也最为典型，最为学界接受。

二、对"李约瑟难题"的质疑

"李约瑟难题"涉及三个关键点：一是时间限定，即公元前1世纪至公元15世纪之间东西两个文明的对比；二是这一时期中国

---

[1]〔英〕李约瑟：《东西方的科学与社会》，李约瑟：《文明的滴定》，张卜天译，商务印书馆，2016年，第176页。

文明对西方文明优越性，即在把人类的自然知识应用于人的实际需要方面，中国较之欧洲（严格说是西欧）更为有效；三是"难题"的核心：近代科学为何没有勃兴于中国。这三个关键点的有效性，决定着整个"李约瑟难题"的有效性。但这个命题在这三个关键点上，都存在令人质疑的问题。

质疑点之一：将公元前1世纪至公元15世纪这个阶段上中国与欧洲的文明成果进行对比是否合适？

我们知道，世界各主要文明的奠基时期是在德国哲学家雅斯贝尔斯所谓之"轴心时代"，即公元前6至前2世纪。古希腊文明是轴心时代西方文明的代表，其成就影响了西方文明的走向。近代科学的起点，是12世纪以后，尤其是文艺复兴时期所复兴的古希腊文明遗产。文艺复兴所推动的对古代希腊罗马文明的研究热潮，实现了近代文明与古希腊文明（包括科学思想）的重新连接，长期处于严冬蛰伏状态的古希腊文明的老树干，在新的环境中又生出新枝丫，最终成长为近代科学的参天大树。[1] 真正说来，轴心文明时代的希腊文明遗产才是近代科学勃兴的必要条件之一。恩格斯明确指出一个事实："在希腊哲学的多种多样的形式中，差不多可以找到以后各种观点的胚胎、萌芽。因此，如果理论自然科学想要追溯自己今天的一般原理发生和发展的历史，它也不得不回到希腊人那里去。"[2] 又说："中世纪的终结是和君士坦丁堡的衰落不可分离地联系着的。新时代是以返回到希腊人而开始

---

[1] 作为近代自然科学兴起标志的哥白尼天文学革命，是反对亚里士多德、托勒密学说的，但这恰恰证明了古希腊天文学成就是现代天文学革命的起点与基础。见P. M.哈尔曼：《科学革命》，之也译，上海译文出版社，2003年，第17—25页。

[2] 〔德〕恩格斯：《自然辩证法》，曹葆华等译，人民出版社，1971年，第30—31页。

的。"[1]

　　科学家的观点可与恩格斯的见解互相印证。在1933年的一个演讲中，爱因斯坦说："我们推崇古代希腊是西方科学的摇篮。在那里，世界第一次目睹了一个逻辑体系的奇迹，这个逻辑体系如此精密地一步一步推进，以致它的每一个命题都是绝对不容置疑的——我这里说的就是欧几里得几何。推理的这种可赞叹的胜利，使人类理智获得了为取得以后的成就所必需的信心。"[2] 1953年又指出："西方科学的发展是以两个伟大的成就为基础，那就是：希腊哲学家发明的形式逻辑体系（在欧几里得几何学中），以及（在文艺复兴时期）发现的通过系统的实验可以找出因果关系的思想。"[3] 在爱因斯坦所指出的两大条件中，以欧几里得几何学为代表的形式逻辑体系，是轴心时代古希腊文明的最具代表性的成果之一。海森堡说："在早期的希腊哲学思想中，主要有两种思想今天还在决定着严密自然科学的道路，因而首先引起我们对它们的兴趣。这两种思想是，确信物质由最小的、不可再分的单位，即原子所构成，并相信数学结构的指导力量。"[4] 原子论是由德谟克利特（约公元前460—前370）创立；"相信数学结构的指导力量"这种信念则源自毕达哥拉斯（约公元前572—前497）所提出的"数是万物的本质"的思想。1687年牛顿《自然科学的数学原理》出版，

1　〔德〕恩格斯：《自然辩证法》，曹葆华等译，人民出版社，1971年，第170页。
2　〔美〕爱因斯坦：《关于理论物理学的方法》，《爱因斯坦文集》第一卷，许良英等编译，商务印书馆，1977年，第313页。
3　〔美〕爱因斯坦：《西方科学的基础和中国古代的发明——1953年给J. E.斯威策的信》，《爱因斯坦文集》第一卷，第574页；许良英：《关于爱因斯坦致斯威策信的翻译问题》，《自然辩证法通讯》2005年第5期，第101页。
4　〔德〕海森堡：《严密自然科学基础近年来的变化》，《海森堡论文选》翻译组译，上海译文出版社，1978年，第52页。

被作为"近代科学诞生的标志"。罗素指出一个事实:"(希腊人所建立的)几何学对于哲学与科学方法的影响一直是深远的。……牛顿的《原理》一书,尽管它的材料公认是经验的,但是它的形式却完全是被欧几里得所支配着的。"[1] 杨振宁指出:"《数学原理》全书的结构完全是以欧几里得的《几何原本》为样本的:两本书都从定义开始,然后是公理,牛顿称其为'普通意见',再是引理、命题和证明等等。"[2] 这些见解佐证了科学史家法林顿的看法:"希腊化时代的科学发展已步入近代世界之开端,近代科学从16世纪开始发展,是以那时的基础为起点的。"[3]

既然西方近代科学勃兴的"必要条件"之一来自轴心时代的古希腊文明遗产,那么,以公元前1世纪至公元15世纪的西方文明遗产与中国这个时期的文明遗产相比较而断言其高低优劣,岂非比较对象的错位?

质疑点之二:如何理解公元前1世纪至公元15世纪这个时期中国文明成果的优势?

李约瑟认为,"从公元前1世纪至公元15世纪,在获取自然知识并将其应用于人的实际需要方面,中国文明要比西方文明有效得多"。这是李约瑟经过实际研究而得出的结论,也是"李约瑟难题"的条件。但后来人们对它的表述发生了变化,逐渐演化为:"古代中国科学技术一直处于世界领先地位"等等。如此一来,就有两个问题需要澄清:一是李约瑟所说的这个时期中国文明的优越性如何理解?它能否构成近代科学勃兴的必要条件?二

1　〔英〕罗素:《西方哲学史》上卷,何兆武、李约瑟译,商务印书馆,1986年,第63—64页。

2　杨振宁:《近代科学进入中国的回顾与前瞻》,《科技文萃》1994年第3期,第9页。

3　Benjamin Farrington, *Greek Science*, Baltimore: Penguin Books, 1961, p. 301.

是后来所谓"古代中国的科技水平高于欧洲"之类的说法是不是一个符合实际的有效判断？

　　在近代以前，"技术"与"科学"结合并不密切，二者的密切结合是近代以来（尤其是现代世界）的现象。在我国学术界以及人们的日常语言中，"科技"往往被作为一个名词使用，但在实际上"科学"与"技术"是两个概念，具有不同的内涵。近代"科学"指的是"自然科学"（natural science），其关注的目标是自然现象，在本质上是对自然世界的一种认识、解释系统，一种逻辑知识体系，由概念、定理、公式和原理等要素组成，通常以数学化的形式表现出来；而技术则主要以经验为基础，与基本的生活实践相联系，所针对的是生活中的具体实践问题，不一定以追求普遍规律为其特点。

　　李约瑟所谓公元前1世纪至公元15世纪中国文明"在把人类的自然知识应用于人的实际需要方面"表现得比西方文明更有效，在很大程度上指的是中国人对于实用技术的发明与应用。[1] 从中国传统的农学、医药、兵法、历算等文明成果而论，这个见解大致可以成立。李约瑟列举的我国领先西方的技术发明，如蚕丝、草药、农历、造纸术、印刷术、火药和许多机械性的器具等，都属于"把人类的自然知识应用于人的实际需要"产生的成果。这些文明成果多为实用的技术性发明，而很少是成系统的形而上的逻辑理论体系的创造。关于这一点，老一代著名物理学家吴大猷（1907—2000）指出：

　　　　我国的发明，多系技术性、观察性、个别性，而弱于抽

1　陈方正：《继承与叛逆：现代科学为何出现于西方》，生活·读书·新知三联书店，2009年，第623页。

象的、逻辑的、分析的、演绎的科学系统。举例言之，我们
有机械的发明，从未能建立抽象的动力学原则；我们的光学
有凸凹镜影之观察，而未有物理光学（光波之观念）；我们
的数学有应用性的代数，而无逻辑学的几何；我们有磁石的
应用，而从未达到定量性的磁作用定律；我们的哲学中心是
伦理，是人与人，人与社会的关系，而无西欧的哲学。一般
言之，我们民族传统是偏重实用的。我们有发明，有技术而
没有科学。这也是清朝时期我们和西方接触败绩后，很容易
接受西方物质文明的表面（机械，武备），而不知这些物质
文明的表面之下，还有科学基础的原因。[1]

　　对于古代中国的文明成果，有三点认识似乎是公认的：第一，
中国古代发明在数量上与实用高度上超乎同时期西方文明，但以
四大发明为标志的中国古代文明大多数成果，如李约瑟所说，是
将生活实践中的"自然知识应用于人的实际需要"的成果，体现
的是中国工艺技术的成就，很难说这些成果是实际科学水准的
尺度。

　　第二，中国古人对技术的追求虽不乏令人惊讶的成就，但这
些成就并不以自然哲学理论思维为前提，背后基本上并无系统化
的自然理论为支撑，故其缺陷非常明显，确如吴大猷所指出，"弱
于抽象的、逻辑的、分析的、演绎的科学系统"。任鸿隽在1915年
1月创刊的《科学》（第1卷第1期）发表《说中国无科学的原因》
指出："吾首出庶物之圣人如神农之习草木，黄帝之创算术，以及

1　吴大猷：《科学技术与人类文明》，吴大猷：《吴大猷文集》，浙江文艺出版社，1999年，
　第123页。

先秦诸子墨翟、公输之明物理机巧，邓析、公孙龙之析异同，子思有天圆地方之疑，庄子有水中有火之说，……其智识无统系条贯。"[1]

第三，中国传统思维的基本特质是人伦中心主义，直到清末一直未脱离传统轨道，所谓"师夷长技以制夷""中体西用"等等，表面上是制度上的坚持，其实质是传统"修齐治平"人伦思维习惯所使然。公元前1世纪至15世纪中国积累的技术成就，产生于这个思维环境；服务于这种思想环境所形成的制度必然是人伦中心主义的。如果沿着这个思想传统轨道前行，不但科学思维难以形成，即使是技术，也不可能实现质的突破。

概言之，中国古代以"实用"为目标而获取的"自然知识"的优势，并不构成促成近代科学勃兴的必要条件，因为近代科学的勃兴并非取决于诸如此类的自然知识在实际需要方面的应用水平。李约瑟把它当作近代科学勃兴的"必要条件"提出时，实际上已经产生了"条件错置"，破坏了命题的有效性。这情形就像一场跳高比赛，两个参赛者中，一个弹跳能力出色，跳过了一个高度，另一个则没有，此时有人问，后者臂力出众，为何没有成功呢？这样的提问本身存在"条件错置"的问题：把臂力出众当作跳高的必要条件了。[2]

如果将这个时期中国自然研究的成就，与同时期古希腊自然研究成就相比，是否如人们所说的那样处于领先地位呢？我们可

1　任鸿隽：《说中国无科学之原因》，见樊洪业、张久春编：《科学救国之梦》，第19页。
2　余英时也有类似的比喻，他认为"中、西这两种'科学'同名而异实；二者并不能用同一标准加以测量或比较……这好像围棋和象棋虽同属于'棋'类，却是完全不同的两套游戏。……通过'棋'的模拟，我们不必再多说一句话，已可知'李约瑟问题'是根本不能成立的，中、西'科学'之间无从发生'领先'与'落后'的问题"。余英时：《继承与叛逆·序》，陈方正：《继承与叛逆：现代科学为何出现于西方》，第XIV页。

以简单列举古典时期希腊人取得的文明成就：泰勒斯拒绝以超自然因素来解释自然现象，开始借助经验观察和理性思维来解释世界，创立"泰勒斯定理"（圆的直径所对的圆周角是直角，它的逆定理同样成立）；毕达哥拉斯提出"数是万物的本质"的思想，认为世界万物都可以由数表现，并对毕达哥拉斯定理即勾股定理做出证明。德谟克里特创立原子论。亚里士多德创立分科的学科体系，研究内容涉及逻辑、哲学、物理学、天文学、气象学、动物学、植物学、生理学、医学、心理学、伦理学、政治学、文学、艺术各领域；欧几里得完成《几何原本》，奠定欧洲数学的基石；阿基米德发现三大定律（杠杆原理；浮力定律；求积原理：穷竭法）等等。仅以这些成就而论，我们就不难得出结论。若以古代中国以技术发明为特色的文明成就高于西方，而断言中国科学成就高于古希腊科学成就，这个判断就很难成立。[1] 正如有学者指出，那种中国科学技术在很长时间里世界领先的图景，相当大程度上是虚构出来的。[2]

---

1 陈方正："倘若要将《墨子》、《吕氏春秋》、《淮南子》、《论衡》、《周髀算经》、《九章算术》、《梦溪笔谈》乃至《算术九章》、《测圆海镜》这些古代经典与科学著作来与同时期西方科学、哲学典籍比较，从而来论证，自公元前1世纪以迄15世纪中国科学一直比西方优胜，恐怕也戛戛其难，要成为不可能完成的任务吧。"陈方正：《继承与叛逆：现代科学为何出现于西方》，第626、623—627页。

2 江晓原认为，以某些具体装置的领先使用的例证，不能得出文明整体领先的结论，如机械钟表在古希腊时代就已存在，同样不能得出中国整体上落后的结论。参见江晓原：《"李约瑟难题"是伪问题吗》，江晓原：《交界上的对话》，江苏人民出版社，2004年，第67—69页；江晓原：《为李约瑟正名》，江晓原：《交界上的对话》，第79页；江晓原：《被中国人误读的李约瑟》，《自然辩证法通讯》2001年第1期，第63页。钱兆华认为，"事实上，在16世纪前中国只是在技术和在对社会实践经验的总结上走在了世界的前头，而在自然科学方面从来就没有走在过世界的前头，甚至根本就没有出现过西方意义上的独立的、系统的自然科学理论。"钱兆华：《对"李约瑟难题"的一种新解释》，《自然辩证法研究》1998年第3期，第55页。

质疑点之三：否定性历史问题能否得出切中鹄的的结论？

"近代科学为何没有勃兴于中国"是"李约瑟难题"的核心，它的研究对象是一个未成为历史现实的事实。作为以"后见之明"为本质特征的历史研究，其对象是已经生成的肯定性历史事实；没有成为历史现实的否定性事实，通常不是历史研究的对象。但"李约瑟难题"所涉及的恰恰是这样一个否定性的历史事实。这种针对未发生的历史事实所提出的问题，可以称作"否定性历史问题"。

"李约瑟难题"涉及历史研究中常常遇到的一种关系，即肯定性的特殊性与否定性的普遍性的关系。西欧独立地发展出近代科学，是一种肯定性的特殊性，而世界其他地区没有独立地发展出近代科学，是一种否定性的普遍性。对否定性的普遍性的认识，只能建立在对肯定性的特殊性的认识之上；如果撇开对于肯定性的特殊性的认识，去追求对于否定性的普遍性的认识，不可能获得切中鹄的的答案。

求解否定性的历史问题，只能以破解肯定性问题为路径与手段。切实可行的方案，只能是找到肯定性问题所涉及的历史现实得以实现的"必要条件"，再通过比较，找到否定性的事实所缺乏的必要条件。

如果不从肯定性的历史事实入手，而单纯地为否定性事实寻找原因，即使找到无数貌似合理的答案，也不会找到问题的关键。举例来说，在一般情况下，如果要调查出一个人在二十多岁不幸死亡的具体原因，是比较容易做到的，因为这个年龄上的死亡案例，属于"肯定性"的特殊性的范畴，但如果问其他同龄的某个人"为何没死"，则是要研究一个属于"否定性"（没死）的普遍性范畴的案例，追寻"没死"这个普遍性范畴所包含的各种可能。在"没死"这个范畴之内，很多理由自然可以列举出来，如他年轻（不到寿终正寝的年龄），良好的生活习惯与健康保养（没有为病所染）；居家多出门少（遇车祸等意外的几率小）；性格谨慎不冒险（没有横死的可能）；处世谨慎，与人无争（不可能遭人仇杀）等等，这些解答似乎都有道理，但对于回答"他为何没死"这个问题，都不可能是切中肯綮的具有决定意义的答案。

近代科学首先产生于西欧，这是一个无法否认的历史事实，迄今为止，世界各国科学的产生与发展都是接受欧洲近代科学影响的结果。也有学者讨论，在不受欧洲影响的前提下，世界其他地区与国家是否可以独立地发展出近代科学。这种设想在思想探索领域固无不可，但这样的问题本身具有其不可克服的缺陷。与中国的情形近似，阿拔斯王朝时期（750—1258）的阿拉伯帝国，在文明水准上也领先于西欧，但同样没有产生出近代科学。如果有人提出"中世纪阿拉伯文明水准高于欧洲，为何没有产生出近代科学"的问题，那么它同样属于"否定性"问题的范畴。其他文明无论文明程度高低，其近代科学的发育都是接受欧洲影响的结果。探讨其他任何一种文明为何没有产生近代科学，都是要研究一个没有成为历史事实的否定性问题，难以得到精确的答案。

对于这样的否定性问题，必须以破解"近代科学何以勃兴于欧洲"这样的肯定性问题为前提。如果不以西方何以首先产生近代科学这样的肯定的事实为参照，而试图孤立地对"近代科学何以没有产生于中国"这样的否定性问题做出回答，肯定会得出众多貌似有理的答案，但这些答案都不可能是问题的正解。实际上，到目前为止的绝大多数研究成果都属于这种"不是正解的答案"。正如科学史家席文（Nathan Sivin）所说："'近代科学革命为什么没有在中国发生'……不是一个可以系统地去研究，更不是一个会有具体答案的历史问题。过去渗透了西方中心主义，到现在为止已有了几十个毫无价值的答案。也许有一定的参考价值，可是那还不等于有历史学价值。"[1] 这道理是不错的。"李约瑟难题"已被中国境外的科学史研究者遗忘，[2] 或者被认为是一个伪问题，[3] 是诸如此类的否定性的历史问题无法逃脱的宿命，其根本原因在于问题本身！

三、对李约瑟弘扬光大"李约瑟难题"的评价

李约瑟虽不是"李约瑟难题"的首倡者，但"李约瑟难题"却因李约瑟的研究与提倡而成为学术界尤其是科学史界的著名问题之一，受到空前未有的关注。

1976年，李约瑟在一篇文章中反思自己的研究思路："我和我的同事一直认为只有一种一元的关于自然的科学，各种各样的人类群体均有途径通达这种科学，只不过道路或近或远；均有时参与了这种科学的构建，只不过在贡献上或多或少，在持续时间上或长或短。这意味着人们可以希望追溯出一条绝对连续的科学之路，它始于古巴比伦天文学和医学，经由中世纪中国、印度和整个古典世界所提供的先进自然知识，到文艺复兴晚期欧洲的突破

---

1 席温：《席文教授的一封来信》，《自然辩证法通讯》1987年第1期，第69页。

2 江晓原：《听李约瑟说说心里话》，江晓原：《交界上的对话》，江苏人民出版社，2004年，第75页。

3 江晓原：《"李约瑟难题"是伪问题吗》，江晓原：《交界上的对话》，第67—68页；江晓原：《为李约瑟正名》，江晓原：《交界上的对话》，第79页；江晓原：《李约瑟〈中华科学文明史〉新版前言》；余英时：《继承与叛逆·序》，陈方正：《继承与叛逆：现代科学为何出现于西方》，第XIII—XIV页。

性进展——正如人们所述，关于发现的最有效的方法本身被发现
了。"¹毫无疑问，承认各个民族与文明对于近代科学有所贡献无疑
是对的。不过，不能否认的是，近代科学的破壳而出，发生质的
飞跃，这件人类有史以来最伟大的变革，最终发生在西欧而非其
他地方。这个事实意味着，在这个阶段上，西欧文明具备了产生
质变的条件：它自身继承的固有文明遗产所包含的独特基因，吸
收了其他文明成果的营养，具备了这个阶段上产生突变的内在充
分条件；²同时，在这个阶段上，西欧社会出现了其他文明不曾有
的社会土壤，最终补足了近代科学勃兴所需要而古代社会所缺乏
的外在必要条件。换言之，近代科学之所以勃兴，是因为此时西
欧社会提供了它所需要的内外部结合的条件。

　　那么，西欧贡献了何种独特的条件促成了这种质的飞跃？为
何其他文明没有呢？这种提问似乎让研究者转了一圈之后又回到
了李约瑟所极力反对的西欧社会发展的独特性，即西方历史遗留
的智力遗产与近代社会变化的独特性上。因为，一个不可否认的
事实是，即使坦然承认中国古代文明成果的应用性强于欧洲，那
也不能否认这些成果并没有超出"古代科学"的范畴，没有实现
自身的脱胎换骨的变化，难以完成向"近代科学"的蜕变；而且
这种"不蜕变"现象不独存在于中国，而且也是世界各主要文明
共有的普遍现象，只有欧洲（严格说是西欧）是特例。

1　Joseph Needham, "Moulds of Understanding: A Pattern of Natural Philosophy"，见卜鲁：《科学、文明与历史：与李约瑟的后续对话》，刘钝、王扬宗编：《中国科学与科学革命：李约瑟难题及其相关问题研究论著选》，辽宁教育出版社，2002年，第528—529页。
2　有学者认为，近代科学产生在欧洲并得到迅速的发展，是由当时当地的条件决定的，不必到1400多年以前的希腊去找原因。参见席泽宗：《近代科学与传统文化无太大关系》，《科技中国》2004年第12期。这种见解显然忽视了文化发展内在演进逻辑的客观存在，而成为外在环境条件决定论。

　　李约瑟的主要贡献，是以其对中国传统文明的具体研究，证明了非欧文明在人类科学史上的贡献，向现代学术界展示了过去未曾见识的中国古代文明画卷，展现了一个古老文明遗产的丰富内涵，引起人们对中国古代文明研究的兴趣。[1] 对于中国人，李约瑟的研究成就更有一种特殊的意义。在近代中国积贫积弱、屡遭外族欺凌、自尊心受到严重伤害的背景下，李约瑟作为西方有重要影响的学者，对这份遗产的有效发掘，让西方认识到中国文明的丰富内容，重新审视中国社会传统与中国文明对世界文明史的贡献。对于亟须重振民族自尊心的中华民族，这一切可谓弥足珍贵。中国传统文明成就由一个汉学家李约瑟发掘出来，较之由中国人自己发掘出来，这件事本身就意味着价值倍增。李约瑟做了中国学者未做的事情，赢得国人的欢迎与支持，自是理所当然。[2]

　　但是，从严格的学术纪律上，我们要认识到"李约瑟难题"本身存在的缺陷。在这个命题的典型表述中，李约瑟提及的是古代中国"在获取自然知识并将其应用于人的实际需要方面"效率优于西方，但在他随后的文字中，又以"科学""科学与技术"与"获取自然知识并应用于实际需要"的含义混用，予人以中国科学理论与实际都优于西方的印象。对于中国文明遗产认识上这个失误，是源于他将"科学"概念的泛化，以及对"技术"与"科

1　潘吉星：《李约瑟集·序言》，潘吉星主编：《李约瑟集》，天津人民出版社，1998年，第30—32页。
2　中国科技史专家何丙郁说："我还要提及另一个常被忘记的事情，那就是李老长期获得中国政府以及海内外华人精神上和经济上的大力支持，连他晚年生活的一部分经费都是来自一位中国朋友。换句话说，我们要正视中华民族给李约瑟的帮助，没有中华民族的支持，也不会有李约瑟的巨著。假如他还在世，我相信他也不会否认这个事实。从一定程度上来讲，《中国科学技术史》可以说是中华民族努力的成果。"见何丙郁：《李约瑟的成功与他的特殊机缘》，《中华读书报》2000年8月9日。

学"的混杂。"科学"概念过于宽泛，没有得到清楚的界定，把不属于"科学"概念范畴的许多内容强行纳入，使一些人产生了中国古代科学一直远胜西方，其停滞在宋明理学的影响之类的观点。[1]

另外，我们还需要指出，李约瑟对中国文明遗产的研究与发掘，因其对中国传统文化（尤其道家文化）情有独钟，形成了历史研究中常见的"爱屋及乌"现象，以致影响了其学术判断。这属于人文学术范围研究中难以完全避免的常见现象。但在中国特殊国情下，却使一些人对于中国传统文化产生一种飘飘然的幻觉，其情形颇类似晚清守旧权贵面对优势西方文化入侵而懊恼沮丧之际，忽然听到"西学中源"之说而瞬间由抑郁消沉、气馁叹息而转入踌躇满志、精神亢奋。时至今日，以"爱国""自信"为旗帜而夜郎自大者仍不乏其人。但头脑清醒的学者始终对这种幻觉抱有警惕。1998年一位著名学者（李慎之）给科学史学者许良英写信说，准备写一篇文章评论李约瑟，因为李约瑟出了一部大书"把中国人搞得神魂颠倒"；"现在爱国主义者，都大谈中国如何领先世界二千年，东方文明如何伟大等，我实在不敢苟同。但是我于自然科学实在无知，对科学史更是无知。只是出于一种责任心，觉得不能让中国人目迷神醉，忘其所以"。但要公开发表这样的见解，他还是有顾虑，因为这些话"我们做中国人的几乎不能说，说了就有卖国之嫌。怕的还不是官方压制，而是群众情绪"。[2]此非虚言，有相同看法的学者实在不少。

1　陈方正:《继承与叛逆·自序》，生活·读书·新知三联书店，2009年，第XXI页。

2　许良英:《关于爱因斯坦致斯威策信的翻译问题》，《自然辩证法通讯》2005年第5期，第101页；许良英:《是爱因斯坦错了还是李约瑟错了?》，《科学文化评论》2008年第6期，第101页。

"李约瑟难题"之所以在国内学界一直保持居高不下的热度，以致形成"研究成果"层出不穷而又莫衷一是的局面，恐怕至少有两个原因：第一，从学理层面，"李约瑟难题"本身存在有效性不足的缺陷：就历史研究的基本纪律与原则论，抛开历史上一个文明中生成的一个"肯定性"历史事实，去探讨另一个文明中为何未生成同样事实的"否定性"问题，本身存在天然的缺陷：这种探讨的必然结局是，可以得出无数貌似合理的解释，但任何一种见解都不足以切中鹄的，具有彻底的说服力。这是"李约瑟难题"难以逃脱的尴尬。

第二，从感情上，两千年"天朝上国"传统心态，以及海通以来面临外族优势文化所产生的文化焦虑感，尤其是抗击外族侵略，亟须重振"民族自尊心"与"民族自豪感"。在这种客观情势之下，即使面对明显的民族"集体虚荣心"和"夜郎自大症"，若要毫不含糊地加以反对，也是一件不合时宜之事。在民族情绪高涨的氛围中，若有人仍坚持"中国古代无科学"，则很容易被视为贬低中国传统文明、对抗时代潮流的异端分子，乃至被视为居心不良的邪恶势力。因此，一些学者即使认清了这是一个无解的问题，也不愿旗帜鲜明地指出问题所在，不愿意被民族情绪鼓动下的舆情所误解而自寻苦恼。

20世纪初归国留学生与中国社会的"科学信仰"[1]

——以陈独秀、胡适、丁文江、任鸿隽为分析对象

一、问题的起点:
20世纪初叶以来中国社会的"科学信仰"

近代以来中国最大的主题,是完成整个社会的"现代性"(modernity)改造,即实现整个民族和国家由传统社会向现代社会的转变。这个转变至少涉及三个方面:经济的市场运作方式,政治制度的民主化,民族文化和民众思维习惯的"科学化"。经济运作方式、政治制度和文化思想三个方面的转变是互相关联的,但近代中国是在闭关锁国的状态中遭遇先进的西方资本主义制度,并与之发生剧烈冲突的。经济运作方式和政治制度在转变上的相对缓慢性,决定了思想的转变(即思想的"现代化")必然成为中国社会转变的先行的关键因素,成为经济运作方式和政治制度转变的前提。由于这种转变的压力和动力来自外部,即一向被"天朝帝国"视为"蛮夷"的西方列强的逼迫,所以这个转变过程,对于以传统宗法专制制度进行统治的统治者而言,前途未卜的迷惘中充满了陌生感和恐惧感;对于传统经济运作方式下艰难谋生的芸芸众生而言,除了对世道巨变的模糊意识外,直接的

---

1 本文发表于《清华大学学报(哲学社会科学版)》2009年第2期,有改动。

感受是生活更加艰辛和痛苦。

与没落的中国宗法专制体制对立的西方资本主义，在二三百年左右的时间里，创造的生产力超过人类几千年积累的总和，这个奇迹的创造在很大程度上是依靠科学及其物化形式——技术成就的运用。在近代中西关系中，正是依靠科学技术，西方近代文明确立了对中国传统文明的优势地位，迫使拥有几千年文明史并对此怀有强烈文化优越感的中国人，开始了不情愿但又不得不为之的学习西方的过程。

中国学习西方历程的一大转折，是20世纪初叶由"西学"向"科学"的转变。这个转变是技术层面（洋务运动）和制度层面（戊戌变法、辛亥革命）上学习西方的努力失败以后合乎逻辑的发展。这个转变一经形成，对"科学"的信仰迅速成为一种强大的思想潮流，其势一发而不可阻挡。鲁迅在1918年说"中国自维新以来，何尝真有科学"，[1] 坚持认为科学在中国有其名而无其实；梁启超在1922年认为，"对于科学，认为'艺成而下'的观点，牢不可破，直到今日还是最受说空话的人、最受社会欢迎"。[2] 他们的认识无疑反映了当时中国科学的实况。但在另一方面，胡适在1923年"科玄论战"尚未结束时，已注意到一个事实，即"这三十年来，有一个名词在国内几乎做到了无上尊严的地位，无论懂与不懂的人，无论守旧和维新的人，都不敢公然对他表示轻视或戏侮的态度，那个名词就是'科学'。这样几乎全国一致的崇信，究竟有无价值，那是另一问题。我们至少可以说，自从中国

1　鲁迅：《随感录三十三》（1918年），《鲁迅全集》第1卷，第314页。

2　梁启超：《科学精神与东西文化》，《饮冰室合集·文集三十九》，中华书局，1989年，第2页。

讲变法维新以来，没有一个自命为新人物的人敢公然毁谤'科学'的"[1]。很显然，自变法维新以后的三十年中，科学的思维方式和学科体系——完整意义上的"科学"包括这两个部分——并没有取得真正实质性的成就，但"科学"这个名词却获得了无上尊严，不仅无人敢于公然表示"轻视或戏侮"，而且得到"几乎全国一致的崇信"。换言之，"科学"是作为一种精神虚像而非客观实在得到中国社会的崇信。它在国人心目中获得无上尊严和神奇魅力，只是基于这样一个事实：国人从一次次的惨痛挫折中逐渐明白，这样的结局是因为中国没有西方列强拥有的那个威力巨大、不可思议的称作"科学"的东西，其情形正如同处在懵懂状态中的人类在暴戾的自然灾害面前，不由不对那个主导一切的虚幻的神灵表示崇信一样。

根据通常的观念，所谓"信仰"，是指对某种主张、主义、宗教或人、物的极度相信和尊敬，拿来作为自己行动的指南或榜样。换言之，它是一种精神姿态。20世纪初以来，中国社会对"科学"正是持有这样一种精神姿态。这种"科学信仰"包括两个方面的基本特点：一是认为科学万能，宇宙万物的所有奥秘都可通过科学方法来认识；相信可以把所有的实在都置于自然秩序之内，只有科学方法才能认识这种秩序的所有方面，包括生物、社会、物理或心理的诸多方面。有的学者又称之为"唯科学主义"（scientism），认为它"可被看作是一种在与科学本身几乎无关的某些方面利用科学威望的一种倾向"。[2]二是赋予科学以价值判断，

1 胡适：《科学与人生观·序》，张君劢等：《科学与人生观》（一），辽宁教育出版社，1998年，第9页。

2 郭颖颐：《中国现代思想中的唯科学主义（1900—1950）》，江苏人民出版社，1989年，第1页。

以为科学可以消除人类社会的弊端，为人类创造美好前景。中国的"科学信仰"辩护者们认为，中国传统文化及其主体价值观念，作为一种过时的事物，已无力促成国家的富强，因此，他们全面攻击以儒学信仰为代表的中国传统文化价值观，将科学功能扩大到人生价值观，致力于以科学及其价值观来取代传统儒学在国人信仰体系中的位置。

"科学信仰"的存在是20世纪初以来中国社会的一个突出现象。这不仅表现在20世纪初叶新文化运动对科学的殷切呼唤和期待，先进文化人在内忧外患、风雨如晦的岁月中对科学的艰难而坚韧的追求，而且还表现为一个悖论性的事实：在"科学为政治服务"论调甚嚣尘上、政治理论根本违背科学原理要求的"文革"年代，科学实质上虽已沦为政治的奴婢，但在表面上仍受到隆重的礼赞；更表现在当代中国社会对"科学"这个广为人知的名词的态度上：不管人们所处的地位如何不同，实际利益存在怎样的差异，也不管人们的知识水准如何悬殊，对"科学"概念的理解如何歧异，对"科学"——在更多场合下以"科技"来表达——这个概念却表现出惊人相似的虔诚笃信（至少表面上是如此）；但在另一方面，我们不得不承认，迄今为止，对于"科学"（尤其是"科学精神"）本质的认识，绝大多数人仍处于模糊状态。这种虔诚而少质疑、模糊而少分析、崇信而少理解的态度，正是人类"信仰"这一心态的突出特点。"科学"在当代中国人思想中的这种状态表明，"科学"已经演变为一种普遍接受的价值体系，获得不能轻易改变的"信仰"地位。

20世纪初期"科学信仰"的确立，主要得力于留学生团体对科学的传播和推动，是归国留学生思想作为的主要成果。他们目睹了国家的积贫积弱、文化落后，又得天时地利，亲历欧美之境，接受欧美文化沐浴，看到西方文化科学繁荣发达和国家强盛，强烈地意识到科学发达和国家强盛之间的必然联系。他们以天下为己任、以九死而无悔的勇气，舍身求法，将科学的种子传输、播撒到中华大地，以自己的辛勤开拓奠定了科学各学科建设的基础。他们怀着将科学及其理念移植到中国以实现祖国富强的信念，促成了西方科学在中国大地的成长和发展，培植了"科学"和"科学信仰"的幼苗。他们对中国科学事业竭尽心力所做的奠基性工作，以及对科学的高度赞赏和热情讴歌，有力推动了中国社会的"科学信仰"的成长。

20世纪初叶归国留学生团体的活动，主要分为两类：一是从事自然科学的具体研究，二是从事"启愚鲁，开民智"的思想启蒙运动。前者的主要贡献在于建立各自的学科体系和学术机构，完成近代科学各学科的奠基工作；至于中国社会大变动中最迫切需要的思想启蒙，则主要由人文社会学者来完成。五四时期陈独秀抱怨当时的留学生群体作为不大，认为"西洋留学生除马眉叔、严几道、王亮畴、章行严、胡适之几个人以外……这班留学生对于近来的新文化运动，他们的成绩，恐怕还在国内大学学生中学学生的底下（至于那反对新文化的老少留学生，自然又当别论）"。[1] 从今天的角度看，陈独秀的断论主要针对早期的留学生。五四运动使科学与民主成为时代旗帜，此后，科学启蒙在思想启蒙中始终占有重要地位，也一直是留学生群体的努力方向；科学威望在中国社会的提高，主要是留学生群体的思想活动的产物。陈独秀、胡适、丁文江和任鸿隽可谓此一时代出类拔萃的弄潮儿。他们对科学的态度，代表了当时思想潮流的发展方向；科学

1　陈独秀：《留学生》(1919年)，《独秀文存》，安徽人民出版社，1987年，第567页。

信仰的形成，在很大程度上见证了他们的思想活动，也体现出那个时代的特征。因此，我们的论说主要以此四人为中心展开。

二、由"西学"到"科学"：
清末民初之际思想变化的向标

19世纪中叶以后，西方列强与中国发生正面而直接的冲突，传统中国社会进入了千年未曾有过的大变局，其突出标志是，"穷古以来，祖宗遗传深顽厚锢之根据地遂渐摧落失陷，而全民族亦遂不得不经营惨淡跋涉，苦辛相率而就于过渡之道"。[1]具体表现是，以儒学为主的传统文化的衰颓和西方文化的侵入。

对于这个变化过程的这两个方面，国人的认识是迟钝的。鸦片战争以后，中国社会震惊于西方列强的"坚船利炮"，开始严肃地对待西方文化，但"夷夏之大防"的传统观念很难遽然突破。在昧于世界形势而以"天朝上国"自诩的心态环境中，开眼看世界的林则徐、魏源辈提出"师夷长技以制夷"的思想，已经是很开放、大胆的观念。洋务运动实际上是将"师夷"思想付诸实施。当时主导"自强"思潮的观念是"以中国之伦常名教为原本，辅以诸国富强之术"，"器则取诸西国，道则备自当躬"，或"取西人器数之学，以卫吾尧舜禹汤文武周孔之道"。这个时期，无论是这场自强运动的发动者，还是普通的国人，他们所意识到的只是"技"不如人，中国传统儒学信念尚未从根本上受到怀疑和触动。张之洞（1837—1909）倡导的"中学为体，西学为用"论被时流视为至理名言，引起士人心理共鸣，说明它颇能总括彼

1　梁启超：《过渡时代论》（1901年），《饮冰室合集·文集之六》，中华书局，1989年，第29页。

一时代的精神，代表当时士人的共识。诚如梁启超所言："当时之人，绝不承认欧美人除能制造能测量能驾驶能操练之外，更有其他学问。"[1]可以说，在传统士大夫的观念中，"西学"几乎从未超出"技术"的范畴。

真正使"西学"观念超出具体的"技术"范围而上升到"文化"或"文明"高度的，是走出国门而居留欧美学习、对泰西文物典章制度躬亲考察的留学生。在早期的留学生中，容闳（1828—1912）是代表性人物。容闳于1847—1854年留学美国。在19世纪下半叶襄助洋务派大员从事洋务运动的近20年的时间中，虽然他仍以"西学"称对西方文明，但他思想中的"西学"已不只是形下的"技"。他在留学期间就想到："予意以为，予之一身既受此文明之教育，则当使后予之人，亦享此同等之利益，以西方学术，灌输于中国，使中国日趋于文明富强之境。"[2]1868年他向当局提出选派颖秀学生出洋留学，为国家储备人才的计划时，思考的是"借西方文明之学术以改良东方之文化，必可使此老大帝国，一变而为少年新中国"。容闳的"西方文明""西方学术"等概念在内涵上显然比洋务派的"西学"远为丰富，包括了政治、经济、法律和科学技术等各个方面，虽然他还没有明确提出"科学"的概念。

"科学"一词为中国人所熟悉是在20世纪初。当时中国社会使用的"科学"一词，来自日本明治时期的启蒙思想家西周时懋（1829—1897）。1874年西周在《明六》杂志发表文章，首先用日文汉字，将science译为"科学"，寓"分科之学"的含义。伊藤博文在1879年9月呈送天皇的教育提案中，使用了"科学教育"一

1 梁启超：《清代学术概论》，上海古籍出版社，1998年，第97页。
2 容闳：《西学东渐记》，中州古籍出版社，1998年，第89页。

词。日本人以"科学"一词称西方分科之学，以对应中国传统的不分科的儒学。中日甲午战争之后，康有为于1897年首先使用"科学"一词，接受了日本人对"科学"的理解，随后严复、梁启超、蔡元培等人也使用了"科学"一词并沿用了其意义。中国传统"格致"与"科学"并存，从1897年持续到清朝灭亡。1912年蔡元培出任民国政府教育总长，全国学校机构和课程设置中一律取消"格致科"，从此传统的"格致"成为历史旧词。1915年1月由留美学生创办《科学》杂志在国内发行，"科学"成为概述西方学术的新名词。[1]

这一时期，严复的思想对于中国社会的科学概念有重大影响。作为留学英国的学生，严复对西方科学的理解超迈前人。甲午战争之后不久，严复就指出，西方科学的要害在"即物实测"，经验实证，"西学格致……一理之明，一法之立，必验之物物事事而皆然，而后定之为不易。其所验也贵多，故博大；其收效也必恒，故悠久。其究极也，必道通为一，左右逢源，故高明"。数年后，严复明确地把"格致"叫作"科学"，认为"科学所明者公例，公例必无时而不诚"（《原富·译事例言》）。中国传统学问之弊在于墨守故训或专心臆造，缺乏清晰的概念界定，缺少实证环节，大多是主观臆造的"心成之说"，故"多诬"而无用（《穆勒名学》部乙按语）。西方富强的基础在科学，科学的基础，一为归纳法，一为"以自由为体，以民主为用"。1902年他在《与〈外交报〉主人书》中写道："其曰政末而艺本也，愈所谓颠倒错乱矣。且所谓艺者，非指科学乎？名、数、质、力，四者皆科学也。其通理公例，经纬万端，而西政之善者，即本斯而立。……

1　樊洪业：《"赛先生"与新文化运动》，《历史研究》1989年第3期，第39—41页。

中国之政，所以日形其绌，不足争存者，亦坐不本科学，而与通理公例违行故耳。是故以科学为艺，则西艺实西政之本。设谓艺非科学，则政艺二者，乃并出于科学，若左右手然，未闻左右之相为本末也。且西艺又何可末乎？无论天文地质之奥殚，略举偏端，则医药通乎治功，农矿所以相养，下洎舟车兵冶，一一皆富强之实资，迩者中国亦尝仪袭而取之矣，而其所以无效者，正坐为之政者，于其艺学一无所通，不通而欲执其本，此国财之所以糜，而民生之所以病也。"[1]虽然严复明白西方科学的特点为中国传统的"格致"之学所不具有，但仍将中国旧有的"格致"概念与西方的"科学"概念等同或并用，说明了那个时代的过渡特点。

严复晚年对"科学"的认识发生改变，出现由"科学"向孔孟儒学回归，尤其是欧战开始以后，他对以科学为代表的西方文化的认识更全然改观。1917年他在给朋友的信中说："窃尝究观哲理，以为时久无弊，尚是孔子之书。"（《与熊纯如书札》，第45函，1917年）"中国目前危难，全由人心之非，而异一线命根，仍是数千年来先王教化之泽。"（同上，第53函，1917年）1918年他又写道："不佞垂老，亲见支那七年民国与欧罗四年亘古未有之血战，觉彼三百年之进化，只做到'利己杀人寡廉鲜耻'八个字，回观孔孟之道，真量同天地，泽被寰区。……此不独吾言为然，即泰西有思想之人，亦渐觉其为如此矣。"（同上，第59函）在诗中写道："太息春秋无义战，群雄何苦自相残。欧洲三百年科学，尽作驱禽食肉看。"并且说："战时公法，徒虚语耳。甲寅欧战以来，利大路极杀人之能事，皆所得于科学者也。孟子曰：'率鸟兽以食人'，非是谓欤？"原来宣扬西学（科学）的先锋已变为捍

---

[1]《严复集》第3册，中华书局，1986年，第559页。

卫国学（儒教）的宿臣。

严复的这种转变被有的学者认为是"悲剧归宿"。[1]其实，从同情之了解的角度看，这种"悲剧"的发生有其必然性。严复批判洋务运动"中体西用"观念，批判旧学，但不批判孔孟；提倡科学而不全盘西化，对严复而言，"科学"从一开始就是作为"开教化"的手段，并未作为信仰深入其心，对"科学"的尊重尚未彻底摆脱"中体西用"的影响，因此，科学在它的故乡受到的待遇足以影响它在异乡的地位；第一次世界大战在欧洲被认为是"科学的破产"，这种认识当然会波及严复。从个人心理讲，一个人在"血气已衰"的暮年，幼年所受教育而形成的价值观念和潜在信仰，往往很自然地浮现出来，而呈现愈益强化之势，与外来文化的影响往往显示出此长彼消的现象。更何况，他时时刻刻身临其境的传统文化氛围又促使着这种变化。[2]严复因其留学经历，对西方科学的理解较同辈更为深刻而准确，但在人生信仰上并未放弃固有的传统，因此他在晚年回归传统信仰是必然之事。这是那个时代的过渡特点在文化人心灵中的具体反映，是老一代留学生的共同特征。

三、"民主"与"科学"成为旗帜：
五四运动中"科学信仰"的确立

1894—1895年的中日甲午战争，中国惨败于一向不放在眼里

---

1 李泽厚：《论严复》，《中国近代思想史论》，天津社会科学院出版社，2003年，第254页。
2 这种情形颇类似于近代科学史上，曾有过划时代贡献的大科学家牛顿在晚年时向神学信仰的回归。虽然牛顿终生从事科学研究，但其动机却笼罩着深层的神学信仰背景；对于从未放弃神学信仰的人而言，在晚年回归旧有的信仰，并不奇怪。

的蕞尔小国日本，是败于西洋人之后遭受的再一次巨大凌辱。此后，莫大的危机感剧烈地震撼、搅动着国人的心灵，人们难以再如往昔一样安之若素。严复于1896—1906年十年间系统译介《天演论》《群己权界论》《群学肄言》《社会通诠》和《法意》等西方著作，将达尔文进化论和斯宾塞社会达尔文主义所宣示的"物竞天择，适者生存"的理论介绍进来，使焦灼感日盛的中国人很快明白了竞争和淘汰的残酷性和自强的迫切性，[1]其震撼作用是巨大而持久的。王光祈在1919年还发表文章，阐述进化论的道理："生物学家所说的'物竞天择适者生存'，适字的解释就是指创造而言。唯创造才能适、才能生存，自然界的现象、社会的状况，都不是一成不变的。"[2]

　　进化论在中国的流行所促成的直接后果，在政治层面是两次大的运动，即戊戌变法和辛亥革命，前者由康有为、梁启超鼓动，后者由孙中山主导；前者试图以和平手段在保存帝制的前提下追求"自强之道"，后者则力图以武力推翻帝制后引入共和体制、实现整体上的变革。前者的失败和后者的胜利，虽改变了西方政治制度不适合中国国情的顽固观念，但民国初年的现实仍然是，两千余年宗法专制帝制造就的文化心理，并没有随帝制的终结而寿终正寝。

　　戊戌变法的顶梁柱康有为在变法失败后昧于时代潮流，于1913年2月在上海刊行《不忍》杂志，攻击革命造成全国"礼坏乐

1　胡适说："《天演论》出版不久，不上几年，便风行全国……几年之中，这种思想像野火一般燃烧着许多少年人的心和血。天演、物竞、淘汰、天择等术语都渐渐成了报纸文章的熟语，渐渐成了一班爱国人士的'口头禅'，还有许多人爱用这种名词做自己或儿女的名字。"胡适：《胡适口述自传》，唐德刚译注，台北，1959年，第49—50页。

2　王光祈：《少年中国之创造》，《少年中国》第1期（1919年）。

崩，人心变乱"，大力鼓吹君主立宪。同年10月，其弟子陈焕章发起组织"孔教会"，向国会提出"定孔教为国教"，并创办《孔教会杂志》为之摇旗呐喊。一时间，类似团体纷纷出现。1913年6月，袁世凯向全国发布《通令尊崇孔圣文》，随后教育部命令全国中小学恢复读经，一切"以孔子之言为旨归"。与此相应，袁世凯复辟帝制的活动也开始进行。1914年12月23日，袁氏到天坛举行封建帝王例行的祭天礼，两个月后又参加祭孔仪式，1915年年末到1916年年初，终于冒天下之大不韪公然复辟帝制。1916年9月20日，康有为于《时报》发表文章，呼吁"以孔教为大教，编入宪法，复祀孔子之拜跪"，断言如不拜孔子，便是无教之人，与生番野人同类。1917年7月1日，辫帅张勋又不识时务地扶持逊帝溥仪重登龙位，再次演出帝制复辟闹剧。这一系列事实使人真切感受到中国社会"进化"之难。

在当时的中国知识界，进化论是作为西方"科学"被接受的，但它又成为接受西方科学的重要前提，因为它说明了西方富强的原因，在于追求创造、追求进化而造就的科学的发达；同时，进化论又向国人展示了一种全新的世界观，完全不同于儒学传统动辄以"三代"、文武周公相号召的复古意识；它阐明的"科学"发达和社会发达之间的必然联系，为急切寻求富强之道的国人学习"科学"提供了最初的理论依据。因此，进化论与中国读书人秉承的忧国忧民传统相结合，推动了留学潮流。五四时期的郭沫若说当时自己的理想是"游学欧美，其次是日本，又其次才是平津上海"。（《豕蹄·自述传——幻灭的北征》）游学海外是当时青年人共有理想，是一个时代的特征。

中国近代留学运动兴起于19世纪60年代，至20世纪初已有相当规模，1905年满清政府废除科举制度，士子传统入仕之途断绝。

1911年留美预备学校即清华学堂开办，出洋留学成为时代风气，规模更盛。民国前后出洋留学的年轻一代，经数年在外学习而返国，新文化运动的兴起给予他们发挥影响以大好时机。新的时代赋予他们不同于前辈留学生的特点：一方面，他们对西方文化的认识已经了超越"西学为用"的阶段（即认为学习西方只限于"艺成而下"的技术方面的阶段），深刻认识到西方文化的核心精华是科学，欧美社会发达与科学发达之密切相关，深知"百年以来，欧美两洲声名文物之盛，震烁前古，详厥来原，受科学之赐为多"，意识到中国未来倘若"无精密深远之学，为国人所服习，将社会失其中坚，人心无所附丽，亦岂可久之道。继兹以往，代兴于神州学术之林，而为芸芸众生所托命者，其唯科学乎，其唯科学乎"！[1] 另一方面，他们又超越了"中学为体"的传统认识，以西方文化制度为参照物思考发生在中国大地上的光怪陆离的复辟事件，不仅认识到这些事件本身的可恶，而且注意到旧传统文化中帝制思想的恶劣影响，意识到旧传统中地位最隆的孔教"别尊卑，重阶级，主张人治，反对民权之思想之学说，实为制造专制帝王之根本原因"[2]；宗法皇权专制制度与儒家伦理（"三纲五常"）二者互为里表、狼狈为奸，造成政治制度腐败、民族文化堕落、国民道德沦丧、精神萎靡，从而得出中国旧传统文化与现代文明不相容的结论，并由这个结论进一步推论："继今以往，国人所怀疑莫决者，当为伦理问题。此而不能觉悟，则前之所谓觉悟者，非彻底之觉悟，盖犹在惝恍迷离之境。"换言之，"伦理之觉

1　任鸿隽：《〈科学〉发刊词》第1卷（1915年）；《科学救国之梦：任鸿隽文存》，樊洪业、张久春选编，上海科技教育出版社，2002年，第14—18页。

2　陈独秀：《驳康有为致总统总理书》，《新青年》第2卷第2号（1916年）。

悟，为吾人最后觉悟之最后觉悟"。[1]精神改造为未来中国社会之根本问题。

所以，怀有这种意识的归国留学生们，在新文化运动中首先注意的是对旧文化传统的破坏。陈独秀号召人们："破坏！破坏偶像！破坏虚伪的偶像！……宗教上、政治上、道德上、自古相传的虚荣，欺人不合理的信仰都算是偶像，都应该破坏！此等虚伪的偶像倘不破坏，宇宙间实在的真理和吾人心坎儿里彻底的信仰永远不能合一！"[2]攻击维护专制帝制的儒教信仰及对孔子的崇拜成了先进文化人的共同行动。陈独秀对宗法制度本质的揭露、吴虞对"孝道"的攻击、鲁迅对"礼教"的批判、胡适对"贞操观"的抨击，每每击中要害，使儒教信仰受到致命冲击。砸烂"孔家店"成为一个时代的主导意识，使旧的以儒学为核心的信仰体系陷于崩溃。

旧信仰坍塌留下的巨大"空白"，不仅为新信仰的继起创造了可能，而且也急待新信仰来填补，以便赋予人生以新的意义。就文化心理结构而言，中国人最大的特点之一是"宗教信仰心由来薄弱"。[3]这一特点决定了新信仰的重塑，不能像西方那样采取改造旧有宗教即宗教改革的途径来进行。在中国，任何宗教，无论是本土的宗教还是外来的宗教，都不可能作为现成的资源，用以重建国人的信仰。而且，在当时列强环伺、民族危机迫在眉睫的环境中，国民人生信仰的改造实际上负有双重使命：它既要取代旧有的儒教信仰而为新的信仰，又要充当挽救民族救亡的利

1 陈独秀：《吾人最后之觉悟》，《青年》第1卷第6号（1916年）。
2 陈独秀：《偶像破坏论》，《新青年》第5卷第2号（1918年）。
3 陈独秀：《驳康有为致总统总理书》，《新青年》第2卷第2号（1916年）。

器。在当时的文化人看来，堪任此命的似乎只有把西方人引向富强之路的"科学"。这就不难理解，新文化运动的领袖人物为何总是把"科学"和旧文化置于对立的两极。

1915年9月，《青年杂志》创刊，陈独秀在卷首的《敬告青年》中提出青年应遵循的"六义"，在最后一义即"科学的而非想象的"中，他一方面盛赞科学对欧洲兴盛的功劳，认为"近代欧洲之所以优越他族者，科学之兴，其功不在人权之下，若舟车之有两轮焉"；今日的欧洲"日新月异，举凡一事之兴，一物之细，罔不诉之科学法则，以定其得失从违"；另一方面，他又明确指出中国的实际情况是极度缺乏科学："士不知科学，故袭阴阳家符瑞五行之说，惑世诬民；地气风水之谈，乞灵枯骨。农不知科学，故无择种去虫之术。工不知科学，故货弃于地，战斗生事之所需，一一仰给于异国。商不知科学，故惟识罔取近利，未来之胜算，无容心焉。医不知科学，既不解人身之结构，复不事药性之分析，菌毒传染，更无闻焉；惟知附会五行生克寒热阴阳之说，袭古方以投药饵，其术殆与矢人同科；其想象之最神奇者，莫如'气'之一说；其说且过于力士羽流之术。"在这对立的两极面前，国人的正确选择就是急起直追，畅扬科学和人权，以"科学"取代中国传统思维和信仰，"凡此无常识之思维，无理由之信仰，欲根治之，厥维科学。夫以科学说明真理，事事求诸证实，较之想象武断之所为，其步度诚缓；然其步步皆踏实地，不若幻想突飞者之终无寸进也。"他尤其对青年人寄予厚望："宇宙间之事理无穷，科学领土内之膏腴待辟者，正自广阔。青年勉乎哉！"[1]

陈独秀将儒教思想与宗教视为同类，他对儒教的攻击，导致

1　陈独秀：《敬告青年》，《青年杂志》第1卷第1号（1915年）。

他将所有宗教置于与科学对立的一极而加以攻击，认为人类将来的信仰必以科学为正轨，一切宗教皆在废除之列，"盖宇宙间之法则有二：一曰自然法，一曰人为法。自然法者，普遍的，永久的，必然的也，科学属之。人为法者，部分的，一时的，当然的也，宗教道德法律皆属之。……人类将来之进化，应随今日方始萌芽之科学，日渐发达，改正一切人为法则，使与自然法则有同等之效力，然后宇宙人生，真正契合。此非吾人最大最终之目的乎？"针对人们提出的"宇宙人生之秘密，非科学所可解决"的问题，他表明自己的观点："科学之进步，前途尚远。……真能决疑，厥惟科学。故余主张以科学代宗教，开拓吾人真实之信仰，虽缓终达。若迷信宗教以求解脱，直欲速不达而已。""余辈对于科学之信仰，以为将来人类达于觉悟获享幸福必由之轨，尤为吾国目前之所急需，其应提倡尊重之也"。[1]陈独秀之所以有这样的看法，是因为他相信科学法则可以说明宇宙万物的演化和运动，宇宙间物质的生存与活，如诸星之相毁，相成，相维，相拒；地球之成立，发达；一切动物由最下级单细胞动物、乃至最高级有神经之人类的进化，皆有一定之因果法则，都可以以科学法则说明。[2]

五四运动兴起后，"德先生"和"赛先生"成为引领中国前进的标志，陈独秀斗志更为昂扬。1919年年初，他在《新青年》发表《本志罪案之答辩书》，指出："追本溯源，本志同人本来无罪，只因为拥护那德莫克拉西（Democracy）和赛因斯（Science）两位先生，才犯了这几条滔天的大罪。要拥护那德先生，便不得不反对孔教，礼法，贞节，旧伦理，旧政治。要拥护那赛先生，便

1　陈独秀：《再论孔教问题》，《新青年》第2卷第5号（1917年）。
2　陈独秀：《科学与神圣》（1919年），《独秀文存》，安徽人民出版社，1987年，第551页。

不得不反对旧艺术，旧宗教。要拥护德先生又要拥护赛先生，便不得不反对国粹和旧文学。……请你们不用专门非难本志，要有气力有胆量来反对德、赛两先生，才算是好汉，才算是根本办法。"陈氏之所以敢于无所畏惧地抬出德、赛两先生，要保守势力拿出"胆量来反对德、赛两先生"以证明其为"好汉"，一方面说明，当时的国人虽对民主和科学的真义未必十分理解，但这两位"先生"的权威经过新文化人的鼓吹，基础业已奠定，不是可以轻易动摇的了；另一方面也说明，陈氏对这两面旗帜抱有充分的信心，所以"认定只有这两位先生，可以救治中国政治上道德上学术上思想上一切的黑暗"，表现出一往无前的勇气，为"拥护这两位先生，一切政府的迫压，社会的攻击笑骂，就是断头流血，都不推辞"。[1]

五四运动之后，陈独秀将"科学"概念从自然科学扩展到社会科学，认为科学有广、狭二义，狭义的科学是指自然科学，广义的科学指社会科学。"社会科学是拿研究自然科学的方法，用在一切社会人事的学问上，像社会学、伦理学、历史学、法律学、经济学等，凡用自然科学方法来研究、说明的都算是科学。这乃是科学最大的效用。"他认为中国传统与科学十分隔膜："我们中国人向来不认识自然科学以外的学问，也有科学的威权；向来不认识自然科学以外的学问，也要受科学的洗礼；向来不认识西洋除自然科学外没（也？）有别种应该输入我们东洋的文化；向来不认识中国的学问有应受科学洗礼的必要"，因此国人应该做的，是"要改去从前的错误，不但应提倡自然科学，并且研究、说明一切学问（国故也包含在内），都应该严守科学方法，才免得昏

1　陈独秀：《〈新青年〉罪案之答辩》，《新青年》第6卷第1号（1919年）。

天黑地乌烟瘴气的妄想胡说"。针对第一次世界大战造成的人们对科学的怀疑态度，陈独秀批评指出："现在新文化运动声中，有两种不祥的声音：一是科学无用了，我们应注意哲学；一是西洋人现在也倾向东方文化了。各国政治家资本家固然利用科学做了许多罪恶，但这不是科学本身底罪恶；科学无用，这句话不知从何说起？我们的物质生活上需要科学，自不待言；就是精神生活离开科学也很危险。哲学虽不是抄集各种科学结果所能成的东西，但是不用科学的方法下手研究、说明的哲学，不知道是什么一种怪物！"他提醒国人千万不要陶醉于西方人对中国文化的夸赞："西洋人也许有几位别致的古董先生怀着好奇心要倾向他；也许有些圆通的人拿这话来应酬东方的土政客，以为他们只听得懂这些话；也许有些人故意这样说来迎合一般朽人底心理；但是主张新文化运动的青年，万万不可为此呓语所误。'科学无用了'，'西洋人倾向东方文化了'这两个妄想倘然合在一起，是新文化运动一个很大的危机！"[1]

对于国人科学素养的缺乏，陈独秀始终保持清醒的认识，他在给朋友的信中说，我们中国人的脑子被几千年的文学哲学闹得发昏，简直可以说没有科学的头脑和兴趣了。平常人不用说，就是学习科学的人也只是书架上放了几本科学书，书房里书桌上很少陈设着化学药品或机械工具；无论什么学校里都是国文外国语历史地理底功课占了很大部分，出版界更不用说了。他认为自己所处的时代是科学大行其道的时代，因此"今后我们对于学术思想的责任，只应该把人事物质一样一样地分析出不可动摇的事实

1　陈独秀：《新文化运动是什么》，《新青年》第7卷第5号（1920年）；袁伟时编著：《走出中世纪：五四文献选粹与解读》，广东人民出版社，2004年，第101—102页。

来，我以为这就是科学，也可以说是哲学；若离开人事物质的分析而空谈什么形而上学的哲学，想用这种玄杳的速成法来解决什么宇宙人生问题，简直是过去的迷梦，我们快醒了！试问人事物质而外，还有什么宇宙人生"？在这里，陈独秀实际上已经涉及科学和人生观的关系问题，预示了他在两年后（1923）的"科玄论战"中所坚持的立场。1921年参加五四运动的学生朱谦之于杭州出家求道，对此陈独秀颇不以为然，认为乃是头脑混乱所致，他在1921年6月1日致友人的信中说："听说朱谦之也颇力学，可惜头脑里为中国、印度的昏乱思想占领了，不知道用科学的方法研究人事物质底分析。他此时虽然出了家，而我敢说他出家不会长久。出家也好，在家也好，不用科学的方法从客观上潜心研究人事物质地分析，天天用冥想的方法从主观上来解决宇宙人生问题，亦终于造谣言说梦话而已。中国、印度古来诸大冥想家，谣言造了几千年，梦话说了几千年，他们告诉我们的宇宙人生的知识，比起近百余年的科学家来真是九牛一毛，我们快醒了。"他认为科学风尚的造成至关重要，需要做四件最重要的事情：一是在出版界鼓吹科学思想；二是在普通学校里强迫矫正重文史轻理科的习惯；三是在高级学校里设立较高深的研究科学的机关；四是设立贩卖极普通的科学药品和工具，使人人有研究科学的机会。[1]

陈独秀认为科学所显示的进化潜能可以有效地解决一切"宇宙之谜"，可以将"科学"从自然科学扩展到社会和精神生活领域，可以"拿研究自然科学的方法，用在一切社会人事的学问上"，像解决自然现象一样解决社会各问题。转变为马克思主义者之后，他相信马克思主义可以解决中国的社会问题，因此很自

1　陈独秀：《答皆平》（1921年），《独秀文存》，安徽人民出版社，1987年，第820—821页。

然地将科学信仰与马克思主义等同起来："古代人的思想，大都偏于演绎法……到了近代科学发明，多采用归纳法……欧洲近代以自然科学证实归纳法，马克思就以自然科学的归纳法应用社会科学……。所以现代的人都称马克思的学说为科学的社会科学。因为他应用自然科学的归纳法研究社会科学。"在《科学与人生观·序》中，他从社会科学入手回答人生观、"情感方面的事项"以及"主观的直觉"等等问题，认为"人生观与科学"的关系，"科学"是否可以支配人生观，以及"科学"是否万能诸问题，"社会科学可一一加以分析的论理的说明，找不出哪一种是没有客观的原因，而由于个人主观的直觉的自由意志凭空发生的"，并且认为"只有客观的物质原因可以变动社会，可以解释历史，可以支配人生观。这'客观的物质原因'便是经济的变化。这便是'唯物的历史观'"。[1]

陈独秀作为新文化运动的主将，对于科学信仰的传播贡献很大，但是我们必须看到，陈独秀本身不是严格意义上的科学家。他对"科学"的兴趣源于他攻击旧制度和旧传统的需要，其目的是以"科学信仰"来取代传统的儒教伦理道德信仰，以便建立新的人生观和民族精神，实现最后觉悟之最后觉悟——伦理的觉悟。他把科学看作一种武器，借助科学日益增长的权威对抗传统儒教伦理，因此，他讨论"科学"时，更多的是注意科学与旧文化的对立性和科学本身的效用。同是新文化运动健将的胡适在晚年（1955）说，陈独秀在五四时期把民主和科学"人格化"（personified）为"德先生"和"赛先生"，近乎将二者"神化"

---

1 陈独秀：《科学与人生观·序》，《科学与人生观》（一），辽宁教育出版社，1998年，第1—7页。

了，其结果往往引起"盲目的迷信"和"盲目的崇拜"。[1]其实，胡适本人又何尝不是如此？对科学的"迷信"和"崇拜"是新时代建立科学信仰所需要的。

当时的中国文化人，不管其家庭背景如何不同，只要亲历欧美领土，对欧美文化做过认真观察，都会很自然将"科学"和中国传统文化进行对比，表现出某种程度的科学信仰。1919年，正在德国柏林留学的陈寅恪在与好友吴宓的谈话中指出："中国古人，素擅长政治及实践伦理学。……故昔则士子群习八股，以得功名富贵。……今则凡留学生，皆学工程实业，其希慕富贵，不肯用力学问之意则一。而不知实业以科学为根本，不揣其本，而治其末，充其极只成下等之工匠。……救国经世，尤必以精神之学问（谓形而上之学）为根基。乃吾国留学生不知研究，且鄙弃之。不自伤其愚陋，皆由偏重实用积习未改之故。"[2]陈寅恪自称其"思想囿于咸丰、同治之世，议论近乎曾湘乡、张南皮之间"，在他生活的20世纪的大部分时间中，他一直是作为一种文化象征被视为"文化遗老"，但实际上他的笃信科学，恐怕不后他人。

我们知道，在近代以来的西方，"科学"指的是"自然科学"（natural science），虽然对它界定还相当繁芜，但主要表示有关自然现象的有条理的知识，指的是对于表达自然现象的各种概念之间的关系的理性研究。[3]换言之，科学主要是指建立自然现象知识之间的联系的"过程"，并没有价值判断。但在新文化运动时期的文化人的思维环境中，"科学"的内涵明显扩展了，获得了一种

1 胡适：《胡适手稿》第9集，台北胡适纪念馆，1970年，第501—504页。
2 吴学昭：《吴宓与陈寅恪》，清华大学出版社，1992年，第9页。
3 〔美〕戴维·林德伯格：《西方科学的起源》，王珺等译，中国对外翻译出版公司，2001年，第1—4页。

信仰的基本特征。

　　首先是"科学"被置于传统儒教信仰——一种被认为是腐败不堪、日趋没落、失去其存在价值的信仰——的对立面。1918年鲁迅以惯有的辛辣笔触抨击迷信弥漫的中国社会对科学的抗拒:"现在有一般好讲鬼话的人,最恨科学,因为科学能教道理明白,能教人思路清楚,不许鬼混,所以自然而然的成了讲鬼话的人的对头的。于是讲鬼话的人,便须想出一个办法排除他。其中最巧妙的是捣乱,先把科学东拉西扯,羼进鬼话,弄得是非不明,连科学也带了妖气。""据我看来,要救活'几至国亡种灭'的中国,那种'孔圣人张天师传言由山东来'的方法,是全不对症的,只有这鬼话的对头的科学——不是皮毛的真正科学。"[1]很显然,在引领时代精神的留学生看来,"赛先生"是创造一种新文化的主要动力。因此,科学被赋予了情感色彩,具有了"学问崇拜"的意蕴,获得了一种不同于西方环境的价值期待。

　　其次,科学对其他各学科的指导作用得以确立。留学德国的蔡元培于1918年年底在他主持创刊的《北京大学学刊》发刊词中明确指出:"治文学者,恒蔑视科学,而不知近世文学,全以科学为基础……治自然科学者,局守一门,而不肯稍涉哲学,而不知哲学即科学之归宿,其中如自然哲学一部,尤为科学家需要;治哲学者,以能读古书为足用不耐烦于科学之实验,而不知哲学之基础不外科学,即最超然之玄学,亦不能与科学全无关。"因此,学刊要旨是"必以科学方法,揭国粹之真相",破除抱残守缺的陋见。[2]

　　最后,科学的范围被进一步扩大,文学、哲学等许多在今天

1　鲁迅:《随感录三十三》(1918年),《鲁迅全集》第1卷,第318页。
2　蔡元培:《答林琴南书》(1918年),见赵家璧主编《中国新文学大系》第一集《建设理论集》,上海良友图书印刷公司,1935年,第166、169页。

看来不属于"科学"范畴的学科也被纳入"科学"范畴之内。茅盾说:"文学到现在也成了一种科学,有他研究的对象,便是人生——现代的人生;有他研究的工具,便是诗、剧本、说部。文学者只可把自身就文学的范围,不能随自己的喜悦来支配文学。文学者表现的人生应该是全人类的生活,用艺术的手段表现出来,没有一毫私心,不存一丝主观。"[1]又说:"科学的精神重在求真,故文艺亦以求真为唯一目的。科学家的态度重客观的观察,故文学也重客观的描写。"[2]可见,"科学"概念的泛化成为这个时代的大趋势。在对旧传统信仰的批判中,新的科学信仰被逐渐确立起来。新文化运动在对民族文化、心理的追询和鞭挞的过程中,"要求或企图把西方的近代科学作为一种基本精神、基本态度、基本方法,来改造中国人,来注入到中国民族的文化心理中",表现出对科学信仰的追求。[3]科学信仰的旗帜由此而初步树立起来。

四、科学万能观的形成: 科玄论战中"科学信仰"的巩固

对20世纪初的中国社会而言,科学是一种舶来物,确立对它的信仰到底不是一件容易事。科学在欧美故乡遭遇的任何命运波澜,都足以影响到它在立足未久的中华异邦的处境。1914年第一次世界大战在欧土爆发,欧洲各国携先进武器大打出手,人命财

---

1 茅盾:《文学和人的关系及中国古来对文学者身份的误认》,《小说月报》第12卷第1期（1921年）;《茅盾文艺杂论集》上集,上海文艺出版社,1981年,第24—25页。
2 茅盾:《文学与人生》,松江暑期演讲会《学术演讲录》第一期（1923年）,《茅盾文艺杂论集》上集,第113页。
3 李泽厚:《记中国现代三次学术论战》,《中国现代思想史论》,天津社会科学出版社,2003年,第45页。

· 国史边缘

产蒙受惨重损失。劫后余生的欧洲人不得不反思以科学为重要特征的自身文明是否一种健全的文明，不由得对科学能否给人类带来福音怀疑起来；一时间对科学的信仰发生动摇，"科学破产"的说法流播开来。这种思潮传入中国，使科学信仰的提倡者面临着一个大难题。

在19世纪末20世纪初的相当一段时间里，梁启超一直是引领时代思潮的先锋人物。1918年12月至1920年3月，他率领一个半官方的巴黎和会观察团在欧洲游历（除去旅途时间）近一年，很快为欧洲人中蔓延的"科学破产"的悲观怀疑情绪所感染。他对旅欧行程中遇到的一件事印象深刻：他遇见一位美国有名的新闻记者赛蒙氏并与他有所交谈。赛蒙氏问梁启超回到中国干些什么事，是否要把西洋文明带些回去，梁氏做肯定回答，前者叹口气说："唉，可怜，西洋文明已经破产了。"梁启超问赛蒙氏回到美国将做些什么，赛蒙氏回答："我回去就关起大门老等，等你们把中国文明输进来救拔我们。"这次对话于梁氏触动很大。他将旅欧获得的见闻和感受写成《欧游心影录》，将欧洲人的这种悲观怀疑情绪迅速传输到国内。梁氏首先对科学观念下的"必然法则"对人类自由意志的否定表示怀疑和不满："近代人因科学发达，生出工业革命，外部生活变迁急剧，内部生活随而动摇，这是很容易看得出的。……依着科学家的新心理学，所谓人类心灵这件东西，就不过物质运动现象之一种。这些唯物派的哲学家，托庇科学宇下建立一种纯物质的初机械的人生观，把一切内部生活外部生活都归到物质运动的'必然法则'之下。……不惟如此，他们把心理和精神看成一物，根据实验心理学，硬说人类精神也不过一种物质，一样受'必然法则'所支配。于是人类的自由意志不得不否认了。意志既不能自由，还有什么善恶的责任？……现今思想界最大的危机就在这一点。"[1]

梁启超的议论固然是由欧洲流行的思想所引发，但他作为中国新文化运动领袖人物的地位，决定了他的言说不可能离开中国的现实，自然也离不开新文化运动开始以来中国社会思想潮流的背景，因此，定然是针对中国实际的有感而发。这一点可由他接下来的话明白无误地显示出来："宗教和旧哲学既已被科学打得旗靡辙乱，这位'科学先生'便自当仁不让起来，要凭他的实验发明个宇宙新大原理。却是那大原理且不消说，敢是各科各科的小原理也是日新月异，今日认为真理，明日已成谬见。新权威到底树立不来，旧权威却是不可恢复了。所以全社会人心，都陷于怀疑沉闷畏惧之中，好像失了罗针的海船遇着风雾，不知前途怎生是好。既然如此，所以那些什么乐利主义强权主义越发得势。死后既没有天堂，只好尽这几十年尽情地快活。善恶既没有责任，何妨尽我的手段来充满我个人欲望。然而享用的物质增加速率，总不能和欲望的升腾同一比例，而且没有法子令他均衡。怎么好呢？只有凭自己的力量自由竞争起来，质而言之，就是弱肉强食。近年来什么军阀，什么财阀，都是从这条路产生出来。这回大战争便是一个报应。诸君又须知，我们若是终久立在这种唯物的机械的人生观上头，岂独军阀财阀的专横可憎可恨，就是工团的同盟抵抗乃至社会革命还不是同一种强权作用！不过从前强权，在那一班少数人手里，往后的强权，移在这一班多数人手里罢了。总之，在这种人生观底下，那么千千万万人前脚接后脚的来这世界走一趟住几十年，干什么呢？独一无二的目的就是抢面

1　梁启超:《欧游心影录节录》,《饮冰室合集·专集之二十三》,中华书局,1989年,第10—11页。

包吃。"[1] 这样的论述，显然是对20世纪初期中国旧文化没落和新文化初生之际的现实的刻画。梁氏所谓"新权威"未立、"旧权威"已经倾颓，以致很多人"陷于怀疑沉闷畏惧"，"好像失了罗针的海船遇着风雾"，不知有怎样的前途，都可视为针对当时中国社会的真切现实有感而发。

如果说梁启超就此推论说应该建立新的人生观的话，也许对新文化运动所极力推动的科学事业不会构成多大的危害，但不幸的是，梁氏又将推论更进一步，把这一切直接归到"科学"头上："当时讴歌科学万能的人，满望着科学成功，黄金世界便指日出现。如今功总算成了，一百年物质的进步，比从前三千年所得还加几倍。我们人类不惟没有得着幸福，倒反带来许多灾难，好像沙漠中失路的旅人，远远望见个大黑影，拼命往前赶，以为可以靠他向导，哪知赶上几程，影子不见了，因此无限凄惶失望。影子是谁，就是这位'科学先生'！欧洲人做了一场科学万能的大梦，到如今却叫起科学破产来。""我们从前自己夸嘴，说道靠科学来征服自然界，如今科学越发昌明，那自然的威力却越发横暴，我们快要被他征服了。"[2] 公正地讲，梁氏说欧洲人有"科学万能"破灭的感觉，或高呼"科学破产"，都不是凭空杜撰；从现在的角度看，梁氏本人的言论并非完全没有道理。而梁氏本人也特意强调："读者切勿误会，因此菲薄科学，我绝不承认科学破产，不过也不承认科学万能罢了。"这大概是梁氏真实的初衷。但是，这种见识通过梁氏那种"常带情感"的文字表达出来，对于

1 梁启超：《欧游心影录节录》，《饮冰室合集·专集之二十三》，中华书局，1989年，第11—12页。

2 梁启超：《欧游心影录节录》，《饮冰室合集·专集之二十三》，中华书局，1989年，第12页。

远未深受"科学"之惠，科学信仰远未扎根的国人而言，其负面影响是可以想见的。尤其是出自梁氏这样自戊戌变法以来一直处于风口浪尖、引领时代思想的一代风流的口中，民众得到的印象自然便是科学的破产。

梁氏最大的问题是，他以世界大战的发生说明科学的破产，又以科学的破产说明西方文明的破产，然后以此来反证中国传统文明符合历史发展的趋势，"近来西洋学者，许多都想输入些东方文明，令他们得些调剂，我仔细想来，我们实在有这个资格"，原因是，从前西洋文明总不免将理想和现实分为两极，各走极端，宗教家偏重来世，唯心派高谈玄妙，离人生问题太远，科学兴起后来一个反动，唯物派席卷天下，高尚的理想也丢掉了，只剩下本能的"抢面包吃"；而我们的先秦学术强调的是把理想纳入实际，孔老墨三大圣虽学派各殊，"求理想和实用一致"却是共同的归结点，所以中国传统文化对"科学"已经破产的西方世界具有应时作用；由此他更进一步，号召青年人去拯救西方世界："我们可爱的青年啊，立正，开步走！大海对岸那边有好几万万人，愁着物质文明破产，哀哀欲绝地喊救命，等着你来超拔他哩！我们在天的祖宗三大圣和许多前辈，眼巴巴盼望你完成他的事业，正在拿他的精神来加佑你哩！"[1]

梁启超的论述存在诸多逻辑矛盾：首先，他一方面说自己无意"菲薄科学"，但在另一方面又认为"弱肉强食"是科学盛行打乱旧信仰的结果，那么，宗教和旧哲学盛行时，是否就不存在"弱肉强食"的现象？其次，欧战证明了西洋文明存在弊端，但

---

1 梁启超：《欧游心影录节录》，《饮冰室合集·专集之二十三》，中华书局，1989年，第38页。

是否可以反证中国传统的优越性，包括制止战争的功能？果真如此，中国历史上规模之大世罕其匹的农民战争和军阀混战何以连绵不断？从逻辑上讲，邻居家的房屋失火，并不能证明自家房屋具备避火功能。第三，更重要的是，科学破产——假如真有此事——是否就能够证明，中国的"精神文明"优于西洋？梁氏的文字显然含有这层意思。这在实际上是重弹所谓中国"精神文明"优越性的老调，回到了"中体西用"的旧路上，客观上起到了为守旧派张目的效果。

梁启超《欧游心影录》发表之后，1921年，梁漱溟演讲并出版了《东西文化及其哲学》一书，对科学的功能表达了同样的怀疑态度。梁漱溟将世界文化分为三类，即以意欲向前为特征创造了科学和民主的西方文化，以意欲自为、调和而持中为根本精神的中国文化，以及以禁欲为根本精神的印度文化。他认为科学本身含有有害的生命观、粗糙的功利主义和过度的行动主义，如果不加以必要的节制，把科学的功用无限放大，乃至认为可以用科学方法来指导和解决包括精神生活在内的一切宇宙人生问题，其结果不仅会破坏人与自然的和谐，甚而会使人放弃对生存意义和道德价值的追求，导致人性的丧失，富有情感的人将变成一味追求物欲的动物。他的结论是，未来世界文化的发展是东方文化大行其道，东方文化拯救西方文化的没落。

二梁都是有影响力的学者，他们对科学的非难态度，尤其是梁启超对科学的批评，很自然地引起一定的社会反响。胡适说当时的情况是，"梁（启超）先生的话在国内确曾替反科学的势力助长不少威风"，"自从《欧游心影录》发表之后，科学在中国的尊严就远不如从前了。一班不曾出国门的老先生很高兴地喊着：'欧

洲科学破产了，梁任公这样说的。'"[1] 这种情势着实让新文化运动
中科学信仰的提倡者和鼓吹者们感到难堪，乃至愠怒。因为，如
果梁氏之言不误，则五四以来提倡的"科学"和"民主"在中国
存在的基础就动摇了。这对五四以来威望渐高的"赛先生"形成
了严重威胁。所以梁氏的言论实在是"科玄"论战的引线，[2] 但以
梁启超在当时思想文化界为时所宗的地位，执弟子礼的新文化主
将们纵是满腹不以为然，碍于辈分和情面，也不好发作。这样，
在"少"一辈的张君劢接过梁启超定下的调子将这曲子唱下去的
时候，便注定会引发早已蓄势待发的科学信仰者的迎头痛击。

　　张君劢（1887—1969）也是归国留学生，他15岁中秀才，
1907年受"新学"影响东渡日本入早稻田大学学习政治学，1910
年回国。1913年赴德国柏林大学学习，两年后回国，担任过《时
事新报》总编和段祺瑞的"国际政务处"秘书长，冯国璋总统府
秘书，1918年再次赴欧游历，向德国哲学家倭铿（Rudolf Eucken）
学习，三年后回国，到北大任教。1923年2月14日，张君劢在清
华大学演讲《人生观》，指出科学与人生观的诸多不同，认为科
学的特点是客观的，为论理（逻辑）的方法所支配，可以从分析
方法入手，为因果律所支配，起源于对象的相同现象，而人生
观是一个人对相关世界的态度，其特点是主观的、直觉的、综合
的、为自由意志的，起于人格的单一性，结论是："科学无论如何
发达，而人生观问题之解决，绝非科学所能为力，惟赖诸人类之
自身而已。而所谓古今大思想家，即对于此人生观问题有所贡献

1　胡适：《科学与人生观·序》，《科学与人生观》（一），中华书局，1989年，第11页。
2　吴稚晖明白指出，"张（君劢）先生的玄学鬼，首先是托梁先生的《欧游心影录》带
　　回的。"吴稚晖：《箴洋八股化之理学》，《科学与人生观》（二），第283页。

也……自孔孟以至宋元明之理学家，侧重内心生活之修养，其结果为精神文明。三百年来之欧洲，侧重以人力支配自然界，故其结果为物质文明。"他又重复梁启超的言论，认为科学造成物质文明的过度膨胀，导致了第一次世界大战的爆发及西方文明破产。"科学之为用专注于向外，其结果则实验室与工厂遍国中，朝作夕辍，人生如机械然。精神上之慰安所在则不可得而知也。……一国偏重工商，是否为正当之人生观？是否为正当之文化？在欧洲人观之，已成大疑问矣。欧战终后，有结算二三百年之总账者，对于物质文明，不胜务外逐物之感。厌恶之论，已屡见不一矣。"随后将演讲稿发表在《清华周刊》第272期上。[1]

　　张君劢的言论惹怒了地质学家丁文江。丁文江曾于1902年秋至1904年春末在日本留学。1905年至1906年在司堡尔丁镇中学学习，因成绩优异获准入剑桥大学深造。但因剑桥学费昂贵，难以负担，于1907年春转入格拉斯哥大学学习。1911年获得动物学和地质学双学位。此后数月遍游欧洲大陆。1911年4月回到阔别7年的祖国。1912年出任北洋政府工商部矿政司地质科长，1916年创办地质研究所，任所长。1918年与张君劢一起随梁启超赴欧洲考察。1922年与胡适一起创办《努力周报》，提倡"好人政府"。丁在当时被认为是"欧化最深的人，是一个科学化最深的人"[2]。新文化运动时期的知识分子，尤其是留学生一代，书生意气炽盛，饭桌上的好友同时而为论坛上的论敌并非罕见之事。丁文江虽是张君劢的好友，但在学术观点上是不留情面的，于是，在张君劢放出他的言论后，丁文江披挂上阵，一马当先，挥舞"科学"旗

1　张君劢：《人生观》，《科学与人生观》（一），辽宁教育出版社，1998年，第30—37页。

2　胡适：《丁在君这个人》《独立评论》第188号（1936年），《胡适全集》第20卷，安徽教育出版社，2003年，第600页。

帜，直取张君劢的阵营。数月后他发表《玄学与科学》，劈头就指出，张已为"玄学鬼"附身，玄学"在欧洲鬼混了二千多年，到近来渐渐没有地方混饭吃，忽然装起假幌子，挂起新招牌，大摇大摆地跑到中国招摇撞骗"。针对张的文章，丁文江提出：由科学方法支配的人生观现在虽没统一，但将来会统一；知识和心理现象都是科学的材料，"在知识界内，科学方法是万能"；欧洲大战的责任在玄学家、政治家和教育家，而不在科学；不能将东方文明和西方文明区分为精神文明和物质文明；中国需要的是科学而非玄学。

张君劢和丁文江的交锋，引得当时的名流学者（实际上也是归国留学生中的精英）如梁启超、胡适、张东荪、林宰平、吴稚晖、王星拱、孙伏园、朱经农，任鸿隽、唐钺等也纷纷加入战团，一时间"科学"和"玄学"两个阵营展开了20世纪初著名的"科玄论战"，演出了中国现代史上蔚为壮观的文化活剧。

丁文江奋起回击张君劢的"玄学鬼"，是为科学争夺刚开拓出了阵地，即争夺科学信仰尚不巩固的青年人。这一点在丁本人也是不回避的。他给章鸿钊的信中说："弟对张君劢《人生观》提倡玄学，与科学为敌，深恐有误青年学生，不得已而为此文。……弟与君劢交情甚深，此次出而宣战，纯粹为真理起见……"[1]他在评张君劢论人生观的文章中也承认，他的文章"不是要救我的朋友张君劢，是要提醒没有被玄学鬼附上身的青年学生"。[2]他担心青年上了张君劢的当，以为宗教、社会、政治、道德一切问题不

1　胡适：《丁文江的传记》（1956年），《胡适全集》第19卷，安徽教育出版社，2003年，第445页。
2　丁文江：《玄学与科学：评张君劢的〈人生观〉》，《科学与人生观》（一），辽宁教育出版社，1998年，第38—39页。

受论理学公例的支配，真正没有是非真伪，而以所谓主观的、综合的、自由意志的人生观来解决问题，而误入歧途。"果真如此，我们的社会是要成一种什么社会？果真如此，书也不必读，学也不必求，知识经验都是无用，只要以'自身良心之所命'，起而主张之，……读书，求学，知识，经历，岂不都是枉费工夫？……这样的社会可以一日居吗？"[1] 他认为只有击退"玄学鬼"，科学的权威才能确立。

如果说五四阶段"科学"作为信仰的意义还不十分明显，那么在科玄论战时则已至为显然。论战的中心议题——科学能否支配人生观——已经明白无误地涉及科学信仰的问题。张君劢从玄学派立场认为，"吾国自海通以来，物质上以炮利船坚为政策，精神上以科学万能为信仰，以时考之，亦可谓物极将反矣"。[2] 而丁文江则认为，"科学的目的是要摒除个人主观的成见，——人生观最大的障碍——求人人所能共识的真理。科学的万能，科学的普遍，科学的贯通，不在它的材料，而在它的方法"。科学和科学方法对人生的最大功用，是使人们养成可贵的"科学精神"，"科学……是教育同修养最好的工具，因为天天求真理，时时想破除成见，不但使学科学的人有求真理的能力，而且有爱真理的诚心。无论遇见什么事，都能平心静气去分析研究，从复杂中求简单，从紊乱中求秩序；拿论理来训练他的意想，而意想力愈增；用经验来指示他的直觉，而直觉力愈活。了然于宇宙生物心理种种的关系，才能够真知道生活的乐趣。这种'活泼泼地'心境，

---

1 丁文江：《玄学与科学：评张君劢的〈人生观〉》，《科学与人生观》（一），辽宁教育出版社，1998年，第48页。

2 张君劢：《再论人生观与科学并答丁在君》，《科学与人生观》（一），辽宁教育出版社，1998年，第93页。

只有拿望远镜仰察过天空的虚漠，用显微镜俯视过生物的幽微的人方能参领得透彻，又岂是枯坐谈禅，妄言玄理的人所能梦见？"[1]

胡适站在丁文江一边，对这种见解表示高度赞赏，认为"这是一个真正懂得科学精神的科学家的人生观"。[2]胡适更进一步主张"要使今日少数人的信仰变为大多数人的信仰"。[3]这与他此前的见解是完全一致的："我们观察我们这个时代要求，不能不承认人类今日的最大责任与最大需求是把科学方法应用到人生问题上去。"[4]任鸿隽认为科学可以造就一种"科学的人生观"，其表现是，第一，科学的目的在求真理，而真理是无穷无尽的，所以研究科学的人都具有一种勇猛直前，不知老之将至的人生观，游乐这种人生观，才能打破物质世界的许多引诱；第二，科学探索的精神深远无际，所以研究科学的人心中一切偏见私意都可以打破，使他和自然界高远的精神相接触，有些科学家竟能把荣誉界限及一切社会阶级打破；第三，科学研究的对象是事物的关系，其成果给人以一种因果的观念，这种人生观，事事都要求合理的证据。[5]

科玄论战中，科学之演变为信仰，还表现在主要论战者如陈独秀和胡适等人决绝地肯定科学对宇宙间未知事物的认识能力，不愿为对手留下任何余地，不仅自己如此，同时也希望科学派成员任何人都不应有妥协和让步，所以，当丁文江表示自己对宇宙间不知的成分宁取"存疑"态度时，陈独秀认为这种态度不彻

1　丁文江：《玄学与科学：评张君劢的〈人生观〉》，《科学与人生观》（一），辽宁教育出版社，1998年，第50页。
2　胡适：《丁文江的传记》，《胡适全集》第19卷，安徽教育出版社，2003年，第455页。
3　胡适：《科学与人生观·序》，《科学与人生观》（一），辽宁教育出版社，1998年，第20页。
4　胡适：《五十年来之世界哲学》，《胡适全集》第2卷，安徽教育出版社，2003年，第392页。
5　任鸿隽：《人生观的科学或科学的人生观》，《科学与人生观》（一），辽宁教育出版社，1998年，第118—120页。

底，只有证明"科学之权威是万能的，方能使玄学鬼无路可走，无缝可钻"。[1]胡适也认为丁文江太消极，等于间接承认了有神论；应采取一种相对"武断"的态度，明白宣称其无神论信仰。[2]不太懂科学的陈、胡却对科学的功能抱有坚定不移的信心，采取完全无保留的接受态度，显示了科玄论战的所具有的意识形态色彩。[3]

另一方面，科学派立论的这种特点，为玄学派或其同情者注意到。梁启超说："人生观的统一，非惟不可能，而且不必要。非惟不必要，而且有害。要把人生观统一，结果岂不'别黑白而定一尊'，不许异己者跳梁反侧？除非中世纪的基督教徒才有这种谬论，似乎不应该出于科学家之口。"[4]林宰平也指出，坚持科学信仰最力的丁文江"简直像个教主，凡是宗教都有统一的欲望，他用同一的形式同一的信仰，把人生圈入一定的轨道中……"[5]李泽厚总结道："科学论战的真实内涵并不真正在对科学的认识、评价或科学方法的讲求探讨，而主要仍在争辩建立何种意识形态的观念和信仰。是用科学还是形而上学来指导人生和社会。"[6]这确是切中肯綮之论。

其实，在科学辩护者的内心深处，未必完全赞同科学万能。1923年科玄论战已见分晓，胡适为这次论战的文集《科学与人生

---

1 陈独秀：《答适之》，《科学与人生观》（一），辽宁教育出版社，1998年，第26页。
2 胡适：《丁文江的传记》，《胡适全集》第19卷，安徽教育出版社，2003年，第459页。
3 雷颐：《试论胡适与丁文江思想的异与同》，《雷颐自选集》，广西师范大学出版社，2000年，第163页。
4 梁启超：《人生观与科学》，见《科学与人生观》（一），辽宁教育出版社，1998年，第128—129页。
5 林宰平：《读丁在君先生的〈玄学与科学〉》，见《科学与人生观》（一），辽宁教育出版社，1998年，第149页。
6 李泽厚：《记中国现代三次学术论战》，《中国现代思想史论》，天津社会科学出版社，2003年，第52页。

观》撰写序言，道出了鼓吹"科学万能"论的初衷：科学在欧洲的地位已是根深蒂固，不怕玄学鬼攻击了。欧洲的思想反动的哲学家，平素饱餍了科学的滋味，偶尔对科学发发牢骚，其情形就像富贵人家吃厌了鱼肉，常想尝尝咸菜豆腐的风味，没有什么危险性，因为欧洲光焰万丈的科学，绝不是几个玄学鬼摇撼得动的。但中国的情形不同："中国此时还不曾享着科学的赐福，更谈不上科学带来的'灾难'。"在当时中国遍地乩坛道院，遍地仙方鬼照相，交通和实业都不发达，人生观还不曾和科学行见面礼的情况下，哪里有资格排斥科学！所以他不能不反感于任何对科学的不敬：

> 我们当这个时候，正苦科学的提倡不够，正苦科学的教育不发达，正苦科学的势力还不能扫除那迷漫全国的乌烟瘴气，——不料还有名流学者出来高唱"欧洲科学破产"的喊声，出来把欧洲文化破产的罪名归到科学身上，出来菲薄科学，历数科学家的人生观的罪状，不要科学在人生观上发生影响！信仰科学的人看了这种现状，能不发愁吗？能不大声疾呼出来为科学辩护吗？

可以想见，在胡适一辈科学信仰者看来，欧洲哲学家在中国人面前非难科学，就像一个因营养过剩患有肥胖症的人，对一群面有菜色、营养不良而且正饥肠辘辘的乞丐大讲营养过剩对健康的危害，其实是"饱汉不知饿汉饥"，全然不合时宜，而他们之赞美中国文化，则很类似一个豪富家族因财富分配纠葛造成家族内讧，因而羡慕清贫人家的安稳日子，其实是别有心境；而国人如果因为西人对中国传统文化的几句廉价赞美而洋洋陶醉，不假思索地随声附和，则不免类似一个几无隔夜粮的穷人家，因别人

夸赞自己的家庭和睦而忘乎所以地奢谈贫穷如何惬意,富裕如何
为人带来祸害,不但是矫情、虚伪,而且是自欺欺人。对于"还
不曾享着科学的赐福"的中国人而言,即使科学不是完美无缺,
也不是菲薄它、拒绝它的时候;对科学的不敬只能导致崇尚"心
性"的理学传统死灰复燃,为空谈的玄学卷土重来提供方便,中
国社会将再次回到晚清守旧分子固守的所谓"圣说""经典"与
"子曰诗云",自以为是、闭目塞听、妄自尊大的老路。

科玄大论战以科学派的胜利而收场。此后科学万能观念凯歌
高奏,风帆高扬,以压倒性的气势支配着中国思想界。1923年郭
沫若作文纪念歌德,在"附白"中说:"如能唤起读者诸君对于
自然科学研究之精神时,余一人深心之快乐,自亦非言语所能罄
尽。"他对"科学上之发现乐与文艺上之创作乐,并一身而兼两
之"的歌德,表示极大的"敬仰"与"羡慕"[1]。1924年吴稚晖在为
《科学周报》撰写的发刊词中,表明办刊宗旨是"研求科学的内
容,伸明科学的价值"。他指出:

> 科学在世界文明各国皆有萌芽。文艺复兴以后,它的火
> 焰在欧土忽炽。近百年来,更是火星迸裂,光明四射。一切
> 学术,十九都受它的洗礼。即如言奥远的哲学,言感情的美
> 学,甚至瞬息万变的心理,琐碎纠纷的社会,都一一立在科
> 学的舞台上,手携手的向前走着。……以往的人们,受着自
> 然权威的限制太多了,因此而生出神权黑暗的时期。得科学
> 来淡下神权的崇拜,人们的思想,遂得一大解放。独立自尊

1　郭沫若:《歌德对于自然科学之贡献》,《时事新报·学灯·歌德纪念专号》1923年3月
　　23日。

的观念，未来的理想世界，都仗着它造因。欧美各国的兴盛，除了科学，还能找出别的原动力吗？[1]

1926年胡适再次抨击"东方精神文明优越论"，认为所谓"西方文明是物质文明，东方文明是精神文明"的观点，是"没有根据而又最有毒的妖言"，"西洋近代文明的第一特色是科学"，但科学造就的文明并不只是物质文明，任何一种文明都是人类心思智力作用于自然界的质和力的结果，都包含物质和精神两个方面。"我们可以大胆地宣言：西洋近代文明绝不轻视人类的精神上的要求。我们还可以大胆地进一步说：西洋近代文明能够满足人类心灵上的要求的程度，远非东洋旧文明所能梦见。"[2]同样，林语堂也以《机器和精神》为题为西方文明的物质和精神性质做了强有力的辩护。[3]科学不仅成为一种事业，而且更是一种象征——中国光明未来的象征，赢得了完全的肯定和赞扬。

而在另一方面，所谓的玄学派其实也并非完全排斥科学。1922年，以《欧游心影录》引发科玄论战的梁启超在南通为科学社年会做《科学精神与东西文化》的讲演，批评中国人对科学的三点错误态度，其一是认为科学应用制造了各种机器，发明了杀人的战争武器，造成经济上的大变动，富者愈富，贫者愈贫。因为听到欧美有些文字这样说，"我们中国那些不懂科学讨厌科学的人听着这些话，正中下怀，以为科学时代已成过去。人家况且

1　郭颖颐：《中国现代思想中的唯科学主义》，江苏人民出版社，1995年，第35页。

2　胡适：《我们对于西洋近代文明的态度》，《胡适全集》第3卷，安徽教育出版社，2003年，第1—12页。

3　林语堂：《机器和精神》《中学生》第二号（1929年），《胡适全集》第3卷《附录》，安徽教育出版社，2003年，第15—25页。

要救末流之弊，我们何必再走那条路呢……须知这流弊完全和科学本身无关。"他告诫国人不要跟着欧美人非议科学，"科学是为学问而求学问，为真理而求真理。至于怎样的用它，在乎其人。科学本身只是有功无罪。我们摭拾欧美近代少数偏激之谈，来掩饰自己的固陋，简直是自绝于真理罢了"。[1]就是在科学论战方酣之时，他在同情玄学派的同时，也还是坚持科学对人生观的必要性，认为"人生问题，有大部分是可以——而且必要用科学方法来解决的。却有一小部分——或者还是最重要的部分是超科学的"。[2]而对于论战中的玄学派主将张君劢而言，虽然他因对"科学能够解决一切问题"思潮不以为然而发难，[3]但内心对科学也并非采取完全否定的立场。1934年他回顾这场科学论战时却承认："在我的思想回思内，有一句话要声明，就是我对科学的态度。科学这东西是16世纪欧洲的产物，也是人类的大发现，……世界人类既因科学进步而大受益处，尤其是中国几千年来不知求真、不知求自然界之知识的国民，可以拿来当作血清剂来刺激我们的脑筋，来赶到世界的文化队内去。中国唯有在这种方针之下，才能复兴中国的学术，才能针砭思想懒惰的病痛。……我们受过康德的洗礼，是不会看轻科学或反对科学的。""说这种看重科学的话，并不是要我们国民单接受西洋兵舰、飞机、无线电就算了事，是要我们国内科学家能够做牛顿、能够做爱因斯坦，能够做达尔文。换一句话说，是自主的科学思想，不是受动的科学

1 梁启超：《科学精神与东西文化》，《饮冰室合集·文集三十九》，中华书局，1989年，第3—4页。
2 梁启超：《人生观与科学》，《科学与人生观》（一），辽宁教育出版社，1998年，第126页。
3 1954年他与华裔学者周策纵论学时，仍明确肯定这一点。见周策纵：《五四运动史》，岳麓书社，1999年，第465页。

思想。"[1]此后，在经历了外族入侵的民族大劫难之后，他更注重科学技术的巨大影响了。1948年，张君劢在重庆大学发表演说，以美国在"二战"中对科技的运用为例说明，"现在国家之安全、人民之生存无不靠科学，没有科学便不能立国。有了科学虽为穷国可以变为富国，虽为病国可以变为健康之国，虽为衰落之国也可以变为强盛之国"。他还强调，科学研究可以使人"心胸自然宽大"，将用于人世竞争的排挤、倾轧方面的才力转移到自然界去，造成一种海阔天空的胸襟，很自然地转向创造合作；只要"在科学上用大工夫，我们大家就不怕没有好日子过，不怕没有饭吃，不怕政治不走上正轨"，所以，"今后救国之道，惟有大家从科学研究、科学发明下手"。[2]在这里，张君劢不仅强调了科学技术的实际效用，而且几乎重复了丁文江在1923年科玄论战时所说的话：科学研究可以使人知道生活的乐趣，具有"活泼泼的心境"。这实际上又回到了科学对人生观作用的旧题，得出了同样的结论。科玄论战的对手终于殊途同归。

五、"科学方法"与"科学精神"："科学信仰"贯穿始终的落实点

　　20世纪最初30年是中国文化重建的关键时期。在这个阶段，面对中国社会普遍缺乏科学素养的现实，接受欧美文化洗礼的归国留学生中，无论是启蒙知识分子如陈独秀、胡适等人，还是职业科学活动家如丁文江、任鸿隽等人，都清楚地意识到"科学"

1　张君劢：《人生观论战之回顾》，《东方杂志》第31卷13号（1934年7月1日）。
2　张君劢：《科学与计划政治》，《再生》第240期（1948年11月22日），第6—7页。

对于民众启蒙的重要性，也都意识到，科学信仰如果得不到具体的表现和落实，其本身的存在和发展就无所凭措，科学信仰只有通过"科学方法"的养成和"科学精神"的培育，才能获得具体的落实点。

近现代意义上的"科学"，在实质上包括两个组成部分：一是组成科学各部门各学科的具体知识成果，一是普遍适于各学科的获取知识的全部程序，即获得这些知识的方法。[1] 西方近代科学方法的本质特点，是重视逻辑原则和实验原则。爱因斯坦认为，西方近代科学的发展是以两个伟大成就为基础的：一是以欧几里得几何学为代表的希腊哲学家发明的形式逻辑体系，二是文艺复兴时期证实的通过系统的实验有可能找出因果关系的重要结论。[2] 当今世界各国科学家都承认，逻辑原则和实验原则是近代科学方法的两大基本特点。[3]

任鸿隽是职业科学活动家和科学社创始人之一，他曾在1909—1911年留学日本，在东京高等工业学校应用化学科学习，1913—1916年在美国康奈尔大学文理学院学习，获学士学位，并任《留美学生季报》总编辑，1914年发起成立中国科学社，创办《科学》月刊，1916—1918年在美国哥伦比亚大学学习，获化学硕士学位。1918年10月回国后，曾任北京大学化学系教授，教育部专门教育司司长，参与"科学与玄学"论战。1922—1925年任上海商务印书馆编辑，东南大学副校长。1925—1935年任中

---

1 吴大猷:《科学技术与人类文明》,《吴大猷文集》,浙江文艺出版社,1999年,第117—118页。

2 爱因斯坦:《爱因斯坦文集》第1卷,许良英等译,商务印书馆,1977年,第574页。

3 普赖斯:《巴比伦以来的科学》,中共中央党校出版社,1992年,第39页;沃克迈斯特:《科学的哲学》,商务印书馆,1996年,第38页。

华教育文化基金董事会专门秘书、董事、干事长等职。任鸿隽
对"科学"和"科学方法"的诠释几乎可以视为西方经典释义的
翻版。他对科学的界定是："科学者，知识而有统系之大名。就广
义言之，凡知识之分别部居，以类相从，井然独绎一事物者，皆
得谓之科学。自狭义言之，则知识之关于某一现象，其推理重实
验，其察物有条贯，而又能分别关联，抽其大例者，谓之科学。
是故历史、美术、文学、哲理、神学之属非科学也，而天文、物
理、生理、心理之属为科学。"又说："科学之本质不在物质，而
在方法。今之物质与数千年之物质无异也，而今有科学，数千年
前无科学，则方法之有无为之耳。诚得其方法，则所见之事实无
非科学者。"他非常赞赏哈佛大学校长爱里亦脱（C.W. Eliot）对
科学方法的见解，并多次加以引用："关于教育之事，吾西方有一
物焉，足为东方人之金针者，则归纳法（Inductive method）是也。
东方学者驰于空想，渊然而思，冥然而悟，其所习为哲理。奉为
教义者纯出于先民之传授，而未尝以归纳的方法实验之以求其真
也。西方近百年之进步，既受赐于归纳的方法矣。……吾人欲救
东方人驰骛空虚之病，而使其有独立不倚、格致事物、发明真理
之精神，亦唯有教以自然科学，以归纳的论理、实验的方法，简
练其官能，使其能得正确之智识于平昔所观察者而已。"[1] 很显然，
在任鸿隽的"科学"概念中，逻辑原则和实验原则都得到明确的
强调。他明言归纳法和演绎法"二者之于科学也，如车之有两
轮，如鸟之有两翼，失其一则无以为用也"，但他偏向于归纳法，
原因是"归纳法尚官感，而演绎法尚心思。归纳法置事实于推理

1　任鸿隽：《建立学界再论》，《留美学生季刊》民国三年秋季第三号（1914），《说中国
　　无科学之原因》，《科学》第1卷第1期（1915）。

之前，演绎法置事实于推理之后"。[1]从科学的发源上，这种见解有道理，但就整个科学研究过程，轻视演绎推理的作用是不妥当的。赵元任便注意到这一点。他在译介《海王星之发现》时特加说明："人谓近世科学重实验，此言良信，然非谓理论可忽也。归纳演绎，齿唇相依；二者相须之殷，于天文学尤显著，海王星之发见实近世演绎科学收功之最大者。"[2]虽然见解稍异，但对方法的重视是一致的。

任鸿隽强调科学以自然事实为研究对象的实验特质，反复说明，"科学的本质，是事实不是文字"，"我们的东方的文化，所以不及西方的所在，也是因为一个在文字上做工夫，一个在事实上做工夫的原故"。科学家以自然界的现象为研究对象，应具备进取精神并掌握实验原则这两个前提："第一，他们（科学家）以为自然界的现象，是无穷的；天地间的真理，也是无穷的。所以只管拼命的向前去钻研，发明那未发明的事实和秘藏。第二，他们所注意的是未发明的事实，自然不仅仅读古人书，知道古人的发明，便以为满足。所以他们的工夫，都由研究文字，转到研究事实上去了。惟其要研究事实，所以科学家要讲究观察和实验。……要是专靠文字，就可以算科学，我们只要卖几本书就够了，有何必费许多事呢？"[3]他对实验原则的重视，确实显示出他对西方近代科学精神和科研方法的精髓具有深刻的领会，他认为，中国几千年求学方法上的一个大毛病，就是重心思而贱官感。换言之，就是专事立想，不求实验，其表现是，对正心修为治国平

1　任鸿隽：《说中国无科学之原因》，《科学救国之梦：任鸿隽文存》，上海科技教育出版社，2002年，第19—23页。

2　《科学》第1卷第12期。

3　任鸿隽：《何为科学家》，《新青年》第6卷第5号（1919年）。

天下的学问讲得天花乱坠，对于自然界的现象始终没有一个正当解说，终究脱不掉以故纸堆为研究材料。他指出一个事实：中国传统士子"多钻研故纸，高谈性理，或者如王阳明之格物，独坐七月；颜习斋之讲学，专尚三物，即有所得，也和科学风马牛不相及"。[1]针对胡适等称清代汉学为"科学"，以"整理国故"来落实其"科学方法"，他不以为然，明确表示反对："近来我们的朋友，很有表彰汉学的科学方法的；其实他们所做到的，不过训诂笺注，为古人作奴隶，至于书本外的新智识，因为没有新事实来作研究，是永远不会发见的。"[2]虽然在有的情况下，任鸿隽也单独强调科学方法中的逻辑原则，如说，"凡文谋于事实而明条理之因果关系者，皆可以科学目之"，[3]但更强调科学的实验特点："凡言近世科学的历史，必推英人培根为鼻祖。因为他注重归纳的方法，主张凡学须从实验入手。这实验两个字，就是近世科学的命根。"[4]又说："今之科学，固不能废推理，而大要本之实验。有实验而后有正确智识……"[5]这样的科学方法论，不独有别于人文学者胡适，也有别于同为科学家的丁文江。

丁文江无疑是当时中国最杰出的地质学家之一。傅斯年称他是"欧化中国过程中产生的最高的菁华"，是"用科学知识做燃

1　任鸿隽：《说中国无科学之原因》，《科学救国之梦：任鸿隽文存》，上海科技教育出版社，2002年，第19页。

2　任鸿隽：《中国科学社第六次年会开会词》，《科学》第6卷第9期（1921）；《科学救国之梦：任鸿隽文存》，上海科技教育出版社，2002年，第240—241页。

3　任鸿隽：《科学与教育》，《科学》第1卷第12期（1915年12月）；《科学救国之梦：任鸿隽文存》，上海科技教育出版社，2002年，第63、67页。

4　任鸿隽：《外国科学社及本社的历史》，《科学》第3卷第1期（1917年）；《科学救国之梦：任鸿隽文存》，上海科技教育出版社，2002年，第96页。

5　任鸿隽：《吾国学术思想之未来》，《科学》第2卷第12期（1916年）；《科学救国之梦：任鸿隽文存》，上海科技教育出版社，2002年，第116页。

料的大马力机器"。胡适肯定傅评是"最确切的评论",同时称赞丁"不愧是一个科学时代的最高产儿","是一个欧化最深的中国人,是一个科学化最深的中国人"。[1]毫无疑问,地质学家的工作性质使他非常清楚地明白实验原则对科学研究的意义,然而,他的以启蒙家自任的意愿,使他在很多场合对科学方法做了泛化的诠释——至少在科玄论战时期是如此——因而有别于任鸿隽。他在科玄论战中说:"我们所谓科学方法,不外将世界上的事实分起类来,求他们的秩序。等到分类秩序弄明白了,我们再想出一句最简单明白的话来,概括这许多事实,这叫做科学的公例。"[2]他从科学方法的这种特点,得出科学方法对于物质现象和精神现象普遍适用的结论:"科学的目的是要摒除个人主观的成见……科学的方法是辨别事实的真伪,把真事实取出来详细的分类,然后求他们的秩序关系,想一种最简单明了的话来概括他们。"由此他认为,爱因斯坦谈相对论是科学,詹姆士谈心理学是科学,梁任公讲历史研究法,胡适之讲《红楼梦》,都是科学。[3]这在实际上只是突出科学方法中的逻辑原则。[4]

科学之于世界万象的实用性,在于科学方法的普遍使用性,丁文江断言:"在知识界里科学无所不全。所谓'科学'与'非科学'是方法问题,不是材料问题。世界上的现象与事实都是科

1　胡适:《丁在君这个人》《独立评论》第188号（1936年）;《胡适全集》第20卷,安徽人民出版社,2003年,第601页。

2　丁文江:《玄学与科学——评张君劢的〈人生观〉》,《科学与人生观》（一）,辽宁教育出版社,1998年,第39页。

3　丁文江:《玄学与科学——评张君劢的〈人生观〉》,《科学与人生观》（一）,辽宁教育出版社,1998年,第49页。

4　〔美〕弗思:《丁文江——科学与中国新文化》,丁子霖等译,湖南科学技术出版社,1987年,第104—107页。

学的材料。只要用的方法不错，都可以认为科学。所谓科学方法是用论理（逻辑）的方法把一种现象，或是事实来做有系统的分类，然后了解它们相互的关系，求得它们普遍的原则，预料它们未来的结果。""惟有科学方法，在自然界内小试其技，已有伟大的结果，所以我们要求把他的势力范围，推广扩充，使他做人类宗教性的明灯：使人类不但有求真的诚心，而且有求真的工具，不但有为善的意向，而且有为善的技能。"[1]这种科学方法的泛化，减轻了人们对"科学"的神秘感和畏惧心理，但本身包含着简单化的弊端：它在突出科学方法中的逻辑原则的同时，往往使人轻视或忽略近代科学方法更重视的实验原则。这显然与他念念不忘科学信念的普及和自己的启蒙角色有关。丁文江所希望看到的是整个国民都能像他一样，"天天求真理，时时想破除成见"，"无论遇见什么事，都能平心静气去分析研究，从复杂中求简单，从紊乱中求秩序"，"拿论理来训练他的意想"。他所强调的这一切，都是普通人加以努力就可以在平凡生活中做到的；而科学研究所要求的系统实验则不同，它不是空口白话或几本书就可以办到，而必须经过严格的训练且有相当的资材设备方克实行。这大概是丁文江所诠释的科学方法的重点在前者不在后者的原因。[2]

胡适是人文学者，但他自认为是科学家，比其他人更致力于科学信仰的传播，对"科学方法"的重视为他人所不及。胡适与

---

1 丁文江：《玄学与科学——答张君劢》，《科学与人生观》（一），辽宁教育出版社，1998年，第189页。

2 夏绿蒂·弗思解释这种现象的成因，一方面是因为中国传统"所提供的富有感染力的先入之见，使他难以理解科学理论，也使他难以进行科学实践"，另一方面则是他在欧洲接触的"对科学作出各种各样刺耳的、矛盾的解释"。〔美〕弗思：《丁文江——科学与中国新文化》，第13页。这种解释似乎未能充分考虑到丁文江在对什么人讲话这一事实。

丁文江一样，深信科学研究方法的普遍适用性，以至于断言："我们也许不轻易信仰上帝万能了，我们却信仰科学的方法是万能的。"[1] 在他那里，"科学"几乎等同于"科学方法论"。

胡适终生坚持的"科学方法"就是"大胆的假设，小心的求证"。不过，这只是他简化后的说法，完整的表述是："细心搜求事实，大胆提出假设，再细心求实证。"[2] 他有时将科学精神、科学态度和科学方法联系起来，一并加以强调："我要读者学得一点科学精神，一点科学态度，一点科学方法。科学精神在于寻求事实、寻求真理。科学态度在于撇开成见，搁起感情，只认得事实，只跟着证据走。科学方法只是'大胆的假设，小心的求证'十个字。"[3]"假设不大胆，不能有新发明。证据不充分，不能使人信仰。"[4]"科学的方法，说来其实很简单，只不过'尊重事实，尊重证据'。在应用上，科学的方法只不过'大胆的假设，小心的求证'。"[5] 这"十字真言"是他终生服膺的"科学"信条。

胡适提倡"大胆假设，小心求证"的"科学方法"，其中心是以证据为前提的逻辑原则；他以逻辑原则为科学方法的全部，实际上没有完整地理解和囊括真正意义上的"科学方法"的全部内涵。他仅仅从这个原则出发，看到了清代学者的治学方法与近

---

1 胡适：《我们对于西洋文明的态度》，《现代评论》第四卷第83期（1926年）；《胡适全集》第3卷，安徽教育出版社，2003年，第9页。

2 胡适：《我的歧路》（1922年），《胡适全集》第2卷，安徽教育出版社，2003年，第469—470页。

3 胡适：《介绍我自己的思想》，《胡适全集》第4卷，安徽教育出版社，2003年，第672—673页。

4 胡适：《清代学者的治学方法》（1919—1921年），《胡适全集》第1卷，安徽教育出版社，2003年，第388页。

5 胡适：《治学的方法与材料》，《新月》第一卷第9号（1928年），《胡适全集》第3卷，安徽教育出版社，2003年，第132页。

代西方科学家研究活动的一致性，于是认为顾炎武、阎若璩的方法同伽利略、牛顿的方法是一样的，戴震、钱大昕的方法同达尔文、巴斯德的方法也是一样的。[1]但他没有注意到，伽利略、牛顿、达尔文、巴斯德科学方法超越顾炎武、阎若璩、戴震、钱大昕的地方在于，前者同时又是进行系统实验活动的高手和实验原则的坚定信仰者。由于忽略了严格意义上的科学方法中的实验原则，胡适将墨子、程朱和清代的中国学术都称为"科学方法"，墨子、朱熹和清代朴学大师都变成了"科学家"。"科学方法"内涵的缩小，必然造成"科学"和"科学家"概念外延的扩大。

胡适自1917年从美国留学回国后就把"整理国故"看作实践他"大胆假设，小心求证"的科学方法论的手段，且几乎终生乐此不疲。他本人承认："我这几年做的讲学的文章，范围好像很杂乱……目的却很简单。我的唯一目的是注重学问思想的方法。故这些文章，无论是讲实验主义，是考证小说，是研究一个字的文法，都可说是方法论的文章。"[2]他说整理国故的目的，是"用评判的态度，科学的精神，去做整理国故的工夫……从乱七八糟里面寻出一个条理脉络来；从无头无脑里面寻出一个前因后果来；从胡说谬解里面寻出一个真意义来；从武断迷信里面寻出一个真价值来……各家都还他一个本来真面目，各家都还他一个真价值。"[3]"用精密的方法，考出古文化的真相；用明白晓畅的文字报告出来，叫有眼的都可以看见，有脑筋的都可以明白。这是化黑暗为光明，化神奇为臭腐，化玄妙为平常，话神圣为凡庸：这才

1 胡适：《治学的方法与材料》，《胡适全集》第3卷，安徽教育出版社，2003年，第132页。

2 胡适：《胡适文存·序例》（1921年），《胡适全集》第1卷，安徽教育出版社，2003年，第1页。

3 胡适：《治学的方法与材料》，《胡适全集》第3卷，安徽教育出版社，2003年，第132页。

是'重新估定一切价值'。他的功用可以解放人心，可以保护人们不受鬼怪迷惑。"[1]换言之，他试图以旧材料展示"科学方法"的普遍适用性，以此确立科学方法万能的信念；在胡适那里，"整理国故"是培植科学信仰和落实科学精神的手段。

胡适以"整理国故"来落实他的"科学方法"，反映了他试图为西方"科学方法"寻找合适土壤的努力。[2]但他忽视了西方科学方法的突出特点是，将观察和分析的对象扩大到整个自然事物及其现象，而不是以往的圣哲大贤的经书。他在致毛子水的信中回答人们对"整理国故"这种非实用的"科学"目标的责难，说："用科学的研究法去做国故的研究，不当先存一个'有用无用'的成见……做学问的人当看自己性之所近，拣选所要做的学问，拣定之后，当存一个'为真理而求真理'的态度。研究学术史的人更应当用'为真理而求真理'的标准去批评各家的学术。学问是平等的。发明一个字的古义与发现一颗恒星，都是一大功绩。"[3]在正常的治学环境中，这道理是不错的。胡适本人并没有预谋，也不是打算让青年人沉浸在烦琐的考据中脱离现实，远离革命。那是后人在"斗天斗地斗人"的特殊环境中想当然地"悟出"的道理。[4]

1　胡适：《整理国故与"打鬼"》（1927年），《胡适全集》第3卷，安徽人民出版社，2003年，第147页。

2　王鉴平、杨国荣：《胡适与中西文化》，四川人民出版社，1989年，第98—99页。

3　胡适：《论国故学——答毛子水》，《新潮》第二卷第1号（1919年），《胡适全集》，第1卷，安徽教育出版社，2003年，第418页。

4　如有的学者说："胡适的阴谋是让青年人沉浸在支离破碎的考据，相信一个字古义的发明其价值等于一颗恒星。这样才能使青年们远离马克思主义，不去接受唯物主义的历史观点；才能使他们脱离现实，脱离革命。"见周一良：《西洋"汉学"与胡适》，《历史研究》1955年第2期，第1—2页。

　　胡适的这种做法，很类似科学信仰炽盛而又充斥实用主义意识的今天，许多人文学者为了抬高自己从事的学科的"品位"和存在发展的正当性，动辄生拉硬扯地贴上"科学"的标签一样。其实，应该明白，人文和社会学科在很大程度上是当不起严格意义（即现代意义）上的"科学"概念的，因为这些学科所使用的研究方法大多只是"有证据的探讨"——只是逻辑原则的运用，但它们的材料和结论大多不能通过实验求得验证，换言之，不具备实验原则要求的重复性。这些学科存在的正当性，并不完全取决于其完备的"科学性"，而更在于它们的合理的"价值需求"，即服务于人类的人文价值——好坏、善恶——的判断。

　　正如任鸿隽所批评的，"整理国故"的落脚点是传统文字材料，是故纸堆里的工夫。胡适"小心求证"中的"证据"（即所谓"拿证据来"）只是历史上留下的证据，这些证据所反映的历史现象，并不像通过观察所获得的证据所反映的自然现象一样，可以通过有目的的系统实验加以重复从而获得验证。所以，胡适的"十字真言"所体现的"科学方法"，在本质上只与西方近代科学方法中"逻辑原则"相符合，并不能包含后者更重视的"实验原则"。他同时代的人已经看到了这一点。张东荪就批评过胡适所坚持、丁文江也表示赞同的这种观点，认为就科学具有的适合所有旁支学科的方法而言，这方法就是逻辑的方法。但由清代学者所高度发展的技巧，只能说表现了"一点科学的精神"；他们的方法也只适合他们自己的兴趣、小学和校勘性学术研究所提供的任务，而用于其他领域时则不会带来相似的结果。此外，他们也没有表现出根据其发现提出系统观点的愿望。[1]胡适

1　张东荪：《劳而无功：评丁在君先生口中的科学》，《科学与人生观》（二），辽宁教育出版社，1998年，第210—220页。

身后的传记作者唐德刚也指出，胡适整理国故的方法"不对的地方，便是胡老师把'科学方法'，误为'科学'的本身。以为掌握了'科学方法'（其实胡先生的'方法'，只能说是'合乎科学的方法'，而不能迳名之为'科学方法'），'科学'便在其中矣。这就不对了"。[1]

　　在当时的社会环境中，提倡"整理国故"在客观上的确有使人回到故纸堆的嫌疑，与当时人们对科学实用功效的要求与期待不相符合。1924年站在科学人生观一边的吴稚晖就曾批评说："这国故的臭东西，他本同小老婆吸鸦片相依为命。小老婆吸鸦片又同升官发财相依为命。国学大盛，政治无不腐败。因为孔孟老墨便是春秋战国乱世的产物。非把他丢在茅厕里三十年，现今鼓吹成一个干燥无味的物质文明，人家用机关枪打来，我也用机关枪对打，把中国站住了，再整理什么国故，毫不嫌迟。"[2]1927年陈西滢也说："一般近视眼的先生，不知道胡先生是回去扫除妖孽，清算烂账的，只道连胡先生都回去了，他们更不可不回去了。于是一个个都钻到烂纸堆里去……弄得乌烟瘴气，迷濛天地。"他认为以胡适在文化界的特殊地位，不该去做"整理国故"的事。[3]

　　1928年，胡适本人也感觉到应用到"整理国故"上的所谓科学方法所导致的缺陷。他在《治学的方法与材料》一文中指出，清代"朴学"以至"整理国故"运动，"方法虽是科学的，材料始终是文字的"，在故纸堆里使用科学方法的结果，是故纸堆的材

1　唐德刚:《胡适口述自传》，华东师范大学出版社，1997年，第223页，注4。

2　吴稚晖:《箴洋八股化之理学》，《科学与人生观》（二），辽宁教育出版社，1998年，第285页。

3　陈西滢:《胡适：整理国故与"打鬼"·西滢跋语》，《现代评论》第五卷第119期（1927年）;《胡适全集》第3卷，安徽教育出版社，2003年，第149—153页。

料终究限死了科学的方法，所以，"这三百年的学术也只不过文字的学术，三百年的光明也只不过故纸堆的火焰而已"。与此形成对照的是，在这三百年里，西方学者从自然界的实物着手，造就了近代工业文明，而"我们的考证学的方法虽然精密，只因为始终不接近实物的材料，只因为始终不曾走上实验的大路上去，所以我们的三百年最高的成绩终不过几部古书的整理。于人生有何益处？于国家的治乱安危有何裨补？虽然做学问的人不应该用太狭义的实利主义来评判学术的价值，然而学问若完全抛弃了功用的标准，便会走上很荒谬的路上去，变成枉费精力的废物"。这实际上等于承认他的科学方法——更确切说是科学方法的一部分——虽具有普遍适用性，但要结出近代西方科学文明的果实，则必须加入另外的条件，即对"实物的材料"的考察和研究。面对时代的实际需要，胡适不得不承认自己的做法不宜模仿和追随，"希望一班有志做学问的青年人及早回头想想，单学一个方法是不够的。最要紧的关头是你用什么材料。现在一班少年人跟着我们向故纸堆去乱钻，这是最可悲叹的现状。我们希望他们及早回头，多学一点自然科学的知识与技术：那条路是活路，这条故纸的路是死路。三百年的第一流的聪明才智消磨在这故纸堆里，还没有什么好成绩。我们应该换条路走走了。"他号召青年人先学习有直接社会效用的自然科学，在科学实验室里有了好成绩，然后拿出余力，再回来整理国故，做出成绩，一拳打倒顾亭林，两脚踢翻钱竹汀。[1]

　　1933年胡适本人反思自己的"科学方法"，对它的局限有所

1　胡适：《治学的方法与材料》，《新月》第一卷（1928年）；《胡适全集》，第3卷，安徽教育出版社，2003年，第131—143页。

认识："这种方法可以说是我自己'始作俑'的，所以我自己应该负一部分的责任。我现在很诚恳地对我的朋友说：这个方法是很有危险性的，是不能免除主观的成见的，是一把两面的剑，可以两面割的。你的成见偏向东，这个方法可以帮你向东，你的成见向西，这个方法可以帮你向西。如果没有严格的自觉的批评，这个方法的使用绝不会有证据的价值。"[1] 一年后（1934），又检讨将这种科学方法落实于文字材料产生的弊端："东方古文化实在太不注意自然界实物的研究，虽有自然哲学而没有自然科学的风气。故其虽有'格物穷理'的理想，终不能产生物理的科学，只能产生一点比较精密的纸上考证学而已。"[2] 这种批评既是针对古人的治学方法，也是针对他自己所谓的科学方法。但作为人文学者，他的研究无法脱离这个方法。

由于对科学实用功用的要求也日益迫切，胡适所代表的将科学方法落实于"整理国故"的方向越来越失去吸引力，科学落实到物质层面成为时代要求。虽然当时"科技"这个名称尚未出现，但在时人的思想中已经表达出来。如1929年郑振铎提出："我们要的是机关枪、飞机，不是百千万的'国士'、'勇士'；我们要的是千百个科学家、专门研究者，不是几万万个的'国学大家'；我们要的是能拯救国民的贫乏与愚呆的人，不是狂热的盲目的爱国者；总之我们要的是科学，是步武西方，以建设新的中国，却不是什么'国学'、'国医'、'国技'。我们要求的是发展，却不是仅仅的所谓'保存'。"[3] 这种见解实际上是贯穿20世纪

1　胡适：《评论近人考据老子年代的方法》（1933年），《胡适全集》第4卷，安徽教育出版社，2003年，第117页。
2　胡适：《科学概论》（1934年），《胡适全集》第8卷，安徽教育出版社，2003年，第90页。
3　郑振铎：《何炳松〈论所谓"国学"〉按语》，《小说月报》20卷1号（1929年1月），第1页。

的主流意识。20世纪80年代初"四个现代化"目标的提出，基本上是将"科学"概念落实到技术层面上；邓小平提出"科学技术是第一生产力"大致也在同一范畴。至于许多年以来人们口头上的"科技"在很大程度上是实用的"技术"。毕竟，对于20世纪的中国而言，各个时期的主题虽有不同，但完成民族（国家）由传统体制向现代体制的转变这个基本主题却是相同且一贯的。

20世纪初叶国民对科学的信仰，正是通过掌握舆论权力的文化人对"科学方法"的强调而得到强化和普及。1927年6月，国民政府改教育部为大学院，为全国最高学术教育机关。1928年1月大学院院长蔡元培在《大学院公报》的发刊词中提出大学院应努力的方向，其中之一是，"一方面从事科学上高深研究，一方面推广民众的科学训练，俾科学方法得为国内一般社会所运用"。他对此主旨加以说明："我族哲学思想，良不后人，而对于科学，则不能不自认为落伍者。"我族虽有四大发明，但现在都已远远落后于西方，不仅物质科学，即精神科学，"在西人已全用科学的方法，而我族犹囿于内省及悬想之旧习，科学幼稚"，"近虽专研科学者与日俱增，而科学的方法，尚未为多数人所采用，科学研究机关更是绝无仅有。盖科学的方法，非仅仅应用于所研究之学科而已，乃至一切事物，苟非凭借科学，明辨慎思，实地研究，详考博征，即有所得，亦为偶中，其失者无论矣。"为实行科学的研究与普及科学的方法起见，故设中央研究院，以为全国学术之中坚；并设科学教育委员会，以筹划全国科学教育之促进与广被。[1]

需要指出的是，20世纪初期，大多数文化人在强调"科学方

---

1 蔡元培：《大学院公报·发刊词》，《蔡元培论科学与技术》，河北科学技术出版社，1985年，第98页。

法"时往往都有忽视"实验原则"的倾向。在他们看来，"科学方法"就是系统的逻辑性。梁启超认为："有系统的真智识，叫做科学。"所谓"有系统的真智识"，就是"知道事物和事物相互关系，而因此推彼，得从所已知求出所未知"；而系统有二，一横，一竖。横的系统，即指事物的普遍性；竖的系统，指事物的因果律。[1] 郭沫若说："科学的研究方法教导我们，凡是研究一种事理，都是由近及远，由小而大，有分析以至综合。我们先把一种对象分析入微，由近处小处推阐起去，最后归纳出一个结论来。"[2] 程小青说："我以为侦探小说的本身是科学的"，原因是"对于情节的叙述，往往使用演绎和归纳的方法，那就逃不出逻辑的范围"。[3] 显然，在一些人那里，逻辑可以径直与科学画上等号，成为科学的代名词。

然而，不管对"科学方法"的理解存在何种差异，当时的文化人重视科学精神的养成，重视科学精神对人生观的意义，却又是极为相似的。梁启超认为，科学"可以教人求得有系统之真智识的方法，叫做科学精神"。丁文江说："科学的精神在于抛弃成见，服从客观真理。……人类经过科学的训练以后，可以养成谨慎、忠实、公正诸美德。"[4] 任鸿隽认为："科学……以自然现象为研究之材料，以增进智识为指归，故其学为理性所要求，而为向学者所当有事，初非豫知其应用之宏与收效之巨而后为之也。夫

1　梁启超：《科学精神与东西文化》，《晨报副刊》1922年8月24日至25日；《饮冰室合集·文集之三十九》，中华书局，1989年，第3—5页。
2　郭沫若：《批判与梦》，《创造季刊》第3卷第1号（1927年）。
3　程小青：《侦探小说作法之一得》，《小说世界》第12卷第6期（1925年）。
4　丁文江：《玄学和科学的讨论的余兴》，《科学与人生观》（二），辽宁教育出版社，1998年，第236页。

非豫知其应用之宏与收效之巨，而终能发挥广大以成经纬世界之大学术，其必有物焉为之亭毒而蕴酿，使之一发而不可遏止，盖可断言。其物为何，则科学精神也。于学术思想上求科学而遗其精神，犹非能知科学之本者也。""科学精神者何？求真理是已。……真理之为物，无不在也。科学家之所知者，以事实为基，以实验为稽，以推用为表，以证验为决，而无所容心于已成之教，前人之言。又不特无容心已也，苟已成之教，前人之言，有与吾所见之真理相背者，则虽艰难其身，赴汤蹈火以与之战，至死而不悔，若是者吾谓之科学精神。"他认为科学精神必须具备两个要素：崇实又贵确。而我国学风不利于科学精神之培养的因素有三，其一是爱好虚诞而忽视近理，阴阳附会，五行盛行；二是重文章而轻实学，承千年文弊之后，士唯以虚言是尚；三是笃旧说而贱特思。其结果是"人性怯于独行，称述易于作始，自古然欤！然怀疑不至，真理不出，学术风俗受其成形而不知改易，则进化或几乎息"。因此，"学子暖姝，思想锢蔽，乃为科学前途之大患"。[1]

胡适认为，"科学的根本精神在于求真理。人生世间，受环境的逼迫，受习惯的支配，受迷信与成见的拘束。只有真理可以使你自由，使你强有力，使你聪明圣智；只有真理可以使你打破你的环境里的一切束缚，……科学的文明教人训练我们的官能智慧，一点一滴地去寻求真理，……这是求真理的唯一法门"。[2]胡适对科学法则和科学精神的观点终生不变，他在晚年的自述中说："科

1　任鸿隽：《科学精神论》，《科学》第2卷第1期（1916年）；《科学救国之梦：任鸿隽文存》，上海科技教育出版社，2002年，第68—75页。

2　胡适：《我们对于西洋近代文明的态度》，《胡适全集》第3卷，安徽教育出版社，2003年，第7页。

学的精神便是尊重事实，寻找证据，证据走向那儿去，我们就跟
到那儿去，科学的法则便是'大胆的假设，小心的求证'，只有
这一方法才使我们不让人家牵着鼻子走。我说被孔丘、朱熹牵着
鼻子走，原无骄傲之言，但是让马克思、列宁、斯大林牵着鼻子
走，也照样算不得好汉。"[1]当时思想言论中的科学精神，虽在不同
人的理解中内容不尽相同，但强调追求真理、精神独立、思想自
由，并把这一切与社会进步、个人人格的完善联系起来，则是相
同的。

六、整体评价：
归国留学生、"科学信仰"与20世纪初叶的中国社会

对于中国而言，20世纪初叶是一个风云激荡、矛盾纠结的时
期。此前已持续半个多世纪之久的中国与西方列强的冲突，使中
国社会内部业已存在的传统惰性与现代化大趋势的对立，在前所
未有的范围内极为尖锐地表现出来。错综复杂的内外矛盾纠缠在
一起，赋予中国社会以万花筒般的斑斓色彩。

在与西方列强的冲突中，宗法专制帝制下的清帝国已经毫无
疑问地处于绝对劣势，延续两千余年的天下"中央帝国"意识和
文化优越感，已严重动摇乃至颓坍：在残酷的外敌压境的现实面
前，不得不承认，世界并非以"中华帝国"为中心，以坚船利炮
武装起来的所谓西洋"蛮夷"也有其文明，而且这种文明在中西
对抗中显然占据了上风。虽然长期的闭关锁国造就的盲目的唯我
独尊的心态，使整个统治集团并不了解，西方近代文明的优越性

1 胡适:《介绍我自己的思想》,《胡适全集》第4卷,安徽教育出版社,2003年,第673页。

的基础在于，西方社会新的资本主义经济运作方式，催生了新生文明成果，即社会制度上民主方式和文化思想上的科学准则；这种新生文明成果不是中国传统小农经济基础之上的宗法专制社会和落后的传统文化思想所能比拟。虽然无知和偏见仍然使一些人有意无意地贬低西方文明的优越性，但"学习西方"的意识以"师夷长技以制夷"的形式表达出来之后，已经在中国社会中成为不可逆转的意识潮流。思想意识的先行遂成为整个社会由传统转向现代性的关键因素。中国"现代化"主题能否实现，主要取决于"学习西方"这个过程能否有效地展开。在西欧率先进入资本主义社会，完成传统向现代化的转变以后，世界其他地区除了跟进以外，似乎已没有其他道路可以选择。

近代前期中国向西方学习步履艰难，不得要领，个中原因固不止一端，但没有可以推动事业发展的得力人才实为关键因素之一。梁启超指出："晚清西洋思想之运动，最大不幸者一事焉，盖西洋留学生殆全体未尝参加于此运动，运动之源动力及其中坚，乃在不通西洋语言文字之人。坐此为能力所限，而稗贩、破碎、笼统、肤浅、错误诸弊，皆不能免。故运动垂二十年，卒不能得一健实之基础，旋起旋落为社会所轻。"[1]与此不同的是，五四思想启蒙运动一经发生，便以前所未有的规模席卷中华大地，其冲击力之大，影响之远，超迈前代；尤其是科学启蒙虽经波折，但其成就仍如云蒸霞蔚，斐然可观。此时形势迥异于前，颇与留学生的大力推动有关。盖19世纪和20世纪之交，出国留学成为时代最显著之风潮，经一二十年孕育，归国留学生已渐成气候。他们作为思想文化运动的骨干力量，开始影响中国现代化进程。

---

1 梁启超：《清代学术概论》，上海古籍出版社，1998年，第98页。

在20世纪初叶的中国社会大舞台上，归国留学生已成为了整个社会关注的大风景。他们一方面了然于西方科学，知晓西方文化的优越之处；另一方面又在早年接受过中国传统教育，较常人更多承载着传统文化的重负。古今矛盾、中西冲突的背景，使他们成为一个独特的社会群体。有学者评述这个时代的留学生："他们恰好处于古今中西的历史聚焦点上，一方面背负着几千年沉重的文化传统，魂系华夏；另一方面他们最早开眼看世界，最直接领略欧风美雨的洗礼，对盛极一时的西方文化景慕不已。作为文化过渡人，他们对于自身文化传统大都存在着离异与回归的两难倾向；作为文化边际人，他们肩负着西学东渐与华风西被的双重任务。在外来文化的吸收上，他们是承受和集成者；而在中国新文化的构建上，他们又是前驱和开山者。他们是中国近代化过程中的先导，是中西文化融汇的主要载体，是学贯中西、兼容世界文明的一代新型知识群体。作为社会变革的力源，在中国走向近代化的过程中，这一群体具有同时代其他群体无法比拟的能量。"[1]

这个独特群体承担着除旧布新的历史使命：一方面进行着对旧传统文化的批判，一方面进行着新文化的建设。这种新文化建设的具体成就，就是他们全力推崇的"德先生"（民主）和"赛先生"（科学）威望的隆升，追求"德先生"和"赛先生"在中国社会成为虽跌宕起伏但不可阻挡的滚滚洪流。如果我们把西方近代科学比作希腊神话中造福人类的天火，那么，正是这些舍身求法的留学生，将这"天火"传输到中华大地，将学到的先进科学知识传给灾难深重的祖国，奠定了中国科学事业的坚实基础，完成了彪炳史册的"普罗米修斯"般的英雄功业；同时，他们又

1　王奇生：《中国留学生的历史轨迹》，湖北教育出版社，1992年，第1页。

以科学为武器，以澎湃的激情领导了民众启蒙运动，为树立科学的权威和对科学的信仰，为科学精神的造就，做出了不可磨灭的贡献。

科学信仰的形成，是科学理念进入中国人精神生活的一个重要标志，其最重要的成果是，科学权威逐渐取代支配中国思想两千年的儒学旧权威。从思想发展的角度，儒学统治中国思想的结果，是所谓"君权""圣说"居于中国士子思维活动的中心，成为衡量学术和思想的标准。在"君权""圣说"面前，士子以帝王之是非为是非，以儒家经卷为终极真理，丧失了应有的独立性，学术丧失了应有的神圣性。[1]科学信仰的确立，使思想学术与科学之间建立起了必然的联系，科学性成为衡量学术的最重要的新标准，两千年来以孔子是非为是非的思维旧习，已经被打破。

科学获得"无上尊严的地位"，从根本上"不是因为它的辩护者大名鼎鼎，也不是由于中国一般的反宗教感情，而是由于科学方法本身的流行。科学的范围不断扩大：现在它包括自然和社会生活两方面，对它的可能限制总是被推回。科学家似乎握有无法估量的人生和宇宙的钥匙。而哲学家丢失阵地则主要是因为他们提出的解决人生问题的方法不受欢迎。他们的答案最多只是玄思冥想。现代社会要求用客观性作为判断真理、诚实、可靠性及可敬性的标准"。[2]科学权威的确立，使科学和科学方法成为中国

1　正如陈独秀所指出，"文学自有其独立之价值也，而文学家自身不承认之，必欲攀附六经，妄称文以载道，代圣人立言，以自贬抑。史学亦自有其独立之价值也，而史学家自身不承认之，必欲攀附春秋，着眼大义名分，甘以史学为伦理学之附属品。音乐亦自有其独立之价值也，而音乐家自身不承认之，必欲攀附圣功王道，甘以音乐为政治学之附属品……"。陈独秀：《学术独立》（1918年），《独秀文存》，第552页。

2　郭颖颐：《中国现代思想中的唯科学主义》，江苏人民出版社，1998年，第133页。

社会思想论说的有效工具，其标志之一是，20年代末30年代初，关于中国社会性质的论战中，不管论战双方见解如何不同，都在"科学"的名义下以"科学方法"来阐发自己的观点，说明"科学方法"已为文化人所普遍接受。在20世纪初期乃至整个前半叶内忧外患的社会环境中，中国科学研究的具体成就，也许并不令人满意，但科学知识的传播和推广，科学威望的提高和科学信仰的确立，尤其是青年人对科学事业的热情追求和赞赏，确是令人欣慰和值得称道的成就。

　　20世纪初叶中国社会的特点之一，是中西冲突空前剧烈，传统宗法专制帝制走到了穷途末路，服务于它的传统儒学信仰陷于全面崩溃。"当传统文化与道德的结构已经崩溃——传统道德与文化的特定具体方式失去了缆系——的时候，那些曾经浸淫其中的人们产生了剧烈的焦虑与不安，所以急需一项确定的信仰来消除他们的焦虑和不安。"[1]在中国社会的大变动时期，整个民族对未来前途充满焦虑和担忧。作为见证人和亲历者，丁文江描述民国以后十余年间国人的精神状态："当满清末年，一班有志之士恨满清政府腐败……从心里头有一个公共的目标：第一是'排满'，第二是'平民政治'；以为满人一倒了，政治改为共和，天下就太平了。"由于对于这两件事抱有绝对的信仰，全国上下大家齐心协力，肯牺牲，肯流血，共同奋斗。然而，民国建立以后，情况并非如人们所期望，"这十一年来的经验，把这种信仰全打破了。满人倒了，起来代他的同他一样坏；政体还没有变得全，代议政治已经完全破了产。大家没有了信仰，四顾彷徨，不知道如何中国

1　林毓生：《民初"科学主义"的兴起与含意》，见《中国传统的创造性转化》，生活·读书·新知三联书店，1996年，第266页。

才能弄好。要牺牲，为的是什么？要奋斗，为的是什么？谁也答不出来；始而是失望，继而是消极，消极的结果便是麻木。……"[1] 在此种现状中，科学信仰的建立及其对人生与宇宙统一性和规律性的主张，适应和满足了中国人对民族未来发展趋势预测的愿望和需求，因为"强调人生观以及一切精神文明都可以通过科学分析得到说明和了解，都可以做出因果律的决定论的'科学'解释，这就预告着以一种建立在科学的宇宙观、历史观基础上的决定论的'科学的人生观'来作为信仰指导人们生活、行动的可能"。承认身心、社会、国家、历史均有可确定可预测的决定论和因果律，从而可以用以反省过去，预测未来，这种精神、态度、方法是深得人心的。这正是后来具有决定论特点的马克思主义世界观和历史观在中国流行并被接受的基础。[2] 科学信仰的盛行，以及被视为科学具体形式的马克思主义，在填补了儒学价值体系崩溃后留下的巨大信仰空白的同时，也在很大程度上抚慰了民众焦虑不安的心灵。这是科学信仰在当时发挥的最大作用之一。

然而，在中国社会特殊环境中形成并发展起来的科学信仰本身也存在一些问题，并对后来科学在中国的发展造成了影响。

首先，在中国社会的科学信仰中，伦理价值极为突出。这一特点不仅表现在陈独秀、胡适为代表的人文学者身上，也表现在丁文江、任鸿隽这样的职业科学家身上。19世纪末到20世纪初的中国社会，是在"格物致知"概念的基础上接受"科学"概念，这样的内在渊源和传承关系，使源于"格致"观念的传统思想因

1　丁文江：《一个外国朋友对于一个留学生的忠告》，《努力周报》第42期（1923年3月）。
2　李泽厚：《记中国现代三次学术论战》，《中国现代思想史论》，天津社会科学出版社，2003年，第53—54页。

素很容易渗入科学概念之中，"格致诚正修齐治平"的道德修养信条，随之也渗透到科学信仰中。[1] 这种情况之所以形成，一方面是因为20世纪初期的中国知识分子在进行他们寄托厚望的国民思想改造时，其背负的思想文化的遗产不可避免地发生作用；另一方面，这也与"科学"在中国特殊环境中的"信仰"位置有关。"科学"从新文化运动兴起以后，就被当作一种信仰置于与儒学信仰对立的地位，科学信仰取代儒家信仰时，就不能不被赋予儒家信仰内在的伦理功能。陈独秀说："今欲学术兴、真理明，归纳论理之术，科学实证之法，其必代圣教而兴欤？"[2] 可谓一语中的。

然而，科学就其本质讲，对道德伦理的改善确实是有所不能的。科学知识的掌握与高尚道德的塑造之间，并不能简单地建立起一种必然联系。对科学的追求，即使在科学家而言，也并不能必然地使之向善而为。一个很明显的事例是，"二战"期间，德国和日本的许多科学家不自觉地成为服务于战争恶魔的帮凶，甚至在战后仍然没有任何内疚或负罪之感，这在很大程度上是因为，科学活动确实无法为其行为提供价值判断。相反，他们可以在现代社会给予科学活动的崇高赞誉中找到自我解脱的理由；又譬如，有的科学家进行的克隆人实验，从科学研究的角度是可以理解的，但从人类伦理的角度，却是令人无法容忍的，所以现代各国政府均明令禁止此类实验。也正因为如此，一些思想深邃的科学家，对科学崇拜大都持有极为谨慎的态度，认为人类生活只有科学是远远不够的。爱因斯坦在很多场合就对科学信仰提出过警告。1949年8月20日，他在一封信中有说："我酷爱正义，并竭尽

1　段治文：《中国现代科学文化的兴起》，上海人民出版社，2001年，第319页。
2　陈独秀：《圣言与学术》，《独秀文存》，安徽人民出版社，1987年，第554页。

全力为改善人类境况而奋斗，但这些同我对科学的兴趣是互不相干的。"[1]准此而言，20世纪初叶归国留学生们赋予科学信仰以伦理价值的期许，虽然在改造传统文化的愚昧、落后成分方面是部分实现了，但从长远过程来看，显然有勉强和不切实际之处。

其次，科学信仰对科学方法的泛化和庸俗化，造成科学与具体的研究分离开来的倾向。当时科学社的重要成员杨铨就曾对这种倾向表示过忧虑，"深恐夫提倡科学之流为清谈"；他认为科学精神和科学方法不能离开具体的研究过程，"吾人果欲提倡科学乎？则当自提倡研究始"。[2]陈西滢对胡适等人以整理国故来落实"科学方法"也有相似的见解："什么是科学方法？离开了科学本身，那所说的'科学方法'究竟是什么呢？一个人不懂得什么是科学，他又怎样的能用科学方法呢？"他认为用"科学方法"做工具去整理国故，就如同以"外文知识"做工具，去翻译西方的各种学识一样的荒唐可笑。因为一个人认识了几个洋字，并不因此就可以翻译爱因斯坦的"相对论"，弗洛伊德的心理学，拜伦的诗，法郎士的小说。正确的做法，还是要让经济学者去治经济史，政治学者去治政治史，宗教学者去治宗教史，文艺批评者去治文学史艺术史。[3]从启蒙运动的角度看，陈西滢这样的见解，势必会给民众接受科学和"科学方法"造成畏惧心理，不利于传播科学的影响。但从学术研究的角度说，陈的观点是符合学理要求的。值得注意的是，近百年来"科学之流为清谈"的现象并非稀少；更显然的一个事实是，当下"科学"一词虽然被每个人挂在

1 〔美〕杜卡斯、霍夫曼编：《爱因斯坦谈人生》，高志凯译，世界知识出版社，1984年，第23页。
2 杨铨：《科学与研究》，《科学》第5卷第7期（1920年7月）。
3 陈西滢：《胡适：整理国故与"打鬼"·西滢跋语》，《现代评论》第五卷第119期（1927年）。

嘴边、差不多成了一个具有魔力的"咒语",但不知"科学精神"和"科学方法"为何物者,可谓随处可见,比比皆是。

再者,"科学方法"(实际上即逻辑原则)的泛化和庸俗化,虽然为科学信仰找到了落实点,但也将本来不属于科学范畴的学科强行贴上"科学"的标签。如顾颉刚说:"若说科学家仅仅能研究自然、研究工艺,而不能研究社会、研究历史,那么科学的领域未免太小了","所谓科学,并不在它的本质,而在它的方法。它的本质乃是科学的材料。科学的材料是无所不包的",国学"就是用了科学方法去研究中国历史的材料,所以国学是科学中的一部分"。[1]1923年年初,曾留学美国攻读语言学和心理学的陆志韦说:"大学的生活使我随时随地见'分析'两个字像天经地义地挂在眼前。在自然科学里这种态度原是不成问题的。只是到了我自己所研究的学问上,就没有一些定论。二三十年来号称为新心理学家的,每以为我们的科学受了生物学的洗礼了,再没有联念派武断盲从的余地了。可是我呢,只觉得机能心理学是文不对题的学说。"他自信是个坚持分析方法的人,但对超自然科学范围的"机能心理学"表示抵制,并对"科学方法"的僭越表示反对:"我的做诗,不是职业,乃是自由的工作,……只求我的浪漫不是千篇一律的浪漫;我的写实不是写科学的实。写科学的实,写科学好了,……何用写诗?"[2]从现在的认识看,诗歌等文学形式确实应有自己独立的表现方法和评价标准,不能一切皆以科学方法为准绳。如毛泽东的《蝶恋花·答李淑一》词中融入了"重霄九""吴刚"和"嫦娥"等浪漫神话元素,如果律之以科学标准,岂不以其荒诞目之而使其审美意境消损殆尽?

---

1 顾颉刚:《一九二六年始刊词》,《北京大学研究所国学门周刊》第2卷第13期,第3—4页。
2 陈绍伟编:《中国新诗集序跋选》,湖南文艺出版社,1986年,第114—115页。

最后，科学方法的泛化和庸俗化还造成对实验原则的忽视。人类获得知识有三种方法，即权威、理性（逻辑）和实验；如果不以理性（逻辑）为前提，那么权威不能给我们以确定的知识；如果不以实验来检验，那么理性（逻辑）自身不能在证明中区别于诡辩论，只有实验——在社会活动中成为实践——才是最终检验真理的手段。西方近代科学方法强调和坚持逻辑和实验的密切结合，认为真理必须经由这两种手段才能达到。忽视实验原则造成的结果往往是，权威做出的决定，只要在逻辑上被认为是合理，就会被视为科学。这方面的例证实在太多，最著名也最经典的事例，是亚里士多德有关自由落体运动中"重量大的物体先着地"的理论。这个统治欧洲千余年的"理论"，只要亚里士多德的权威地位不受怀疑，不被动摇，就会永远被视为"真理"；只有伽利略在比萨斜塔上进行了具体的落体实验，亚里士多德的"真理"神话才被最终打破。在儒教主导的中国传统思维中，权威（君权、圣说）是一切思想论说的前提，在科学素养极为缺乏的中国社会环境中，仅仅强调科学中的逻辑原则，极容易演化为一种看似合理的可怕的权威中心主义。20世纪80年代，关于真理标准问题的讨论，费尽周折才确立"实践是检验真理的唯一标准"这样一个属于"科学思维"内容的常识，彻底打破"一句顶一万句"和两个"凡是"的戒条。想到这一点，再想一想陈独秀令人深思的发问："圣贤之智慧，固加乎并世之常人；能谓其所言无一不周万类而无遗，历百世而不易，有是理乎？倘曰未能，则取其言以为演绎论法之前提，保无短论之陷于巨谬乎？"[1]真让人不胜感慨系之，历史的演变竟是如此的诡谲！文化先决者一再提醒的

1　陈独秀：《圣言与学术》，《独秀文存》，安徽人民出版社，1987年，第554页。

错误，竟然在半个世纪之后又悲剧性地再次发生了，难道这也是"不以人的意志为转移的历史的必然"？

　　不过，在指出20世纪初叶科学信仰本身存在的不足时，我们必须记住，这些不足是当时先进文化人在寻求解救中国积弊的过程中形成的。虽然我们指出这些不足在后来的演化及对社会产生的不利影响，但不应将责任推给前人，解脱后人所犯错误的责任，毕竟人是有自由思想和独立意志的动物，每个时代的人应该解决自己所面临的、应该解决、能够解决、时代要求解决的问题。从这个意义上，每一代人都必须对自己的行为负责，不应推卸自己的责任。

注故典

战国灌园者拒槔与清代倭仁拒西学

《庄子·天地篇》讲了一个故事，子贡在南方楚国游历，返回晋国的路上经过汉阴时，见一位老人准备种菜，挖了一条地道通向井下，抱着坛子取水浇菜地，但是费力很多浇地很少。子贡便对他说："有一种机械一天可以浇一百块菜地，费力少而浇地多，您老人家不要用吗？"种菜者抬起头，看着他说："怎么做啊？"子贡对他说："用木头做一个机器，后重前轻，提水就像抽水一样，提出来的就如同溢出一样，这种工具名叫槔。"种菜者听后脸有怒色，但笑着道："我听老师说，用机械的人必然干投机取巧的事，干投机取巧的事必然心存投机之念。一旦胸中产生投巧的念头，一个人就不再淳朴，心神不再安然；心神不安然的人，就失去自然之道了。我并非不知道这种机械，而是羞于用它啊。"子贡听了满脸惭愧，低着头不说话了。（子贡南游于楚，反于晋，过汉阴，见一丈人将为圃畦，凿隧而入井，抱瓮而出灌，搰搰然用力甚多而见功寡。子贡曰："有械而出灌，一日浸百畦，用力甚寡而见功多，夫子不欲乎？"为圃者仰而视之曰："奈何？"曰："凿木为机，后重前轻，挈水若抽，数如溢汤，其名为槔。"为圃者忿然作色而笑曰："吾闻之吾师，有机械者必有机事，有机事者必有机心。机心存于胸中，则纯白不备，则神生不定；神生不定者，道之所不载也。吾非不知，羞而不为也。"子贡瞒然惭，俯而不对。）

从战国时代以降至明清，这种道德至上主义情绪在中国的历史上未有任何改变。战国时楚国的灌园者不接受新技术，其结果并不严重，充其量不过多费点蛮力，在农本社会时间成本低廉的环境中，甚至不会与使用机械形成任何明显差异。

然而，历史进展到清朝中后期，西方列强以新式武器将天朝上国打得满地找牙，颜面扫地，西方的优越之处彰显得一清二楚，学习西学已成当务之急。1862年设立的同文馆，其实是翻译馆或编译馆，主要任务是把西方的书籍翻译成中文。1867年，同文馆又设立了天文、数学馆，翻译天文和数学书籍。如同子贡向灌园者介绍新工具的好处，这开眼望世界的新举措，引起旧传统人士的心理不适。当时的大学士倭仁就讲过："窃闻立国之道，尚礼仪不尚权谋，根本之图，在人心不在技艺。今求一艺之末，而又奉夷人为师，无论夷人诡谲，未必传其精巧，即使教者诚教，学者诚学，所成就者不过术数之士。古今来未闻有恃术数而能起衰振弱者也。天下之大，不患无才，如以天文算学必须讲习，博采旁求，必有精其术者，何必夷人，何必师事夷人。"

这位倭仁大学士的意思与战国时期的灌园者并无差别。第一，治国之道在人心而不在技艺，西方那些东西不过是奇技淫巧，怎比我天朝道德文章？第二，西方这些技艺即使有用，西方人也未必真心教授，即使真心传授也不过是培养些"术数之士"，不能靠这些东西振兴国家。第三，如"天文算学"有用，也未可向夷人学习，天朝岂可自降身价？这些话说得振振有词，理直气壮，在当时颇有一些共鸣者。如大学者俞樾认为，天朝应以拙制巧，西方的科学不过是巧而已，而我们的传统文化正宗而深厚，可以抵制西方的巧。这套说辞听起来多么正气凛然，冠冕堂皇！

⌘ 何谓"暴政"

孟子说:"庖有肥肉,厩有肥马,民有饥色,野有饿莩,此率兽而食人也。兽相食,且人恶之;为民父母行政,不免于率兽而食人,恶在其为民父母也?"(《孟子·梁惠王章句上》)在这里,孟子提出了"何为暴政"的一个根本性标准,即"率兽而食人"。但这个标准是描述性的,而非严格概念的界定。

自孔孟以降的中国思想家,不乏对暴政的谴责,但都没有对"何为暴政"做过清楚的界定;更为重要的是,中国传统文化中,都没有将"暴政"问题上升到人性层面展开论述,似乎它只涉及当政者的品德问题。儒家"性善论"一厢情愿地相信掌权者向善而行的可能,殷切地呼吁"圣明天子"和各类"青天大老爷"的出现,面对层出不穷的暴君酷吏却一筹莫展,最多不过如孔子所说"乘桴浮于海"而已。

启蒙运动以来,近代学术最大的特点,是将暴政作为一种人类现象加以审视,从制度层面研究其本质特征。洛克说:"暴政便是行使越权的、任何人没有权利行使的权力。这就是任何人运用他所掌握的权力,不是为了处在这个权力之下的人们谋福利,而是为了获得他自己私人的单独利益。统治者无论有怎样正当的资格,如果不以法律而以他的意志为准则,假如他的命令和行动不以保护他的人民的财产而以满足他自己的野心、私愤、贪欲和任何其他不正当的情欲为目的，那就是暴政。"[1]在洛克的观念中，暴政的特征很明显：一、"越权行使权力"；二、运用权力不是保护人民的财产，而是谋取私利，满足个人野心与欲望；三、任性妄为，不以法律为准绳。

近代思想家对暴政认识上的深刻性还在于将暴政与人性联系起来，认为暴政源自人性中天然存在的对权力的追求即权力欲望。如托马斯·霍布斯指出："人类的普遍倾向是，永无休止、至死不渝的对权力的渴望和追求。"[2]孟德斯鸠提出："任何拥有权力的人，都易滥用权力，这是万古不易的一条经验。有权力的人们使用权力一直到遇有界限的地方才休止。"[3]

从人性角度认识暴政，不但提升了人类对政治认识的高度，而且也为防止暴政提供了依据。孟德斯鸠以权力欲望论为基础推出的结论是："要防止滥用权力，就必须以权力约束权力，形成一种能联合各种权力的政体，其各种权力既调节配合，又相互制约。"[4]英国思想家休谟则提出了著名的"无赖假设"："在设计任何政府制度和确定该制度中的若干制约和监控机构时，必须把每个成员都假定为是一个无赖，并设想他的一切作为都是为了谋求私利，别无其他目的。"[5]这就是建立制度来约束权力逻辑前提。

启蒙运动思想家的贡献，是它让人们认识到：一、人性中的恶是一种客观存在，因此，无论何人，他们控制权力后产生一种

1　〔英〕洛克《政府论》（下篇），叶启芳、瞿菊农译，商务印书馆，1986年，第121—122页。

2　〔英〕霍布斯《利维坦》，黎思复、黎廷弼译，商务印书馆，1985年，第72页。

3　〔法〕孟德斯鸠《论法的精神》，张雁深译，商务印书馆，1982年，第154页。

4　〔法〕孟德斯鸠《论法的精神》，张雁深译，商务印书馆，1982年，第154页。

5　〔英〕休谟《休谟政治论文选》，张若蘅译，商务印书馆，1993年，第27页。

危险性，即"一切有权力的人都容易滥用权力"；二、不能相信一个人、几个人或多个人，不管其既有的德行曾经如何良善，最初的理性如何高尚，因为人类的本性决定了他们终究会滥用权力；三、最终的结论是，权力必须以权力来约束，权力制衡是关键，单线性权力做不到这一点。一个民族能否建立现代政治制度，能否实现对权力的约束，"将权力关进笼子"，是重要的试金石。

⚮⚮ 赵匡胤的龙袍

赵匡胤当皇帝，即"陈桥兵变，黄袍加身"之事，是为人所熟悉的。这"黄袍"据说是士兵加诸其身的，给人的印象是赵匡胤本人有点不太情愿，半推半就地当上了皇帝。在他杯酒释兵权时，还故作姿态地对石守信等部下说："我非尔曹不及此，然吾为天子，殊不若为节度使之乐，吾终夕未尝安枕而卧。"

马克思与恩格斯说过："历史不过是追求着自己目的的人的活动而已。"（《神圣家族》）换言之，历史是充满欲望的人类留下的活动轨迹，有的人只管做事不计后果；有的人则对后果充满设计，不仅设计当前，而且还算计历史。赵匡胤当皇帝这件事可谓算计历史的典例之一。然而，历史上的算计，可以蒙骗所有人于一时，也可以蒙骗一些人于万世，但不可能蒙骗所有人于永远。

"黄袍加身"留下的历史破绽太过明显了。其中最大最明显的破绽便是：这件龙袍是从哪里冒出来的？是士兵们连夜赶制的，还是某个士兵或一伙士兵制造的？在私藏皇家禁物要遭受灭族之刑罚的情况下，谁人敢如此大胆？如果是士兵私藏，其长官是否有责？所以赵家制造的这出"禅让"闹剧，是骗不过后世明眼人的。明岳蒙泉《绿雪亭杂言》诗句："仓卒陈桥兵变时，都知不与恐难辞。黄袍不是寻常物，谁信军中偶得之。"

赵匡胤将代后周而继帝位，在当时已为人所知。《涑水纪闻》：“及将北征，京师喧言，出师之日，将策点为天子。故富室或挈家远避于外州，独宫中未之知也。”可见兵变之可能，除了宫中名义上的枢机中心的孤儿寡母，早已是众所周知的现实。不仅外人，赵家也早已是心知肚明。《宋史·杜太后传》记载，后被尊为太后的赵匡胤之母杜氏得知其子黄袍加身后，说：“吾子素有大志，今果然。”可谓不打自招。

清赵翼诗讽曰：“千秋疑案陈桥驿，一着黄袍便罢兵。”可见外敌入侵云云，其实都是赵匡胤所导演的假戏；一旦完成了黄袍加身的活剧，就可以班师回朝了。算计历史者，即使是绝顶聪明的帝王，也不可能逃脱历史的算计，最终在历史面前显出原形。这是否就是所谓“历史的狡黠”（the cunning of history）？

꩜ 宋代的禁欲与纵欲

赵禥（1240—1274）是南宋第六任皇帝，在位十年。当他还是太子之时，就以好色闻名，登基后更是沉溺酒色。以宋朝后宫惯例，皇帝晚间临幸的宫妃，次日清晨要到合门叩谢皇帝宠幸之恩，太监须详细记录日期。赵禥即位之初，一天到合门前谢恩的宫妃竟多达三十余人。（《续资治通鉴·宋纪》："帝（赵禥）自为太子，以好内闻；既立，耽于酒色。故事，嫔妾进御，晨诣合门谢恩，主者书其月日。及帝之初，一日谢恩者三十余人。"）

南宋偏安江南，北方强敌虎视眈眈，危机迫在眉睫。可是身处生死存亡之秋，冥顽不灵的大宋皇帝竟然还声色犬马，醉生梦死、荒淫无度。此时，蒙古势力已经深入四川、云南等地，襄樊成了南宋抗蒙的最后堡垒。权相贾似道无心过问此事，不时谎报军情，赵禥自以为无忧，更加荒淫，宋军处境更加困难。咸淳九年（1273）二月，襄樊守将吕文焕被迫降元，南宋门户大开。咸淳十年（1274）七月，赵禥因酒色无度，死于临安宫中的福宁殿，年仅35岁。

宋代皇帝好色并非自赵禥始，而是从太祖以降的传统。

周薇是南唐后主李煜的皇后，人称"小周后"，是闻名天下的绝色美人。宋太祖赵匡胤灭南唐后，李煜与小周后一起做了俘虏。宋太祖对小周后早有觊觎之心，但未及施展便在"烛光斧影"中归西。开宝九年（976）赵匡胤驾崩后，其弟赵光义即位，是为太宗。赵光义也与其兄一样久已垂涎小周后美色，终于借命妇入宫朝觐之机，强留小周后。宋人王铚《默记》卷下："龙衮《江南录》有一本删润稍有伦贯者云：李国主小周后随后主归朝，封郑国夫人，例随命妇入宫，每入辄数日而出，必大泣骂后主。声闻于外，多宛转避之。又韩玉汝家有李主归朝后与金陵旧宫人书云：'此中日夕，只以眼泪洗面'。"这段记载虽遵守了中国传统"为尊者讳"的古训，但其中的内涵已经十分清楚：宋太宗借召见之名，行强奸之实；小周后受辱后懊恼，迁怒于亡国的夫君李煜，李煜无可奈何，忍辱含垢，苟全性命。

赵光义享受美色的汪洋恣意，表现在他难以掩饰的暴露癖上。据说赵光义还把宫廷画师招来，将"行幸"小周后的刺激场面绘成图画，就是后来广为流传的《熙陵幸小周后图》。

宋代崇尚理学，"存天理，灭人欲"是这个王朝提倡的时代主旋律，是朝廷竭力向民众灌输的道德和生活信条。这使后世之人产生一个错觉，认为宋代是一个统治集团严格禁欲的时代。其实不然。人世间的一个规则是，大凡一个王朝所极力提倡并灌输于民众的东西，往往就是它最缺乏的；统治者向老百姓极力禁绝的，庶几就是统治者企图垄断独占的。因此，老百姓的禁欲时代往往就是统治阶级的纵欲时代。一个皇帝身处攸关生死危机环境中尚且不愿束缚自己的欲望，那么四海宴然之时，还能指望他洁身自好、励精图治、为百姓着想吗？

圣人挡不住皇帝妄为

明人韩邦奇《苑洛集》记载：明朝弘治中，国戚张鹤龄时入禁宫，侍宴太监何文鼎诫鹤龄曰："祖宗有法，非内官入此门者，许诸人斩之。国舅再无入。"鹤龄不悛，一日复入侍，文鼎仗剑立门外曰："今日必诛鹤龄。"内使密报，上（明孝宗）命收缚文鼎。鹤龄既出，上面讯文鼎曰："汝内臣，安能如此？是谁主使？"文鼎曰："主使者二人，皇上亦无如之何！"上曰："彼为何人，而我无如之何？"文鼎曰："孔子、孟子。"上曰："孔、孟古之圣贤，如何主使？"文鼎曰："孔、孟著书，教人为忠为孝。臣自幼读孔孟之书，乃敢尽忠。"上怒，命武士瓜击之，文鼎病疮死。[1]

明代大儒吕坤有言："天地间唯理与势为最尊。虽然，理又尊之尊也。庙堂之上言理，则天子不得以势相夺，即夺焉，而理则常伸于天下万世。"（《呻吟语全集》）皇帝被称作"圣上""天子"，永据真理，但悖理者多矣，故吕坤将"理"置于皇帝之"势"上。"理"能否纠正皇帝的悖谬之行？按理说，皇帝被称作"有德之人"，应服从道理，但实际又不然，在庙堂之上皇帝以势悖理的情况太多了，所以吕坤只能寄希望于未来，认为总有一天

1　韩邦奇：《苑洛集》，《文渊阁四库全书影印本　卷十九　见闻考随录（二）》。

会云开雾散，真理"常伸于天下万世"。但人生只有一世，死后的不朽之名其实是没有多大意义的；书生相信"历史正义"，其实是聊以自慰的无奈之举。

宋明两代理学发展至高峰，儒士多自信手握真理，底气自然沛然冲天。书生认为孔孟之论为世间真理，故敢以孔孟之论与皇帝说理。岂不知，"以死人压活人"是皇帝最反感的。只要君主在欲望驱使下铁了心做某事，任你儒家孔、孟，还是什么家，都阻挡不了他任性妄为。我是流氓我怕谁？同样，我是皇帝我怕谁，有本事你拿人头来见，用枪杆子证明天命在你！

依理而论，太监何文鼎阻止国舅非法入禁宫，不过是恪尽职守，然而，他忽视了一个事实：国舅爷不高兴自然会使妃子不高兴，妃子不高兴就不好好伺候皇帝，皇帝就不舒服，皇帝不舒服就是天大的事。悠悠万事，唯此为大。一个太监在平常人眼中都不配称人，在皇帝眼中更是牛马不如，轻如草芥，竟然还敢说"自幼读孔孟之书，乃敢尽忠"，将孔孟教导扯出来，拿鸡毛当令箭，拿"尽忠"自高，自以为正义在握，理直气壮，一往无前，一副雄赳赳、气昂昂，"虽千万人吾往矣"的样子，岂不是太把自己当人了？最后落个死于非命，岂非咎由自取、自作自受？要知道，皇帝一旦萌生欲望，就是最不讲理的可怕动物，哪还管什么孔孟与人间道理！孔德成是孔子第77代孙，袭封31代衍圣公，也是末代衍圣公，他到台湾后说了一句意味深长的话：孔家历代之所以尊贵，不过就是皇家的司仪，一方面先跪下给民众带个头，另一方面喊口号让民众一起下跪！这才是历代儒家士子的真面相。

◎◎ 朱元璋抗日出奇招

　　在中国传统观念中，华夏是世界的中心，周遭是四夷；华夏与四夷的关系，是月与星的关系，四夷仰望华夏，犹如众星之望明月。《战国策·赵策》云："中国者，聪明睿知之所居也，万物财用之所聚也，贤圣之所教也，仁义之所施也，诗书礼乐之所用也，异敏技艺之所试也，远方之所观赴也，蛮夷之所义行也。"华夏朝廷与外族的交往，不管对方如何强大，几乎毫无例外地被视为"朝贡""宾服"。但地处东亚的日本对中原的态度有些微妙，虽然也有遣唐使学习唐代的制度文化，但骨子里与中国皇帝平起平坐的意识却从未消失，所谓"日出处天子"与"日没处天子"的观念在日本人的观念中可谓根深蒂固。

　　孔子曰："远人不服，则修文德以来之。"中原文化强调四夷宾服、万国来朝、慕义来归，为的是证明中原王朝"德被四海"之下权力合法性与正当性——"君权神授"毕竟过于抽象，还需要具体的人事活动来体现。所以，雄心勃勃的皇帝，尤其是改朝换代之际的皇帝，都希望外族来朝，借机宣示"改正朔，明受之于天，革命视听"。对于崛起于草莽之间的布衣皇帝朱元璋而言，其本身并无世卿世禄的资本可以利用，内心尤其渴望得到外族的承认；故初登大位，便急吼吼派使臣向日本下国书，希望日本回拜中华新主。熟料日本并不买账，不仅没有"来朝"，而且还砍了大明使者的脑袋。日本不仅无礼杀害大明使臣，拒绝朝贡，而且还以"倭寇"不停骚扰中国沿海，在中国东南沿海一带如入无人之境，肆意妄为。

"索贡"使臣被杀，倭寇在沿海一带的猖獗，自然令朱元璋恼怒，但限于天然阻隔，国力不济，终究对日本无可奈何。朱元璋终其一生，都没有对日开战，但日本的作为着实令朱元璋恼恨难平，伟大的洪武皇帝最终想出了一个复仇的绝招：他令人制作了一把仿日折扇，称之为"倭扇"，然后在扇面上写了一首《倭扇行》（见《明太祖文集》卷十八）的"抗日诗"：

> 沧溟之中有奇甸，人风俗礼奇尚扇，
> 卷舒非矩亦非规，列阵健儿首投献。
> 国王无道民为贼，扰害生灵神鬼怨，
> 观天坐井亦何知，断发斑衣以为便。
> 浮辞尝云弁服多，捕贼观来王无辩。
> 王无辩，折裤笼松诚难验。
> 君臣跣足语蛙鸣，肆志跳梁于天宪，
> 今知一挥掌握中，异日倭奴必此变。

朱元璋先痛贬一番倭国的礼俗政治的野蛮，将倭人喻为坐井观天的蛙类，然后将倭扇带在身上，天天握在手里，在他心中这就等于将倭寇时刻置于掌握中，欲擒欲纵地把玩了。于是乎，拒绝朝拜的倭国人终于服服帖帖地被"我"役使了。很显然，在对日衔恨的朱元璋心里，不废一刀一枪、一兵一卒，不战而屈人之兵，取得了辉煌胜利——当然，只是精神及意念上的胜利。这在精神上是否很类似传统中国社会流行的诅咒对手的巫蛊之术？

奴才不可自视与主子同列

　　张之洞是晚清重臣，湖广总督，在后人与外人眼里，他是铁定的"我大清"的人。据传说，一次太后宴群臣，张之洞一时贪杯，醉醺醺地对众人说：我大清天朝上国，蛮夷迟早要俯首称臣。这时一边的亲王荣禄一本正经地说：我说张阁老，你什么时候入的旗？张之洞说，老夫没入旗。荣禄说：汝等只是我们大清养的狗，连奴才都不算，不要整天张口我们大清，闭嘴我们大清，省得让人误会了，还以为大清是你们的了，慈禧太后听后哈哈大笑。有文章提到发生在张之洞与载沣之间的类似插曲。具体情形是：张之洞说话常有"我大清，我大清"的口头禅，醇亲王载沣素来与他不和，有次在朝堂上听到张又频出"我大清"，当众发难质问："张大人，你帮我解释下，什么叫作'你大清'？难道你要谋反不成！"张之洞回应："你大清，你大清！"

　　这是民间流传颇广的"桥段"，具体出处却难以稽考。从学理上，但凡一种民间传说，包括"戏说"或"桥段"，如果能够成为长期流传的人们饭后茶余的谈资，则必定有相应的民间心理基础，契合某种民间心理需求，符合民众的心理诠释与期待。如此，则流传的"传说"本身就成为历史的组成部分，可以成为大众心态史（mentality history）研究的对象。

在我们熟悉的"历史"中，张之洞是晚清名臣与能臣，对维护风雨飘摇的清政权的贡献众所周知，其身居高位，获得当政者的赏识与重视，应是理固当然。也许这也是张之洞本人的真实感觉。正是这样的被"赏识"的感觉，使这样一个自视为对清政权有功的汉人产生了一种幻觉，以为已经跻身征服者阶层，被征服者视为"我大清"的"自己人"了。其实，这是他的一厢情愿，在征服者心里与眼里，根本不是那么一回事。鲁迅指出："满洲人自己，就严分着主奴，大臣奏事，必称'奴才'，而汉人却称'臣'就好。这并非因为是'炎黄之胄'，特地优待，锡以嘉名的，其实是所以别于满人的'奴才'，其地位还下于'奴才'数等。"[1] 这一点，荣禄说得很清楚：汝等只是我们豢养的狗，连"奴才"都不够格，因为拥有奴才身份，至少要有一个必要条件，那就是要出于满人征服者同族性，汉人是没有这个资格的；而慈禧的"大笑"，尤其值得玩味：她是在笑一代名臣的naïve与simple，一位功勋卓著的老臣的自作多情，一位自认为找到归属感的重臣，在荣禄载沣之辈赤裸裸揭露出来的真相面前的难堪。

张之洞之自取其辱，在于他以被征服者之身而自视与主子同列。这种错觉源于一种自我肯定。人是社会动物，生在世上，总希望得到别人的承认，被人承认与接纳，乃至被人重视。这种感觉可能是很美妙的，也是必需的，因为它意味着"人生的价值"。大凡被征服者，一旦被征服者承认与接纳，都会产生一种归宿感。但在入侵者与征服者而言，所谓的"承认与接纳"，只是对效力者的酬报，只是对其利用价值的一点恩赐，犹如猎狗追逐到猎物以后，得到主人赏赐的一根骨头。如果把主子扔出的这根骨头视作接纳自己为同类的标志，那就是过分自作多情，没有主仆

---

1 《且介亭杂文·隔膜》，《鲁迅全集》第6卷，人民文学出版社，2005年，第45页。

意识了。以此说来，曾国藩、张之洞、李鸿章、袁世凯之辈，既是为"我大清"鞠躬尽瘁，肝脑涂地，在"我大清"集团眼里，也不过是豢养的有用的狗，根本不配列入征服者集团的，甚至连自称"我大清"都不配。

可惜，被征服者很容易把自己抬高到征服者的行列，这情形就如同一个乡野村夫，因自己的闺女有些姿色而被军阀纳为小妾，就自认为有资格与军阀一本正经攀亲戚，实在是没有起码的自知之明。鲁迅说到他本人的一段经历："幼小时候，我知道中国在'盘古氏开辟天地'之后，有三皇五帝，……宋朝，元朝，明朝，'我大清'。到二十岁，又听说'我们'的成吉思汗征服欧洲，是'我们'最阔气的时代。到二十五岁，才知道所谓这'我们'最阔气的时代，其实是蒙古人征服了中国，我们做了奴才。直到今年（1934）八月里，因为要查一点故事，翻了三部蒙古史，这才明白蒙古人的征服俄罗斯，侵入奥匈，还在征服全中国之前，那时的成吉思还不是我们的汗，倒是俄国人被奴的资格比我们老，应该他们说'我们的成吉思汗征服中国，是我们最阔气的时代'的。我久不看现行的历史课本了，不晓得里边怎么说；但在报章杂志上，却有时候还看到以成吉思汗自豪的文章。事物早已以往，原没有啥子大关系，但或许正有着大关系，并且不管怎么样，总是说些真实的好。"[1]

无意中读到这两则旧事，感觉何其相似乃尔！不过，蒙古人的统治早已被朱元璋推翻，此后有人认为成吉思汗是自己的汗，感觉蒙古时代是"我们最阔气的时代"，不会遇到张之洞在荣禄载沣之流面前所遭受的羞辱，这是可以肯定的。

---

1 《且介亭杂文·随便翻翻》，《鲁迅全集》第6卷，人民文学出版社，2005年，第142页。

∾ 袁世凯抵不住权力诱惑

对于袁世凯筹划复辟帝制，诸子态度迥不相同。次子袁克文不以为然，纵情诗酒，不闻世事，闻他人谈帝制，总是"掩耳疾行"；其兄克定对帝制却颇热衷，故对其弟百般挑剔。克文无奈，咏曹植《七步诗》以"煮豆燃萁"讽刺之。克定大怒，两人吵闹起来。克文说："你要做曹丕，难道就不许我做曹植吗?"袁世凯得知后，大骂两人："你们这两个畜生，怪不得外人骂我是篡位的曹操，你们两人自比曹丕和曹植，这不是'其父攘羊，其子证之'吗? 有你们这两个宝贝儿子这么一闹，我这个名正言顺的曹操，还用来分辨吗?"[1]

老袁在近代史上是个复杂角色，功过众说不一。然对其称帝之举，史家之判词概无二致：利令智昏，倒行逆施。大概老袁本人也对复辟帝制心中无数，故对内外舆论颇为敏感，不愿被人视为篡汉的曹操，看来老袁还没有失去是非判断。

老袁乃一代枭雄，但在关键时刻还是智有不逮，一失足成千古恨，毁了他一生作为（尤其是小站练兵）应有的声誉与历史定

---

[1] 见余世存:《非常道·虚荣第二十六》，北京时代华文书局，2019年；又见陈曦:《风流散尽还自强》，《中国企业家》2014年第9期；萧三匝、陈曦等:《民国遗脉》，福建教育出版社，2015年。

位。其实，在中国这个帝制传统悠久的国家，没有必要取虚名而就实祸，没有皇帝之名而行皇帝之实，是最高的妙着。观历史就可知道此为唯一可取之策也。老袁在被迫取消帝制后，似乎颇为后悔，故留下遗书："恨只恨我，读书时少，历事时多。今万方有事，皆由我起。帝制之误，苦我生灵，劳我将士，群情惶惑，商业凋零，如此结果，咎由自取。误我事小，误国事大，摸我心口，痛兮愧兮！"

老袁以枭雄之资而取俗众皆曰不可之下策，显示了一个道理：掌权者之行为，权力欲往往具有决定性作用。权欲与物欲、性欲作为支配人行为的三种根本力量，在本质上属于生物性力量，不是人之理性可以抗拒与抑制的。孔子曰：未闻好德如好色者也。人在生物性欲望支配下的行为规则，是否就是所谓"不以人的意志为转移"之法则？

✿ 良知从何而来？

秋瑾被捕后，山阴县令李钟岳不肯刑讯逼供，只是让秋瑾自己写供词，于是留下了"秋风秋雨愁煞人"七字传世的绝命诗。李钟岳离任到杭州赋闲，每天反复念叨"我虽不杀伯仁，伯仁由我而死"两句话，对秋瑾之死内疚无已，认为自己不能让秋瑾活下来，别人虽可原谅他，自己却无法抗拒良心的责备。痛苦悲愤之余，他经常独自一人将密藏的秋瑾遗墨"秋风秋雨愁煞人"七字"注视默诵"，为之泣下；在良心的自责下，最终自杀身亡，距秋瑾遇害不到一百天。李身后萧条，几不能棺殓。民国创立后，当年的革命党人称赞李为专制时代良吏，将他在秋社附祭。[1]

在中国史册中，因不能秉公执法而自殉者，实在并不多见。在皇权制度下，官员不过是奉命行事，"食君俸禄，为君分忧"乃是基本要求。执行上峰的命令，即使有错，其责不在执行者。"我是皇帝的一条狗"是"附庸原则"的核心内涵。因此，这一原则成为官员为自己的错误或罪行辩护的最有力的政治伦理武器。

李钟岳因秋瑾案自杀，个中因素很多。秋瑾被杀，固然存在因没有证据、供词且无正式审判而引起的社会舆论的压力，但就

1　事见傅国涌：《秋瑾被杀为何引起全国公愤》，《中外文摘》2013年第15期，第58—60页。

李钟岳个人而言，此种压力完全可由"奉命行事，身不由己"来开释，而不必以自杀来求得解脱。当年纳粹分子艾希曼（Adolf Eichmann）面对屠杀犹太人罪行的控诉，均以"一切都是依命令行事"为自己开脱。艾希曼之所以自信无罪，是因为他有一个坚定的信仰：元首是真理的化身，他参与的屠杀犹太人的所谓"事业"，乃是出自元首的英明决策，符合真理与正义。正是基于这种信仰，艾希曼本人在战争结束时才豪迈地声称："当我走进坟墓时，我会因为杀死了500万犹太人而大笑，这件事给我带来了极大的满足和快感。"正是拥有这样的信念，这样的人即使犯下滔天罪行也不会自杀。然而，他基于纳粹错误逻辑前提的所谓"信仰"已经为国际社会彻底否定，元首已毫无疑义地被认定为邪恶的化身。在此前提下，他的"信仰"与行为已经无法脱掉"邪恶"的标签。而且，按照现代社会的行为伦理，每个人都是独立的个体，不是依附于他人的无独立意志的奴隶，每个人必须具备自我判断的良知，为自己的行为承担责任。正是在这种现代政治伦理面前，他必须受到法律的惩罚。

李钟岳的自杀，在他个人而言，至少有三个基本条件产生了巨大作用：第一是他的独立人格，独立人格使他思考个人在秋瑾之死中所承担的责任；第二是独立人格下独立思考所获得的良知。在个人良知面前，他对自己的行为具有明确的是非判断，不再根据以附庸伦理对待个人行为，对待自己在秋瑾案中的行为是非；第三，更重要，也最根本的是，在独立人格与良知面前，他已对皇权制度神圣性，尤其是这种制度下的附庸伦理失去坚定的信仰：如果他坚定地相信清朝廷对民众的镇压是为了一个高尚的人类目标，是为了建立地上的天国乐园；为了实现这一目标，需要不惜一切代价对敌对势力展开圣战式的打击，那么，他就一定会豪情满怀、斗志昂扬地投身到神圣皇帝的神圣事业，像严冬一样地对待皇帝的敌人，为自己有幸参与皇帝的神圣事业感到自豪与骄傲，其结果不言自明：他不会为犯下的"平庸之罪"而自杀。

◎◎ 权力的真滋味

20世纪60年代末,《纽约时报》报道说,宋美龄不是蒋介石的元配,而是他的第三任夫人。当时宋美龄正好在纽约,看后怒不可遏,命令当时台湾所谓的"驻美大使"周书楷前去交涉,要求该报更正、道歉。周以为报道属实,无由交涉,久未行动。宋美龄恼怒,将周召唤到寓所,斜躺在床上责问周为何不照令办事。周说这是在美国,让人家更正道歉很难,宋美龄不依不饶,争执之下,周实在耐不住性子,说:"我是中华民国的大使,不是你的仆人!"宋美龄听后,从床上跳起,批了周一耳光,尖声吼叫:"我就是中华民国!"[1]

权力不喜欢真相,有三种情况:一是真相威胁掌权者的执政合理性与合法性;二是真相与掌权者所坚持的理念相悖;三是真相给掌权者带来情感上的不快。宋美龄反感美国媒体的报道属于第三种情况。被人说不是元配就火冒三丈,源于"不是元配"的耻辱感,这种道德观念是前现代社会普遍存在的。宋美龄虽然年轻时长期在美国读书,但还为这种"非元配"观念所激怒,说明她还是摆脱不了传统中国观念。其实,婚姻中是否元配本不是原

1　事见何虎生、于泽俊:《宋美龄大传》,华文出版社,2002年,第16章。

则问题，只要有爱情就是理想的婚姻；不是元配并非耻辱之事。她作为第一夫人不能容忍异国的报道，将对待本国媒体的做法用到他国，是她已经被中国传统权力观念所控制的明证。

中国是权力崇拜盛行的国度。孔夫子三日无君，则惶惶如也。在这块土地上，掌权者对权力的感受最深。早在国内战争期间，几位记者从延安回来，向宋美龄赞扬共产党人廉洁奉公、富于理想和献身精神。宋美龄感触良深，默默地凝视长江几分钟后，说出了她毕生最悲伤的一句话：如果你们讲的有关他们的话是真的，那我只能说他们还没有品尝到权力的真正滋味。很显然，她已经对"权力的真正滋味"体会很深，因而很有感觉了。

何为"权力的真正滋味"？要准确地描述它，确实不太容易。但可以肯定的是，它一定关乎对人和物的予取予夺带来的快感。权力是一种奇怪的东西，它的获得与失去都是无形的，但人们确实能感觉到它的存在。一个人占有它时，一定感到它无处不在，与之相伴的是鲜花、掌声、赞美、笑脸；当失去它时，原来的美妙感顿时消失得无影无踪。它使卑贱者高贵，愚蠢者智慧，贫穷者富有，丑陋者美丽；它使人豪气冲天，气壮如牛，精神抖擞；它使人呼风唤雨，法力无边，飘飘欲仙！它使人主动送上赞美，送上钱财，使异性主动投怀送抱。权力就像那让人上瘾的鸦片烟，一朝得之便爱不释手，除非外力强制，便极难再割舍；更像那令人力量倍增的"大力丸"，虽非人人可得，但诱惑力难以抗拒，使人心向往之，趋之若鹜。

很显然，宋美龄已经习惯于"权力的滋味"，已经习惯于权力带来的那种美妙的"非人"感觉，并视之为自己理所当然的享受品。正是这种感觉才是她不仅敢于颊批"驻美大使"，而且径直自视为国家的化身，"我就是中华民国！"她的行为与思想说

明一个事实：她早年在美国所受的民主教育到底抵不过权力的腐
蚀！由此我们也可以明白，非洲那些留学欧美民主国家的部落酋
长子弟，何以归国后仍然嗜好独裁体制。道理很简单，他们虽
然从欧美国家学得了民主理念，但较之权力带来的欲望享受，民
主理念是无足轻重，可以弃之如敝屣的。理念是社会性的精神
力量，欲望享受是生物性的自然存在，自然力量当然高于社会力
量。故理念与欲望发生对立时，人生的天平总会倾向于欲望的享
受，除非欲望享受面临死亡的抉择——在人类的欲望（物欲、性欲、
权欲）等级中，生存欲处于顶端，只有死亡可以制约各种欲望。

图书在版编目（CIP）数据

国史边缘 / 张绪山著. — 北京：商务印书馆，2024
ISBN 978 - 7 - 100 - 24011 - 6

Ⅰ.①国⋯　Ⅱ.①张⋯Ⅲ.①中国历史 — 文集
Ⅳ.①K207-53

中国国家版本馆 CIP 数据核字（2024）第102549号

国史边缘

张绪山　著

商 务 印 书 馆 出 版
（北京王府井大街36号　邮政编码 100710）
商 务 印 书 馆 发 行
山西人民印刷有限责任公司印刷
ISBN　978 - 7 - 100 - 24011 - 6

2025年1月第1版　　　　　开本 889×1194　1/16
2025年1月第1次印刷　　　印张 23½

定价：88.00元